Namous

Shirvanzade

ՆԱՄՈՒՍ

ՇԻՐՎԱՆԶԱԴԵ

Namous

Copyright © 2014, Indo-European Publishing

Contact:
IndoEuropeanPublishing@gmail.com

ISNB: 978-1-60444-794-1

ԱՌԱՋԻՆ ՄԱՍ

I

1859 թվականի մայիս ամսին պատահած երկրաշարժը մեծ թշվառություն էր Շամախու համար: Բավական ծաղկած և կանոնավորված նահանգական քաղաքը մի րոպեում կերպարանափոխվեց, դարձավ ավերակ: Ստորերկրյա զորեղ հարվածը մի ակնթարթում դուրս թափեց փողոցները հազարավոր ընտանիքներ, որոնք մինչև այդ րոպե հանգիստ իրանց տներում նստած՝ չգիտեին բնությունն ինչ դժբախտություն է պատրաստել իրանց համար: Հայ, ռուս, թուրք, բոլորը խառնվեցին — իրարու, և փողոցներն ու հրապարակները մի րոպեում սևացան մարդկանցով: Բարձրացավ աննկարագրելի աղմուկ, խլացուցիչ դղրդոց: Քառասուն հազար բնակիչների միաձայն գոռում ու գոչումները, խառնվելով փլատակվող շինությունների թնդումների հետ, ականջներ էին խլացնում:

Ընդհանուր աղմուկին մասնակցում էին տնային կենդանիների աններդաշնակ ձայները: Տավարների բառանչումները, շների ոռնալը, թռչունների կչկչոցները, բոլորը, միանալով փոշիալի օդի մեջ, ահաբեկել էին ժողովրդին:

Առաջին վտանգալի րոպեին մարդիկ մոռացան ամեն ինչ, նույնիսկ յուր սրտին ամենամերձավոր արյունակիցներին: Այդ մահաբեր րոպեն մոռացնել տվեց մորն յուր զավակներին, որոնց համար մի փոքր առաջ պատրաստ էր կյանքը զոհել: Հանկարծահաս վտանգի բուռն զգացմունքների ճնշման ներքո սեփական անձի փրկության խնդիրը երկրաշարժի րոպեում խավարեցրեց, անհետացրեց ամեն ինչ:

Անցավ առաջին ահարկու րոպեն: Մարդիկ փրկված են վտանգից: Ամենքը, փլչող պատերից հեռացած, խռնվում են փողոցներում: Այստեղ միայն առաջին անգամ յուրաքանչյուրը սկսում է մտաբերել յուր արյունակիցներին: Կրկին սոսկումը տիրում է ամենքին, և ահա թշվառները գունաթափված, մեռելային դեմքերով, ընդհանուր խառնաշփոթության մեջ չվարված, որոնում են իրարու:

Օդը թնդում է հազարավոր վայվույներով:

— Աղբերս վա՛յ, աղբերս վա՛յ, — բացականչում է մի կողմում մի նազելի աղջիկ, փետտելով գլխի մազերը և մերկ կրծքին բռունցքներ տալով:

Սովորական ամոթխածությունը նրան չի նեղում այդ րոպեին: Նա մոռացել է յուր ծննդավայրի ավանդությունը, որը չափահաս աղջկան արգելում է օտար տղամարդկանց առաջ բերան բանալն անգամ:

Աղջիկը ուշադրություն չի դարձնում յուր շուրջը, չի քաշվում ոչ ոքից: Նրա ուշ ու միտքը կենտրոնացած է հողի ու քարերի մի բարձր կույտի վրա: Այստեղ կենդանի թաղված է նրա թանկագին եղբայրը, որ մի րոպե առաջ նրա հետ խոսում էր, զվարճանում էր կամ գուցե կռվում: Ձեռներն առաջ տարածելով, նա աղաչում, պաղատում է անցորդներին, որ օգնեն դուրս բերելու եղբորը հողի ու քարերի տակից: Ո՛չ ոք ուշադրություն չի դարձնում նրա աղերսալի գոռոցների վրա: Ամենքը զբաղված են իրանց մոտավորների վիճակով. երևի, ամենքն ունեն մի-մի այդպիսի կենդանի թաղված, անխելքություն է մեկից օգնություն սպասելը: Տեսնելով, որ ոչ ոք չի օգնում, աղջիկը հուսահատված ու գրեթե անզգա, շտապում է դեպի կենդանի եղբոր տարօրինակ գերեզմանը: Յուր քնքուշ մատներով նա աշխատում է բարձրացնել առաջին մեծ քարը: Քարը չի շարժվում տեղից, շատ ծանր է: Քնքուշ մատներից հեղում է վարդագույն արյունը, եղունգները փշրտվում են, բայց քարը դարձյալ չի շարժվում: Անեծք քեզ, անսիրտ քար:

Մի ակնթարթում աղջիկը զգում է, որ կանգնած է եղբոր գերեզմանի վրա: Զգում է, որ ինքը, փոխանակ թեթևացնելու, ավելի ևս ծանրացնում է այդ գերեզմանը յուր մարմնի կշռով: Ծայրահեղ սարսափը վերջնականապես ուշաթափ է անում սիրող քրոջը, և նա, մի ճիչ արձակելով, կամենում է հեռու փախչել, բայց ծնկները չեն հնազանդվում, և գնդակահարվածի պես փռվում է հողի ու քարերի կույտի վրա:

— Կնի՛կս, բալաներս, ա՛յ քրիստոնյաներ, ա՛յ ձեր հերը լույս դառնա, ա՛յ, հրես էստեղ է, — բացականչում է մի ուրիշ կողմից մի տղամարդ, ցույց տալով մի մեծ գերան, որի տակից երևում է նրա կնոջ գլուխը:

Դժվար է նկարագրել այդ կնոջ դեմքը: Նրա վրա ամեն ինչ այլանդակվել է: Ծանրակշիռ գերանը, որ հորիզոնաձև ընկած է նրա վրա, այնքան ճնշում է, որ քթի ծակերից թափվող արյունը տեղ չի գտնում հոսալու: Մի քիչ նրանից հեռու երևում են երկու մանկական գլուխներ և չորս ձեռիկներ, իրարու գրկած: Ձեռիկներից մեկում սեղմված է մի փոքրիկ խնձոր, մյուսում մի գույնզգույն տիկնիկ:

Ողորմելի՛ ամուսին, տարաբա՛խտ հայր: Նա, կարծես, խելագարվել է, ուժ է անում գերանի ծայրը բարձրացնելու, սակայն անզոր է, գերանը անշարժ է: Կինը ծանր բեռան տակից արձակում է հազիվ լսելի տնքոցներ: Ամուսինը կուրծքը գերանին դեմ տված անդադար ուժ է անում: Ջո՛ւր:

Այսպես շարունակվում է, մինչև որ մի քանի հարևաններ, կանխապես հավաստիանալով իրանց արյունակիցների ապահովության մասին, շտապում են օգնելու թշվառ հարևանին:

Հարյուրավոր այսպիսի տեսարանների բեմ էր ներկայացնում Շամախին նույն ժամին, երբ երկրաշարժ ասված աղետալի երևույթը կործանում էր այսօրվա հետ ընկած խղճուկ ավանը, որ մի ժամանակ ամբողջ Կովկասի պարծանքն էր յուր սքանչելի մետաքսով և առատ պտղաբերութամբ...

Քաղաքի արևմտյան կողմում, մալականյան անվանված թաղի փողոցներից մեկում, գտնվում էին երկու փոքրիկ միհարկանի հարևան տներ: Այս տները իրանց արտաքին համեստ ու անշուք տեսքով իրարուց զանազանվում էին մի բանով միայն, այն, որ մեկը փողոցի կողմից ուներ մի փոքրիկ պատուհան, մյուսը — չուներ: Երկրաշարժից ուղիղ մի ժամ առաջ այս պատուհանի առջև նստած էր մի կին, մոտ երեսունհինգ տարեկան: Դերձակ Բարխուդարի ամուսինը, Գյուլնազն էր: Նստած էր նա մի ծնկան վրա, մյուսը ձգած դեպի սենյակի հատակը, որ ծածկված էր ասիական գորգերով: Փողոցից միայն նրա կիսադեմն էր երևում: Միջօրեի ախորժելի արեգակի ճառագայթները, անցնելով երկաթե ցանցով պաշտպանված լուսամուտի ապակիներով, սփռվել էին նրա վրա: Չնայելով Գյուլնազի տարիքին, նրա ոչ այնքան նիհար այտերի վրա դեռ պահպանվում էր երիտասարդական թարմությունը, իսկ խոշոր, սևագույն աչքերի մեջ փայլում էր մի կրակոտ արտահայտություն: Մեխակագույն, նուրբ բրդից գործված շալի տակից մազերի ծայրերը հասնում էին մինչև մեջքը: Նա գույնզգույն գուլպա էր հյուսում, թուրքերեն բարբառով երգելով շամախեցի կնոջ աղերսալի բայաթին.

Դա՛ղ, ինձի բռնեցին,
Շամփրի վրա խորովեցին,
Միսս կերան, կշտացան,
Ոսկորներս ձգեցին:

Տանը, բացի Գյուլնազից, ոչ ոք չկար: Նրա ամուսինը՝ Բարխուդարը, խանութումն էր, որ գտնվում էր քաղաքի թրքաբնակ թաղում, իսկ մեծ որդին, միակ արու զավակը, տասնուհինգ տարեկան Սմբատը, դեռ ուսումնարանից չէր վերադարձել:

Փողոցում անցորդներ չկային: Մանկահասակ տղաների և աղջկերանց մի խումբ, պատուհանի տակ հավաքված, ինչ-որ մանկական խաղ էր խաղում: Ստեպ-ստեպ Գյուլնազը յուր հայացքը դարձնում էր փողոց և նայում խաղացող մանուկներին: Մանկական անմեղ ճլվլոցների ձայնը, հազիվ թափանցելով փակված պատուհանով, հասնում էր նրա ականջներին: Այս մանուկների հետ խաղում էր և նրա միակ աղջիկը, մոտ տասը տարեկան Սուսանը: Գյուլնազը ծնողական զգացմունքների ամբողջ թափով սիրում է յուր Սուսանին և սիրում է այնչափ, որ չի վստահանում րոպե անգամ աչքից հեռացնել: Այս պատճառով, պատուհանի մոտ նստած, հսկում է Սուսանին մայրական զգաստ աչքերով: Ահ, չլինի թե մեկը ընկերներից որևէ վնաս հասցնի նրա զավակին:

Դուրեկան էր, գեղեցիկ էր փոքրիկ Սուսանը: Նա գեղեցիկ էր, որովհետև ներկայացնում էր յուր մոր, Գյուլնազի կատարելատիպը: Փոքրիկ աղջիկը ժառանգաբար ստացել էր բնությունից յուր մոր բոլոր ֆիզիկական հատկությունները, ամենաաննշան մանրամասնություններով անգամ: Բարխուդարը, ամեն անգամ աղջկա երեսին նայելիս, սովորություն ուներ ասելու. «Փառք քո զորութենին, տեր ամենակարող աստված, էդքան էլ նմանություն, կասես, մեր ու աղջիկ մի խնձոր լինեն, երկու տեղ բաժանած»: Պակաս չէր զարմանում և ինքը, Գյուլնազը այդ նմանության վրա: Նա մտաբերում էր յուր մանկությունն ամեն րոպե, երբ նայում էր Սուսանի երեսին: Նրան թվում էր, թե այդ փոքրիկ դեմքի վրա, ինչպես հայելու մեջ, տեսնում է յուր դեմքը: Նույն փայլուն, սևորակ աչքերը երկայն թերթերունքներով, նույն շնորհալի սրածայր քիթը, նուրբ, վարդագույն շրթունքները, գեղեցիկ այտերը, իհարկե, մանկության հատուկ թարմությամբ: Սուսանի հետ խաղացող երեխաների թվում կար մոտ տասնումեկ տարեկան մի տղա: Սա ամենամոտիկ հարևան «կուժ ծախող» Հայրապետի որդի Սեյրանն էր: Հայրապետը յուր ընտանիքով ապրում էր այն տան մեջ, որ գտնվում էր դերձակ Բարխուդարի տանը կից:

Սուսանի և Սեյրանի մեջ նկատվում էր մի տեսակ մտերմություն, մի մտերմություն, որ, երևի, առաջացել էր երկու մանուկների հաճախ տեսնվելուց: Այս մտերմությունը երևան էր գալիս նամանավանդ այն ժամանակ, երբ Սեյրանը կամ Սուսանը կռվում էին իրանց ընկերակիցների հետ: Այսպիսի դեպքերում մեկը պաշտպանում էր մյուսին, օրինակ, երբ Սեյրանը կռվում էր մեկի հետ, Սուսանը իսկույն հարձակվում էր նրա հակառակորդի վրա, յուր փոքրիկ ձեռքերով բռնում էր նրա արխալուղի փեշերը քամակից և բոլոր ուժով քաշում: Այսպիսով նա նպաստում էր Սեյրանի հաղթության: Իսկ երբ Սեյրանի հակառակորդների թիվը մեկից ավելի էր լինում, այդ ժամանակ Սուսանը անմիջապես վաղում էր Սեյրանի մորը հայտնելու:

— Մարիամ բաջի, Մարիամ բաջի, Սեյրանին երեխերքը սպանեցին, — ասում էր նա, արտասուքն աչքերում և հոզմունքից ամբողջ մարմնով դողդողալով:

Մարիամ բաջին իսկույն դուրս էր թռչում և կռվող մանուկներին իրարուց բաժանում: Սույն պաշտպանությունը փոխադարձաբար ցույց էր տալիս Սեյրանը յուր կողմից Սուսանին, երբ վերջինին պատահում էր մեկի հետ կռվել: Իսկ այս փոխադարձ պաշտպանությունը նրանց մյուս ընկերակիցների մեջ զարթեցնում էր նախանձ, որ շատ անգամ արտահայտվում էր բացարձակ թշնամությամբ: Սուսանին և Սեյրանին ծաղրում էին, նրանց վրա ծիծաղում էին և պատահում էր մինչև անգամ, որ, ամենքը միանալով, հարձակվում էին նրանց վրա ու ծեծում:

Գյուլնազին վաղուց էր հայտնի այս ամենը: Այս էր պատճառը, որ նա շուտ-շուտ նայում էր փողոց: Մի առանձին ախորժելի, միևնույն ժամանակ դառն ժպիտ էր սահում Գյուլնազի երեսով ամեն անգամ, երբ նա հայացքը ձգում էր Սուսանի վրա: Նա տեսնում էր, թե ինչպես փոքրիկի դեմքը բերկրությամբ փայլում է, երբ Սեյրանը մոտենալով նրան և ձեռք-ձեռքի տալով քաշում է խաղի ասպարեզը, որտեղից Սուսանը սովորություն ուներ շուտ-շուտ հեռանալ և քաշվել պատի տակ: Նա տեսնում էր, թե ինչպես Սեյրանը հոնքերը կիտում էր ու դեմքը թթվացնում, երբ որևէ բանով անբավական էր լինում Սուսանը:

Այդ րոպեներին Գյուլնազի գլխով տեսակ-տեսակ մտքեր էին անցնում, և նրա մայրական քնքուշ սիրտը սկսում էր բաբախել յուր զավակի ապագա վիճակի մասին: Նա կրկին մտաբերում էր յուր անցյալը, սեփական մանկությունը և այդ մանկության հետ կապված շատ հիշատակներ: Նա Կրծքի խորքից արձակում էր խորը հառաչանքներ:

Ահա այդ հառաչանքներից մեկի վայրկյանին էր, երբ Գյուլնազը հանկարծ զգաց մի զորեղ շարժում: Երկար մտածել չէր կարելի, նա իմացավ, թե ինչ է նշանակում այդ շարժումը: Գուլպան ձգեց մի կողմ և մի ակնթարթում դուրս թռավ:

Առաջին վայրկյան նա մտածեց յուր զավակների, հետո միայն ամուսնու մասին: Որդին — Սմբատը ուսումնարանում է, իսկ ուսումնարանը բավական հեռու է, ուրեմն նախ հարկավոր է որոնել Սուսանին: Գյուլնազը վազեց փողոց, որ արդեն լցվել էր հարևաններով:

— Ախչի՛, Գյուլնա՛զ, Գյուլնա՛զ, այ բոյիդ մեռնեմ, բալաներս, բալաներս, — ասելով հանդիպեց նրան փողոցի դռանը մի միջահասակ կին, երկու ձեռներով ճանկռտելով մերկ կուրծքը:

Սա հարևան «կուժ ծախող» Հայրապետի կինն էր, Սեյրանի մայրը, Մարիամ բաջին: Գյուլնազի մեջ կենդանություն չէր մնացել, նրա լեզուն կաշկանդվել էր. խոսելու ուժ չուներ: Առանց պատասխան տալու, թռավ առաջ և ընկավ Մարիամ բաջու գիրկը, ինքն էլ չգիտեր ինչու համար:

— Ձեռ քաշիր, ախչի՛, խելքդ գլուխդ հավաքիր, որ տեսնենք բալաներս ինչ տեղ մնացին, — բղավեց Մարիամ բաջին, բոլոր ուժով հրելով Գյուլնազի կրծքին:

Խեղճ կինը բոլորովին ուժաթափ եղավ, բայց ոչ երկար ժամանակ: Մայրական սերը կրկին վերադարձրեց նրան բնական աշխուժությունը: Նա, գլխակոր վազելով, հետևեց Մարիամ բաջուն, որ նույն վայրկյանին ինքն էլ չգիտեր, ուր է վազում:

Այս ամենը անցնում էր երկրաշարժը պատահած րոպեին, երբ մարդիկ զգում էին, թե դեռ երկիրը չի դադարել օրորվելուց: Երկու մայրերը չգիտեին ինչտեղ էին իրանց զավակները: Գյուլնազը այնքան շփոթված էր, որ մոռացել էր, թե մի րոպե առաջ նրա Սուսանը խաղում էր մանուկների հետ հենց իրանց տան պատուհանի առջև, ուրեմն այդ կարճ միջոցում նրանք չէին կարող շատ հեռու փախչել: Խեղճ կանայք, փետտելով իրանց գլխի մազերը և եղունգներով ճանկռտելով իրանց երեսն ու կուրծքը, վազում էին այս ու այն կողմը, սուգ ու շիվան բարձրացրած: Հանկարծ նրանց դեմ վազեց մի գունաթափ մանուկ և արտասուքը աչքերում, խեղդված ձայնով ասաց.

— Մարիամ բաջի, այ Սեյրանը Սուսանի հետ մնացին հողի տակ, շուտ արեք հանեցեք, խեղճերի սիրտը կճաքի:

Մանուկը ցույց տվավ մի փոքր դեպի ձախ այնտեղից, ուր ինքը քիչ առաջ անհոգությամբ խաղում էր Սուսանի ու Սեյրանի հետ: Մանկան բերանից թռած չարագուշակ խոսքերը սուր աեղներ էին, ցցված դժբախտ մայրերի սրտում:

— Բալաս վայ, վա՜յ, — դուրս թռավ միաժամանակ նրանց կրծքից: Սա մի վայրենի ձայն էր, մի ձայն, որ կարող է միայն մոր կրծքից դուրս գալ զավակի կործանման վայրկյանին:

II

Բարխուդարի և Հայրապետի խանութները գտնվում էին քաղաքի միևնույն թաղում, միևնույն շարքում, այնպես որ այստեղ ևս նրանք հարևաններ էին: Նույն ժամին, երբ Գյուլնազը պատուհանի առաջ նստած գուլպա էր գործում, նրա ամուսինը, Բարխուդարը, յուր խանութում, մինդարի վրա ծալապատիկ նստած, դազգյահի առաջ կար էր անում:

Մոտ հիսուն տարեկան էր Բարխուդարը, բարձրահասակ, հաստ ու բավական երկայն բեղերով, սափրած երեսով, խիտ հոնքերով, որոնց տակ տեղավորված էին նրա շագանակագույն աչքերը: Բարխուդարը ավելի նիհար էր, քան գեր, բայց նրա այտերի տակից դուրս ցցված հաստ ոսկորները, լայն թիկունքները և բարձր ուսերը արտահայտում էին նախանձելի առողջություն և ուժ: Նա հագնում էր երկայն թևավոր կապա, նույն ձևի արխալուղ, որի վրա ուղիղ երեք ծալ կապած էր կապտագույն մետաքսյա գոտի: Իսկ գլուխը ծածկում էր բուխարայի սև մորթուց կարած երկայն, սրագագաթ գդակով, որի ծայրերը թե՛ ներքևից և թե՛ վերևից մաշվել էին, տեղ-տեղ մորթու մազերը թափվել էր ու սպիտակ կաշին մերկացել: Բացի Բարխուդարից, խանութում գործում էին երեք աշակերտներ և մի քյարգյար (օգնական վարպետի Բարխուդարը յուր փոքրավորներին և՛ սիրում էր, և՛ ատում. նա և՛ կակղությամբ էր վարվում նրանց հետ, և՛ խստությամբ, նայելով ինչ հոգեկան տրամադրության մեջ էր: Եթե գոհ էր յուր աշակերտների վարք ու բարքից, կատարած գործերից, կատարյալ հայր էր նրանց համար: Սիրում էր նրանց, ինչպես յուր Սմբատին և Սուսանին, պարգևներ էր բաշխում, հետը տուն էր տանում ճաշելու, ընթրելու կամ թեյ խմելու: Մուշտարի եկած ժամանակ աշխատում էր, որքան կարելի է «շագիր — դանա»1 շատ պոկել: Իսկ երբ նա տխուր էր կամ աշակերտներից անբավական, այն ժամանակ կատաղում էր, և ի՛նչպես: Նրա մշտական մռայլ դեմքը կարմրում էր, աչքերը արյունով լցվում էին. նա մոռանում էր ամեն բան: Էլ մկրատներ, գազաչափեր, մոմի կռուճներ, մատնոցներ, մահուդի կտորտանք չէին մնում, որ նստած տեղից չհասցներ հանցավոր աշակերտի գլխին: Երբեմն պատահում էր, որ գործ էր դնում կրակով լիք արդուկը կամ տեղից վեր էր կենում, բարձրացնում էր փոքրիկ հանցավորին մինչև յուր գլուխը և միանգամից վայր խփում գետնին: Աշակերտը զգում էր, թե իբր մի բարձր ծառից է ընկնում, այնքան երկայն էր վարպետի հասակը: Այս բավական չէր. պատժվելուց հետո հանցավորը չէր կարող բարձր ձայնով լաց լինել, եթե ոչ հավատացած էր, որ երկրորդ անգամ կպատժվի: Նա քաշվում էր խանութի մի անկյունը, և սովորաբար այն անկյունը, ուր ածուխ էր հավաքած և, նստելով այստեղ, լաց էր լինում կամացուկ, մինչև որ սիրտը հանդարտվում էր: Այնուհետև Բարխուդարը սկսում էր նրա սիրտն առնել, խրատներ տալ, իհարկե, միևնույն ժամանակ, արտաքուստ ցույց չտալով, թե զղջամ է յուր խստության մասին:

— Քիչ տզտզիր, վե՛ր կաց, էս չուխան տար տուր տիրոջը, ամա տես հա՛, առանց շագիրդանի չի պուք գաս:

Պատժված աշակերտը աչքերը սրբում էր և ցավը մոռանում:

Երկրաշարժը պատահած րոպեին Բարխուդարը դարձյալ

բարկացած էր աշակերտներից մեկի վրա: Նա հենց նոր էր վերջացրել կշտին դրած մոմի կոուճները, գազաչափերը, մահուդի կտորտանքը և ուզում էր տեղից բարձրանալ, երբ բոլոր մարմնով դողաց և «թրըփ» մեկ էլ նորից նստեց տեղը:

— Ուստա, դը՛ւրս թռիր, տափը տիրուն ա կյամ, — գոռաց քյարգյար Սարգիսը և, պատասխանի չսպասելով, ինքը մի ոստումով թռավ փողոց:

Բարխուդարը և աշակերտները անմիջապես հետևեցին նրան:

— Սարգի՛ս, դուքանը ձեռաց կապիր, ես տուն եմ վազում, — ասաց և գդակը գլխից հանելով (ինքն էլ չգիտեր ինչու), վազեց դեպի տուն:

Տունը բավական հեռու էր, գտնվում էր քաղաքի մյուս ծայրում: Ամբողջ ճանապարհը Բարխուդարը պիտի բարձրանար դեպի վեր, որ մի մեծ դժվարություն էր նրա համար այդպիսի դրության մեջ: Նա սկսեց յուր երկայն ոտներին ուժ տալ: Մի քանի քայլ չանցած, նրան հանդիպեց Հայրապետը:

— Զրընգ, զրընգ, փշրվեցին, Բարխուդար, տունս քանդվեց:

— Քեչի ջան հարայընդա, դասաբ — փի1, — պատասխանեց միայն Բարխուդարը, ուշադրություն չդարձնելով Հայրապետի վրա և մինչև անգամ չնայելով նրա երեսին:

Հարևանները շարունակեցին իրանց ճանապարհը դեպի տուն: Բարխուդարը արագիլի նման էր ընթանում, մինչդեռ Հայրապետը հազիվ հազ կարողանում էր հետևել նրան: Կարճահասակ մարդը ճարահատյալ սկսեց վազ տալ, որպեսզի հետ չմնա յուր հարևանից:

Քաղաքը չէր հանդարտվում, փողոցները դեռ լիքն էին խառնիճաղանջ ամբոխով: Հայրապետը և Բարխուդարը դժվարությամբ էին կարողանում իրանց համար ճանապարհ բանալ: Ամեն մի քայլափոխում նրանց առաջ հանդիսանում էին մեկը մյուսից զարհուրելի տեսարաններ: Մի կողմում երեք-չորս մարդիկ փալասի մեջ փաթաթած տանում էին բազարից դեպի տուն իրանց ազգականներից մեկի դիակը: Փալասի ծայրերը բռնողները լաց չեն լինում, նրանց աչքերի արտասուքը չորացել է. նրանք առաջ են շարժվում լուռ ու մունջ, ինչպես գիշերային ուրվականներ: Մյուս կողմում մեջքից ծռված մի ծերունի, կանգնած յուր փլատակված տան ավերակների վրա, ողբում է յուր որդու կորուստը, ուժաթափ ձեռները խփելով ալեզարդ գլխին:

Այստեղ հավաքված են մի խումբ մանուկներ: Նրանք, իրանց մոր դիակը շրջապատած, մի այնպիսի աղաղակ են բարձրացրել, որ լսողի գլխի մազերն են ցցվում: Այնտեղ ահա, ուղիղ փողոցի մեջտեղում, մի կին է նստած: Նա յուր գրկում բռնած է մի մանկահասակ աղջկա ջարդ ու փշուր եղած գլուխը, կատաղի համբուրում է նրան: Երբեմն բարձրացնում է յուր գլուխը և, երկու ձեռներով բռնելով անցորդների հագուստի փեշերից, բղավում է վայրենի ձայնով.

— Տվեք ինձ, ի՛նձ տվեք մինիկ աղջկանս, դուք եք նրան սպանել, անաստվածներ, դուք չօգնեցիք նրան հողի տակից դուրս բերելու:

Սակայն անցորդները ուշադրություն չեն դարձնում նրա վրա, միայն մի վայրկյան նայում են նրա արյունալի աչքերին, «գժվել է», բացականչում են և, գլուխները շարժելով, շարունակում են իրանց ճանապարհը:

Եվ այսպես, ամեն քայլափոխում Բարխուդարը և Հայրապետը հանդիպում էին մեկը մյուսից ավելի ողբերգական, ավելի սարսափելի պատկերների:

Վերջապես, հասան այն փողոցը, ուր գտնվում էին նրանց տները: Դեռ փողոցի ծայրից Բարխուդարը տեսավ, որ յուր տան հանդեպ խառնվում են մարդիկ:

«Տունս թափվել է, կնիկս ու բալաներս տակն են մնացել», անցավ նրա մտքով, և նա զգաց սոսկում: Պակաս չսարսեց և Հայրապետը, բայց նույն վայրկյանին հանկարծ նրանց առաջը կտրեց մի գունաթափ պատանի:

Սա Բարխուդարի որդի Սմբատն էր:

— Սուսանին էլ դուրս բերեցին հողի տակից, Սեյրանին էլ, սաղ սալամաթ են: Մի քիչ Սեյրանի գլուխը արնվել է, ինքը լաց չի լինում, ասում է, չի ցավում, ծիծաղում է:

— Բաս մե՞րդ, Մարիամ բաջի՞դ, սաղ սալամա՞թ են, — հարցրեց Հայրապետը:

— Չիմ, չիմ սաղ սալամաթ են: Մարիամ բաջին ինձ ասեց, որ վազ տամ ու ձեզանից խաբար իմանամ: Շուտ հասեք, նրանք նիգարան են, դրսում հավաքված լաց են լինում:

Փողոցում նրանք հանդիպեցին Գյուլնազին և Մարիամ բաջուն: Մաբիամ բաջին, տեսնելով յուր ամուսնուն կենդանի է անվնաս, չկարողացավ զսպել յուր ուրախությունը: Նա վազեց առաջ և ուզում էն փաթաթվել Հայրապետի վզովը, բայց հանկարծ մտաբերեց, որ փողոցումն է և ետ քաշվեց: Իսկ ամոթխած Գյուլնազը ուրախության արտաքին ոչինչ նշան չցույց տվավ:

— Սաղ սալամաթ են, — խոսեց վերջապես Մարիամ բաջին, — Մեյրանս ու Սուսանս ազատվեցին, օղորմի մեր հարևանների մեռելներին, նրանք մեզ ձեռք հասցրին, հանեցինք հողի տակից:

— Փառք աստուծո, փառք աստուծո, — ասացին միաբերան Բարխուդարն ու Հայրապետը, իրանց երեսների քրտինքը սրբելով:

— Ամատունս քանդվեց, Մարիամ ջան, զրընգ-զրընգ կուժ ու կուլաս փշրվեցին: Ու՜ֆ, հենց կասես ոսկորներս էին փշրվում, հավատաս, մի հատ էլ սաղ չի մնացել: Պիտի վազ տամ, տեսնեմ:

— Փիեե՜, զահլա տարիր հո, — հանդիմանեց Բարխուդարը յուր հարևանին, — ինչ անշնորհակալ մարդ ես, մին երեսիդ խաչահանիր, որ մենք ամեններս սաղ սալամաթ ազատվել ենք:

Այս ասելով, Բարխուդարը մյուսների հետ շտապեց ներս:

Երկու հարևաններից ոչ մեկի տունը չէր քանդվել, միայն բակի կողմից ցած պարիսպը փլատակվել էր կիսով չափ: Նույնպես մի քանի տեղերից ճաքճքվել էր փողոցի պարիսպը: Այս կողմից երկու հարևանները համեմատաբար բախտավոր էին, քան մյուս հարևանները, որոնցից շատերի տները կատարյալ ավերակ էին դարձել:

Բարխուդարը և Հայրապետը, տեղեկանալով Սուսանի և Մեյրանի մասին, շտապեցին իրանց ազգականների ու բարեկամների մոտ՝ «հալ օվհալ» իմանալու:

Մի երկու ժամից հետո վերադարձան և հայտնեցին, թե փառք աստուծո, ամենքը փրկված են, միայն այս ինչի գլուխն է քիչ ջարդվել, այն ինչի կուռն է դուրս ընկել և այլն:

— Ամա բանից երևում է, շատ մարդ է փչացել, ասում են մոտ հիսուն հոգի կա, — ավելացրեց Բարխուդարը:

— Ինչ հիսուն, սաղ քաղաքն է սուգի մեջ, — մեջ մտավ Հայրապետը: — Գնացի, Մարիամ ջան, դուքանս տեսա, մոխիր, մոխիր, հենց կասես, աման-չամաններս ձեռքով են փշրած: Սաղերը ջոկեցի, դրաղ դրի: Դրուստ երկու հարյուր կուժ է մնացել, հարյուր կուլա, վեց կարաս, տասներկու խաշխաշի զավաթներ, է, մին էլ քանութ զիլաարի աման, մնացածը «հյուֆֆ», թո՛զ:

III

Քաղաքը բավական հանդարտվել էր, ցերեկվա խլացուցիչ աղմուկի, դղրդոցի փոխարեն այս ու այն կողմերից լսվում էին լալու հանդարտ ձայներ: Իսկ քաղաքի հեռավոր մասերից, թրքերի թաղերից երբեմն-երբեմն բարձրանում էին ծնծղաների և թմբուկների հնչյուններ: Կանանց, տղամարդկանց և երեխաների «շահ Հյուսեյին, վա՛հ Հյուսեյին» բացականչող ձայները, խառնվելով այդ հնչյունների հետ և տարածվելով խավար մթնոլորտի մեջ, մի տեսակ անբացատրելի զարհուրանք էին ազդում:

Սա թուրք դժբախտ ընտանիքներն էին, որոնք ողբում էին իրենց ազգականների հանկարծակի կորուստը:

Օդը բավական մաքրվել էր: Փլատակված շինություններից բարձրացած փոշին նստել էր գետնին: Երկինքը պարզ էր, լուսին չկար: Դժբախտացած քաղաքի ողբերգության վկա աստղերը պայծառությամբ պսպղում էին: Բնակիչները — ոմանք իրանց տների բակերում, ոմանք փողոցներում, բաց օդի տակ կամ վրանների մեջ — պատրաստվում էին հանգստանալու ցերեկվա չարչարանքներից հետո: Ոչ ոք չէր համարձակվում յուր տունը մտնել, ամենքը երկյուղ ունեին երկրաշարժը կրկնվելուց:

Բարխուդարի և Հայրապետի ընտանիքները վճռեցին այս գիշեր միասին անցկացնել: Գյուլնազը, Մարիամ բաջու օգնությամբ, սփռելով բակում, խորտակված պարսպից քիչ հեռու, մի քանի կապերտներ, բավական ընդարձակ տեղ էր պատրաստել երկու ընտանիքների համար:

Բարխուդարի և Հայրապետի ընտանիքների մեջ կար մի անկեղծ բարեկամություն նահապետական ձևով: Երկու հարևան ընտանիքները մոտ քսան տարի էր, որ խաղաղ և անխախտ շարունակում էին այդ բարեկամությունը: Քսան տարիներ ապրելով միասին, նրանք այնչափ ընտելացել էին իրարու, որչափ հազիվ կարողանան ընտելանալ երկու ազգական ընտանիքներ: Մեկի տխրությունը բնականաբար տխրություն էր պատճառում մյուսին, ուրախությունը — ուրախություն:

— Մի հատ քեզ պես հարևանը ինձ համար թանկ է, քան տասը ազգականներ, — դեպքը պատահած ժամանակ Հայրապետը չէր մոռանում կրկնել Բարխուդարին:

— Եթե պատահում էր, որ նրանցից մեկը այս կամ այն ձախորդության պատճառով ընկնում էր նյութական կամ բարոյական նեղ դրության մեջ, իսկույն մյուսը, առանց հարցնելու, աշխատում էր յուր հարևանին դուրս բերել նեղությունից:

— Բարխադա՛ր:

— Հը՞մ:

— Ախար երեկ էլի «սուխարի» (ծլատ) Սարգիսը բազարում բռնեց ինձ:

— Պատճա՞ռը:

— Դուքանի քրեհ է ուզում:

— Լա՛վ:

Եվ Բարխուդարը մյուս օրը, մի կերպ հաշիվը վերջացնելով «սուխարի» Սարգսի հետ, Հայրապետի օձիքը ազատում էր նրա ձեռքից:

Այս սերտ բարեկամության շնորհիվ շատ հազիվ էր պատահում, որ երկու ընտանիքները նեղ դրության մեջ մնային:

— Ունայնություն ունայնությանց, այսօր քաղումն ենք, վաղը հողումը, — կրկնում էր Բարխուդարը ստեպ-ստեպ:

Մյուս հարևանները, տեսնելով Բարխուդարի և Հայրապետի այս բարեկամությունը, զարմանում էին, մանավանդ նրանք, որոնք ավելի մոտիկ էին ծանոթ երկու հարևանների բնավորությանը: Այսպիսիների համար հանելուկ էր, արդյոք ինչն է նպաստում Հայրապետի և Բարխուդարի այդչափ սերտ բարեկամությանը: Նրանք երկար միջոց իրարու հետ վիճաբանում էին այս մասին: Վերջ ի վերջո, իրանց կարծիքով, մի կերպ իբրև թե հանելուկը բացատրեցին:

Առաջ Հայրապետի ու Բարխուդարի հարևանները այսպես էին դատում:

— Տանձ ու խնձոր մի ծառի վրա ո՛վ է տեսել: Ախար մինը կրակի կտոր գայլ է, մյուսը գլուխը բոշ-ոչխար, յարաբ ի՞նչպես են իրարու աչքը մտել:

Իսկ հետո, երբ, իրանց կարծիքով, գաղտնիքը իմացան, այսպես էին դատում.

— Մինը էշ է, մյուսը փալան:

Այսպես թե այնպես, Հայրապետը և Բարխուդարը բարեկամներ էին, և այս բարեկամությունը իրավունք էր տալիս նրանց ընտանիքներին միասին գիշերելու:

Բարխուդարը նստած էր փափուկ մինդարներից մեկի վրա: Նա, մի կուռը բարձին հենած, մյուս ձեռով երկայն ու բարակ չիբուխը բռնած, մտածողության մեջ թաղված, ծխում էր: Դաղստանի դառն թամբաքուի ծուխը, քուլա-քուլա դուրս սրընթալով նրա հաստ բեղերի տակից, ոլոր-մոլոր պտույտներով բարձրանում էր խաղաղ օդի մեջ: Ամեն անգամ, ծխի քուլաները բերանից դուրս արձակելու ժամանակ, Բարխուդարը գլուխը բարձրացնում էր վեր և, կրկին ցած ձգելով, «չըրթ» թքում գետնին: Հայրապետը նստած էր նրա դեմ ու դեմ: Այս մարդը նույնպես ինչ-որ մտածմունքների մեջ էր, ինչպես այդ երևում էր նրա ճակատի կնճիռներից: Երկայն տերողորմյայի սև ու խոշոր հատիկները, կանոնավոր կերպով պտույտ գալով նրա ձեռում, չխկչխկում էին միատեսակ ձայնով: Կար մի տեսակ ներդաշնակություն այդ չխկչխկոցների և Բարխուդարի բերանից դուրս եկող ծխի քուլաների մեջ:

Սմբատը, մի կողմ քաշված, ճրագի առաջ ինչ-որ գիրք էր թերթում: Նրանից մի փոքր հեռու Մարիամ բաջին և Գյուլնազը, քիթ քթի տված, ընթրիքի պատրաստություն էին տեսնում, երբեմն իրարու հետ քչփչալով: Սուսանը և Սեյրանը պառկած էին Բարխուդարի ձախ կողմում, ջոկ-ջոկ անկողինների մեջ:

Սեյրանի գլուխը և ձախ աչքը փաթաթված էին կարմիր թաշկինակով: Սուսանը բոլորովին անվնաս էր պրծել:

Վտանգից փրկված մանուկները, իրարու դեմ պառկած, խոսակցում էին մի քանի ժամ առաջ իրանց գլխով անցած փորձանքի մասին: Նրանք խոսում էին այնպիսի սառնասրտությամբ, որ կարող էր ամաչեցնել հասակավորներին:

— Ես հողի տակ չլսեցի կարմիր կովի ձայնը, — ասում էր Սեյրանը:

— Ես լսեցի. նա մին բառաչում էր, մին բառաչում էր, որ ջանս զարզանդում էր, — պատասխանեց Սուսանը:

— Ի՞նչպիսի կով էր. պոզեր ունե՞ր:

— Ուներ, ուներ, ամեն պոզը էն ծառի բոյի, — Սուսանը յուր փոքրիկ ձեռքով ցույց տվավ բակում գտնվող կանաչազարդ թթենին:

— Աչքեր էլ ունե՞ր, — կրկին հարցրեց Սեյրանը:

— Բաս, բաս, այ էսպես, — Սուսանը վերմակի տակից հանեց երկու ձեռները և, նրանց ծայրերը իրարու մոտեցնելով, կոներով մի շրջանակ կազմեց:

— Ես պոզերն էլ տեսա, գլուխն էլ տեսա, աչքերն էլ տեսա, — շարունակեց Սուսանը, չիմ տեսա, չիմ: Մեյրան, նա բերանը բաց էր արել ու ինձ ասում էր. «Սուսան, Սուսան, ես քեզ կուլ կտամ, իմանո՞ւմ ես»: Մեյրան, նրա բերանից, քթի ծակերից, աչքերից մին կրակ էր փչում, մին կրակ էր փչում, որ կասես, մեր էն մեծ թոնիրն էր: Դու տեսե՞լ ես մեր մեծ թոնիրը:

— Հա՛, տեսել եմ:

— Իմանո՞ւմ ես, որ հաց թխելիս նրա մեջ ալովը ինչպես է «գուփ-գուփ» անում:

— Հա, տեսել եմ, իմանում եմ:

— Այ, կովի բերանի կրակն էլ հենց էնենց «գուփ-գուփ» էր անում: Իմանո՞ւմ ես: Բաս լեզուն, էլ մի՛ ասա, վա՛յ, վա՛յ. հենց կասես, որ նոր թխած կարմիր հաց լիներ:

— Սուտ ես ասում, ես չեմ հավատում, — ընդմիջեց նրան Մեյրանը, ուղղելով յուր գլխի թաշկինակը:

— Ես եմ սուտ ասո՞ւմ, էէէէ՞ս, էէէէ՞ս, — բարկացավ Սուսանը, գլուխը բարձրացնելով և ձեռներով ճակատի վրա թափած գանգուր մազերը հետ դարսելով: — Բաս չե՞ս իմանում, որ տափի տակին կարմիր կով կա: Չե՞ս իմանում, որ երբ որ մարդիկ կարմիր կովին շատ են կթում, էլ նրա պստիկ բալի համար կաթ չեն թողնում, կովը հրսոտվում է մեզ վրա: Չե՞ս իմանում, որ պոզերով տափը ժաժ է տալիս ու մեզ էլ տակովն է անում էսօրվա պես: Հը՞մ, hը՞մ, չե՞ս իմանում:

— Քեզանից էլ լավ եմ իմանում, ինչպես չեմ իմանում, ամա դու էլի սո՛ւտ ես ասում, ինչու որ նրան հողի տակը իսկի չես տեսել:

— Սուտը դու ես, որ չես հավատում: Սուտ, սուտ, սուտ՛տ:

— Ուտես հավի կո՛ւտ, հը՛ը, դեհ, լա՞վ էր, — բարկացավ Սուսանը և կարմրեց:

— Հա՛ հա՛ հա՛, — կչկչաց Մեյրանը:

— Ծիծաղիր, ծիծաղիր, անհավատ, հարցու հայրիկից:

— Էլի ի՞նչ կա, ինչո՞ւ համար եք կռիվ անում, — մեջ մտավ Բարխուդարը, վերջապես չիբուխը հանելով բերանից և կշտին դնելով:

— Մեյրանը չի հավատում, որ տափի տակին կարմիր կով կա:

— Սուտ է ասում Սուսանը, ես հավատում եմ, — արդարացավ Մեյրանը:

— Հա, կա, բալաներս, բաս որ չլիներ, էսօր տափը ժաժ կգա՛ր, — ասաց Բարխուդարը, քաղցրությամբ շոյելով Սուսանի մազերը և համբուրելով նրա ճակատը:

— Ո՛վ էր հրսոտացրել կարմիր կովին, որ մեզ հողի տակ թողեց, — հարցրեց Սեյրանը:

— Ձեզ պես չար ու կռվարար երեխերքը:

— Մենք ի՞նչ ենք արել, որ ասում ես:

— Էլ ի՞նչ պիտի անեք, մեր խոսքը չեք լսում, մեր ասածը չեք կատարում, չարություններ եք անում, երեխաների հետ կռիվ եք անում ամեն օր, այ ինչ եք անում:

— Ես իսկի կռիվ չեմ անում, — հակառակեց Սուսանը:

— Ես Սուսանին էնքան եմ սիրում, էնքան եմ սիրում, որ չեմ ուզում ինձանից հեռանա, ինչո՞ւ պիտի կռիվ անենք, — ավելացրեց Սեյրանը:

— Շատ լավ եք անում, շատ լավ եք անում, բալաներս, ուրիշ երեխաների հետ էլ էդպես սիրով վարվեցեք, նրանց հետ էլ կռիվ մի անեք:

— Իրանք են մեր հետ կռիվ անում, մենք իսկի կռիվ չենք անում, — պատասխանեցին միաբերան մանուկները:

— Մեզ փախըլություն են անում նրանք, — շարունակեց Սեյրանը, — հենց տեսնում են, որ ես ու Սուսանը մի տեղ խաղ ենք անում, թափվում են մեզ վրա, ծիծաղում են, մեր աչքերին հող ենածում, մեզ «հըռիըռ» են կանչում: Մենք էլ հրսոտվում ենք նրանց վրա ու կռիվ անում: Այ, էն օրը Թափտուղանց Ջհանգիրը ուզում էր Սուսանի մազերից քաշի, ամա հենց որ ես մոտեցա, մի սիլլա տվի, մի սիլլա տվի, որ մի բաշ փախավ իրանց տուն:

— Ի՞նչ էիր խոսում, Սուսի ջան, Սեյրանի հետ հողի տակ, — հարցրեց Հայրապետը, վերջապես, ընդհատելով յուր տերողորմյայի չխկչխկոցը:

— Ի՞նչ էր խոսում, հա, չէ, չէ, չեմ իմանում. միտս չի, Սեյրանը կասի:

— Խոսում չէինք, լաց էինք իլում, — մեջ մտավ Սեյրանը:

— Հերիք է, Սեյրան, քիչ խոսիր, այ տղա, գլուխդ կցավի, — շշնջաց Մարիամ բաջին, մոտենալով յուր որդուն:

Հետո նա շալը բերանին պահած, մոտեցավ յուր ամուսնուն և ցած ձայնով ավելացրեց.

— Այ մարդ, երեխիս մի թողնիր, որ հողի տակ մնալը միտը գցի, ախար կզարզանդի ու հետո կհիվանդանա:

— Քո բանը չի, թող ինչքան ուզում է՝ խոսի, սիրտը կպինդանա, մին էլ, որ կմեծանա, կմոռանա, — ասաց Հայրապետը: — Ասա, բալաս, ի՞նչպես մնացիր հողի տակ, ի՞նչ էիք խոսում:

Սեյրանը, կարծես, հենց մի այդպիսի առիթ էր որոնում: Նա գլուխը բարձրացրեց, ծալապատիկ նստեց անկողնի մեջ և այսպես սկսեց.

— Սուսանը տիկին — տիկին էր խաղում Սուսամբարի, Թագուհու, Զազառի, Սապանի, Խաթայի, Նուրջիի ու Հուռուսիկի հետ, ես էլ թամաշա էի անում: Մին էլ տեսնենք «գյուռ-գյուռ» երկինքը գոռգոռեց, տափը լըխլխեց, գլուխս շուռ տվավ, ոտի վրա կանգնել չկարողացա: Չիմ փախան, ես ու մեկ էլ Սուսանը մնացինք: Ես էլ կփախչեի, ամա Սուսանը մնաց, եկավ կպավ շորերիցս, պուկ չեկավ, ես էլ չկարողացա ոտ փոխել: Մին վախտ տեսնենք Ախչամանանց դուռը «թարախկ» մեզ վրա ընկավ, մի քիչ գլխիս կպավ, ամա մին ցավացրեց, մին ցավացրեց, որ ես հարայ տվի ու տեղնուտեղը ընկա: Սուսանն էլ ընկավ իմ կողքին: Խեղճը մին լաց էր իլում, որ մազերս դիք-դիք էր կանգնում, սիրտս մրղկըտ-մրղկըտ էր անում: Մին էլ տեսնեմ «գյուռ-գյուռ» հողը սելի պես թափվեց մեր գլխին, ամա Ախչամանանց դուռը ընկած էր մեզ վրա ու չէր թողնում, որ հողը մեզ շատ գոռ անի: Սուսանը վախութենից ինձ դուշ արավ, «ա՜խ մամա, վա՜յ մամա» կանչելով:

— Հետո, հետո, հա, տեղս նեղ չէր, ամա գլխիս ճղված տեղը շատ ցավում էր, նաֆասս էլ մին քիչ փաթաթվում էր: Սուսանը ասեց. «Սեյրան, դա տափի տակը կարմիր կովն է. էլի հրսոտվել է մեզ վրա»... Հետո՞. հետո ես ասացի. «Սուսան, եկ մենք էստեղից դուրս գալուց հետո էլ չարություն չանենք, կարմիր կովին չհրսոտացնենք, երեխաների հետ կռիվ չանենք, չիմին սիրենք»: Սուսանը ասեց. «Հա, կսիրեմ, կսիրեմ, չիմ երեխաներին կսիրեմ, մինիկ եղբորս արևը վկա, կսիրեմ. թող մին ազատվենք, թող մինիկ մամիս երեսը տեսնեմ»:

— Էս որ ասեց, էլի լաց իլավ, ես էլ լաց իլա, երկուսներս էլ ձեն ձենի տվինք ու լաց իլանք: Եմ խեղճս գալիս էր Սուսանին... հետո, հետո ի՞նչ իլավ, հա չեմ ասիլ: Սեյրանը, վերջին խոսքերը ասելով, գլուխը ցած թեքեց և սկսեց ամոթխածությամբ աչքերի տակով նայել Սուսանին: Նրա ականջները և երեսը կարմրեցին: Սուսանը աչքերը պլշած, ուշադրությամբ լսում էր նրան:

— Հետո ի՞նչ իլավ, — հարցրեց Հայրապետը, ձեռքերով շոյելով Մեյրանի գլուխը:

— Հետո ես դռնի տակից ձեռներս մեկնեցի, դուչ արի ու պաչեցի, էլ նրանից հետո ինչ իլավ, ինչ չիլավ, միտս չի:

— Ո՞ւմին պաչեցիր:

— Սուսանին:

— Այ, ղոչաղ, — բացականչեց Հայրապետը, աջ ձեռը գնելով յուր որդու ուսին և ուղիղ նայելով նրա աչքերին:

— Սուտ, սուտ, սուտ է ասում, նա ինձ չի պաչել, — մեջ մտավ Սուսանը, որի գեղեցիկ թշերը, որ առանց այն էլ կարմիր էին, Մեյրանի խոսքերից հետո, վարդի գույն ստացան :

— Դու ես սուտ ասում, պաչել եմ, միտդ չի:

— Լավ է, լավ, մի հրսոտվի, Սուսի ջան, ինչ անենք որ պաչել է, եղբայրը քրոջը կպաչի էլի, — հանգստացրեց մանուկներին Բարխուդարը, քաղցրությամբ նայելով նրանց երեսին: Մանուկները լռեցին, Բարխուդարը չիբուխը կրկին վառեց և կրկին ընկավ մտածողության մեջ:

IV

Ընթրիքը պատրաստ էր: Մարիամ բաջին և Գյուլնազը բաց արին մեջտեղ կապտագույն մաքուր սփռոցը և վրեն շարեցին տեսակ-տեսակ ուտելեղեններ: Իրարու մրցմամբ երկու տանտիկինները ինչ որ ունեին բերին մեջտեղ. գետնախնձոր, քամած մածուն, եփած հավ, ոչխարի խորոված, խաշած ձվեր, թթվեղեն, կանաչեղեն: Իսկ Գյուլնազը յուր կողմից այս բոլորը զարդարեց խաղողի թունդ օղիով լիքը մի մեծ շշով, որ նա բերավ ու գրավ ուղիղ յուր ամուսնու ծնկան առաջ: Բոլորը պատրաստելուց հետո, Մարիամ բաջին ու Գյուլնազը քաշվեցին մի կողմ: Վերջապես, ընթրիքը սկսվեց, օղու բաժակները մի քանի անգամ լցվեցին ու դատարկվեցին: Կարծես, երկու հարևանները կամենում էին ջնջել իրանց սրտերից ցերեկվա անցքից մնացած ծանր տպավորությունը:

Հայրապետի գլուխն ավելի շուտ տաքացավ, քան Բարխուդարինը: Բանն այնտեղ հասավ, որ նա մինչև անգամ մոռացավ յուր կուժն ու կուլան: Այս բավական չէ, նա յուր ալեխառն գլխից հանելով մորթու գդակը, փորձեց Քյոռօղլվի երգերից մինը կլկլացնել: Սակայն Բարխուդարը, այս նկատելով, հիշեցրեց նրան, թե անհարմար է, որովհետև սուգ է, բոլոր հարևանները դրսումն են, կլսեն և կծիծաղեն:

— Ափսո՛ս, ափսո՛ս, Բարխուդար, էշխս միջումս թողիր: Այ, հաա՛յ, հա՛յ փուչ է, փուչ աշխարհս, Տեր-Մաթալն ասում է. «և ասե հող էիր ու հող դառնաս»: Է՛հ, քեֆդ քոք պահիր, ի՛նչ կա, փառք աստուծո, մեռնեմ նրա զորութենին, նա ուզում էր մեզ խրատել ու խրատեց, լավ խրատեց, շատ լավ խրատեց: Ամա կուժ ու կուլաս զըրընգ-զըրընգ հա՛ա, փահ, փահ, սիրտս էր մղկտում, չունքի դե էլի ապրանք է էլի: Աղա, է՛հ, ջառ ու ջիհաննամը, խալխը կտրվեց, կուժ ու կուլաս մատաղ Սեյրանիս ու Սուսանիս գլխի մի մազին:

Արտասանելով այս խոսքերը, Հայրապետն օղու բաժակը միանգամից դատարկեց և, յուր կարճլիկ բեղերը սրբելով, թաշկինակը ձգեց ուսերին:

Բարխուդարը ատում էր և թեև ըստ երևույթին լսում էր հարևանի ճառաբանությունը, բայց ներքուստ, կարծես, միտքը ուրիշ բանով էր զբաղված:

— Ինչքան որ, Բարխուդար ջան, ֆիքր անես, հարյուր կոպեկը էլի մի մանեթ է. հո՛ղ, հո՛ղ, ամեններս հող ենք դառնալու: Մարիամ ջան, Գյուլնազ խանում, կոնծեցե՛ք, որ սիրտներդ բացվի, մոռանաք էսօրվա տեսածներդ:

Բարխուդարը լուռ ու մունջ ընթրում էր, երբեմն օղին կամ անելով քիչ-քիչ: Երբ Հայրապետը լռեց, նա հանկարծ արագությամբ սրբեց բեղերը և, մի ձեռով բարձրացնելով օղու շիշը, մյուսով բաժակը, ասաց.

— Հայրապետ, մտքովս մին բան է անցնում, մին թաս էլ արաղ ածի՛ր, տեսնենք:

— Թող հազարն անց կենա, ամա խեր իլի: Ասում ես, որ ածեմ: Օհո՛, բաշ յուստա, ջանս դուրս գա, ի՛նչ անեմ, ճարս կտրած, պիտի դժվար հրամանդ կատարեմ:

Հայրապետը բաժակը պահեց ձեռքին, Բարխուդարը լցրեց մինչև ծայրը:

— Դե՛հ, հիմա կարող ես հրամայել, Բարխուդար ջան, տեր աստված, դու խերը վերաբերես:

— Խեր չիլած, ի՛նչ կա, փառք աստուծո: Հայրապետ, առաջ էս

թասը խմենք մեր Սուսանի և Մեյրանի կենացը: Ողորմած աստվածը մեր ծերության օրում մեզ խնայեց ու նրանց մեզ մեկ էլ նորից բաշխեց, թո՛ղ օրես դեն էլ պահի ու պաշտպանի մեզ համար:

— Երկու ձեռներով պինդ պահի, աֆարիմ, աֆարիմ, Բարխուդար, ճարտար լեզվիդ ղուրբան, — բացականչեց Հայրապետը, միանգամից պարպելով բաժակը:

— Հայրապետ, քանի տարի է, մենք միասին հարևանություն ենք անում, էսքան ժամանակ, գոհություն աստուծո, մենք մի անգամ էլ իրարուց չենք նեղացել:

— Իսկի՛ իսկի՛, ո՛վ է տեսել, որ ես քեզ կամ դու ինձ ասած իլես. «այ մարդ, ոտդ էրվում է, մի կողմ դիր», — ընդմիջեց Հայրապետը:

— Ինչպես մենք, էնպես էլ մեր օղլուշաղը, ապրել ենք սեր, միաբան, որ թե աստծուն է դուր եկել, թե մարդկանց, — շարունակեց Բարխուդարը: — Ինչ արած, որ եղբայր չեմ ունեցել, աստված վկա է, որ քեզ եղբորից ավելի եմ սիրել: Էհ, Հայրապետ, չեմ իմանում, եթե մերս որ ինձ պես մեկն էլ ծներ, ես նրա հետ ինչպես պիտի վարվեի: Մտիկ եմ տալիս հիմիկվա աշխարհին, մտիկ եմ տալիս հիմիկվա եղբայրներին ու օրհնում եմ տալիս մորս հոգուն, որ նա ինձ համար եղբայր չի ծնել: Ո՛վ է իմանում, նա էլ ինձ համար ուրիշների եղբորց նման եղբայր կլիներ, որ հիմա փողի համար իրարու գլուխներն են ծակում, ինչպես հրեն Ղարդուշանց Եփրեմը ու Գրիգորը: Աստված վկա, ամեն մի մտիկ անելիս հիմիկվա աշխարհին, որ միտք եմ անում, մազերս դիք-դիք են կանգնում, մարմինս փշաքաղում է: Հայրապետ, ցավերս եռ են գալիս, բաշխիր, Հայրապետ, մարդս կեղտոտվել է, մարդս փչացել է: Էլ հա յա, էլ աբուռ չի մնացել, նամուս ասված բանը ճրագով որ փնտրես, չես կարող գտնել, չկա՛: Բաս աստված ինչ անի, որ էս ամենը տեսնելով, էսօրվա պես պատիժ չհասցնի մեր մեղավոր գլխին: Թացն էլ էրվում է չորի կրակով: Էլ գողություն անես, մարդասպանություն ասես, խաբեբայություն, սուտ ասել, էլ մի մեղք չի մնացել, որ չանեն: Չմուշկ կարողը փտած կաշուց է կարում, դերձակը մուշտարու չուխից ավելացած մահուդն է դազգյահի տակը կոխում կամ «մինդարալթի» անում, էլ որ մինը ասես: Հիմա դե, էլ ինչ երկարացնեմ, Հայրապետ, խոսքս նա է, որ էս ամենը տեսնելով, մեր քաղաքի խալխից զզվել եմ և էդ պատճառով է, որ էսօրվա օրը ես ոչ մի մարդու հետ գործ չեմ ուզում բռնել: Մի հատ մարդ, որ իմ աչքումս հալալ է երևում, Հայրապետ, դա դու ես: Չասես, որ երեսիդ եմ ասում: Ուրեմն, էս թասն էլ խմում եմ, որ աստված մեր եղբայրությունը մինչև մեր մահի դուռը հաստատ պահի...

— Ամեն, ամեն, — կրկնեցին մյուս կողմից Մարիամ բաջին և Գյուլնազը միաբերան հազիվ լսելի ձայնով:

Սմբատը, Սուսանն ու Մեյրանը արդեն քնած էին: Իսկ ինչ վերաբերում է Հայրապետին — նա, օղիի ազդեցությունից փայլող աչքերը չռած, ուշադրությամբ լսում էր Բարխուդարի ճառը: Վերջին խոսքերը լսելու ժամանակ խեղճ մարդը այլևս չկարողացավ զսպել յուր արտասուքը: Նա սկսեց փոքրիկ մանկան նման հեկեկալ:

— Հիմա երեխայի պես լաց ես իլում, ամա ինչ որ մտքովս անցնում է, նա էլ որ ասեմ, Հայրապետ, պիտի ծիծաղես: Ան պատճառ կծիծաղես, ինչու որ շատ լավ բան եմ ասելու:

— Ասա՛, ասա՛, Բարխուդար ջան: Իմ լեզուս, Տեր-Մաթալի ասած, Զաքարիայի լեզվի պես պապանձվել է, ես խոսելու, հնար չունիմ:

— Միտքս էն է, Հայրապետ, որ մենք պիտի աշխատենք մեր բարեկամությունը պինդ պահել, որ չլինի թե մեր միջովը սև կատու անցկենա: Մենք պիտի էնպես մոտիկ ապրենք, որ ջուրը ջրութենով մեր արանքով չանցնի: Լսո՞ւմ ես. ջուրը ջրութենով: Հիմա դու կիարցնես, դա ի՛նչպես կլինի: Ականջներդ լավ բաց արա, Հայրապետ, ու լավ լսիր, տե՛ս ինչ եմ ասում: Դու քնում ես, այ մարդ:

Իրավ, Հայրապետը, կարծես, ուզում էր քնել: Նրա կոպերը հոգնածությունից և օղիի զորությունից այնքան ծանրացել էին, որ չէր կարողանում աչքերը բաց պահել: Իսկ տանձի կոթի պես թուլացած շլինքը ուժ չուներ, որ նրա գլուխը ուղիղ պահեր, ուստի վերջինը տատանվում էր այս ու այն կողմ:

— Մի քիչ գլուխս թարազ չի, ամա ասա՛, ասա՛, Բարխուդար, խոսքերիցդ մինն էլ բաց չեմ թողնում:

— Թարազ պահիր, տես ինչ եմ ասում:

— Հըը...

Հայրապետը գլուխը մի կերպ բարձրացրեց, կոպերը հոնքերի հետ ուժով քաշեց դեպի ճակատը և նայեց Բարխուդարի երեսին: Ճրագի դեղնագույն լույսը առաջ նրա կարմրած աչքերը փայլեցին:

— Շատուց է, որ տեսնում եմ իմ Սուսանիս և քո Մեյրանիդ մեջ կա մի մոտավորություն. նրանք իրարու հետ էնպես են վարվում, ինչպես մի հորից ու մի մորից ծնվածներ: Ե՛կ, Հայրապետ ջան, մենք էլ մեր ձեռքով էս երեխաների սերը հաստատենք և մեր բերանով օրհնենք: էսօրվա օրը նշանավոր է, ե՛կ Մեյրանին և Սուսանին հենց էս գիշեր իրարու հետ կապենք ու աստծուն բաշխենք: Ես Սուսանիս բաշխեցի քո Մեյրանին, Սուսանը, փառք աստուծո, օրեցօր չափահասանում է: Էսօր էգուց նրան, մեր քաղաքի սովորությունն է, պիտի զցենք տուն, որ յար տղի երես չտեսնի, ինչպես որ աղջկա պարտքն է և ինչպես որ մեր պատիվն է ուզում: Ամա ես իստակ սրտիցս խոսք եմ տալիս, որ Սուսանս Մեյրանինը կլինի: Իմ ասածս ասած է, արածս էլ արած. խոսքիցս հետ չեմ կանգնիլ, եթե Մեյրանիդ էնպես կմեծացնես, որ նա մեր քաղաքի «կապը կտրածների» պես տղա չդուրս գա: Լսում ե՞ս: Դե, Հայրապետ ջան, ի՛նչ կասես, լավ միտք եմ արել, թե՞ չէ:

Բարխուդարի խոսելու ժամանակ Գյուլնազի և Մարիամ բաջու քչփչոցը քանի գնում, այնքան կենդանանում էր:

Երբ Բարխուդարը, յուր խոսքերը ավարտելով, դիմեց Հայրապետին, հարցնելով նրա կամքը, վերջինը մի քանի վայրկյան ոչինչ չպատասխանեց: Նա ապշած նայում էր յուր հարևանի երեսին: Հանկարծ սթափվեց, գդակը գլխից վերցրեց և խփեց գետնին:

— Մարիամ ջան, Մարիամ ջան, մի մոտ ե՛կ, էստեղ վազիր, մոտս, ա՛յ, հաա՛, հա՛ էստեղ կանգնիր:

Մարիամ բաջին զարմացած մոտեցավ յուր ամուսնուն և կանգնեց նրա մոտ, մի ձեռով շալի ծայրը բերանին պահած: Հայրապետը բռնեց նրա արխալուղի փեշից, կարծես, վախենալով, մի գուցե փախչի:

— Մարիամ ջան, դու քո հոր աղջիկը չես իլի, մարդու զավակ չես իլի, թե որ սուտ ասես: Չիլավ, հալա մին երեսիդ խաչակնքիր տեսնեմ, հաա՛, էդպես: Դեհ, Մարիամ, ցավդ առնեմ, հիմա ասա՛, քանի-քանի անգամ եմ ես ֆիքր արել հենց Բարխուդարի ասածը: Հը՞մ, միտդ չի՞, ասա էլի, լալ հո չես. հը՞մ, քանի անգամ եմ քեզ ասել, որ լավ կլինի մեր Մեյրանին Սուսանի հետ հիմիկուց նշանենք: Ասա՛ էլի...

Մարիամ բաջին դեպի Բարխուդարի կողմը գլխով նշան արավ, թե ճշմարիտ է ասում Հայրապետը:

— Չէէ, չէ, չիլավ, լեզվովդ ասա: Խոսի՛ր, խոսիր, հաջաթ չի, մի ամաչիր, — հրամայեց Հայրապետը:

— Ղորթ է ասում, շատ է ասել, — փնթփնթաց քթի տակ Մարիամ բաջին:

— Լսում ե՞ս, Բարխուդար: Դեհ, հափ-հափ հուռռա, էս թասն էլ կխմենք Սուսանիս և Մեյրանիս նշանդրեքի համար:

Մարիամ բաջին մոտեցավ Գյուլնազին: Երկու տանտիկինները, օգուտ քաղելով հաջող դեպքից, վերջապես կամեցան գոնե առժամանակ արձակել իրանց լեզուների կապը:

— Հըմ, ի՛նչ կա, քչփչում եք, խոսեցե՛ք, տեսնենք, դո՛ւք ինչ եք ասում, — դիմեց նրանց Բարխուդարը:

— Աստված շնորհավոր անի, բախտավոր լինեն, մեծանան, պսակենք, ծլեն, ծաղկեն, մենք էլ խեղճ ենք, տեսնեք մեր էս կարոտ աչքերով ու ուրախանանք, — խոսեց Մարիամ բաջին բարձր ձայնով:

— Այ ախչի, թող մի բան բերենք, որ բերանները քաղցրացնեն, — մեջ մտավ Գյուլնազը, մի ձեռով շալի ծայրը բերանին բռնած, մյուս ձեռի արմունկով բոթելով Մարիամին:

— Մուրաբաներից բերեցեք, տեսնենք, — հրամայեց Բարխուդարը:

— Թո՛ղ ես բերեմ, — ասաց Գյուլնազը, տեղից բարձրանալով:

— Չէ, թող ես բերեմ, — հակառակեց Մարիամ բաջին, բռնելով Գյուլնազի թևից և կամենալով կրկին նստեցնել յուր տեղը:

— Չէ՛, ես կբերեմ:

— Չէ՛, չէ՛ մերը լավն է՛, նոր եմ եփել:

— Մերը նարինջի է:

— Մերն էլ վարդի է:

Երկու տանտիկինները մի քանի վայրկյան այնպես ոտի վրա կանգնած հակառակվում էին, իրարու կրծքին հրելով: Ոչ մեկը թույլ չէր տալիս մյուսին շարժվելու:

— Էրիհաա՛ զուռնաղավալը բարձրացրին սատանի ճտերը, ձեռ քաշեցե՛ք, եկա՛վ, խաբարդար, — գոռաց Հայրապետը և գդակը արձակեց նրանց վրա:

— Հանդարտվեցեք, լավ է, երկուսներդ էլ բերեք, տեսնենք ինչ եք բերում:

Բարխուդարի հրամայողական ձայնը ստիպեց Գյուլնազին և Մարիամ բաջուն իրարուց բաժանվելու:

Մի րոպեից հետո սփռոցի վրա շարվեցին թեյի պնակների մեջ մի քանի տեսակ մուրաբաներ:

Այս ընդհանուր աղմուկի ժամանակ մանուկները քնից զարթնեցան:

— Ինձ էլ մուրաբա տվեք, — գոչեց Սուսանը, գլուխը բարձրացնելով և աչքերը բռունցքներով տրորելով, որ քունը փախցնի:

— Ինձ էլ տվե՛ք, — կրկնեց Սեյրանը:

— Բաս ե՞ս, ինձ չեք տալո՞ւ, — ավելացրեց Սմբատը:

Բարխուդարը, բոլորին բավականացնելուց հետո, ասաց.

— Սուսի, էսօրվանից քեզ ու Սեյրանին բաշխում ենք կարմիր կովին:

— Օ՛օ՛, չէ, չէ, չեմ ուզում, ես կարմիր կովի պոզերից վախենում եմ:

— Ես չեմ վախենում, ես նրա պոզերի վրա կնստեմ, — մեջ մտավ Սեյրանը:

— Միք վախենալ, մենք ձեզ չենք տալու նրան, որ տանի: Դուք նրա բալաները կլինեք հիմիկվանից, ամա մեզ մոտ կմնաք: Մենք բաշխում ենք նրան, որ էլ էս գիշերից դեն չիրսոտվի ձեզ վրա, ձեզ հողի տակ չթողնի:

— էս թասը մին էլ կոնծում եմ Սեյրանիս ու Սուսանիս կենացը, — ընդհատեց Հայրապետը: — Լսի՛ր, Բարխուդար, մի լավ աղոթք եմ սովորել Տեր-Մաթալից, թող նա էլ ասեմ ու բանը պրծնի: Ինչպե՛ս է... հա... աստված շնորհավոր անի, բարով թագ ու պսակի արժանանան, կանաչ կարմիր կապեն, «և առյալ զձեռն Եվայի և տվյալ»... Դե՛հ, Սեյրան, մոտեցիր ու հարսնացուիդ մի լավ պաչիր, ա՛յ ինչպես էսօր հողի տակումն ես պաչել:

— Ի՞նչ հարսնացու, — հարցրեց Սեյրանը երեխայական զարմացմամբ:

— Սուսանին ու քեզ նշանեցինք, դու նրա փեսացուն ես հիմա:

Պարզամիտ մանուկները, լսելով Հայրապետի խոսքերը, կարմրեցին ամոթից: Հայրապետի ստիպմամբ նրանք իրարու գրկեցին և համբուրեցին: Այս համբույրը եղավ երկու մանուկների ապագա միավորությունը երաշխավորող միակ գրավականը:

— Դեհ, բալաներս, չոքեցեք ու աղոթք արեք ձեր արդար բերանով, որ աստված էսօրվա պես օր շանց չտա մեզ, — ասաց մանուկներին Մարիամ բաջին:

Մանուկները չոքեցին երեսները դեպի աղոթարան և նախ «Հայր մեր» ասացին, հետո, Մարիամ բաջու թելադրությամբ, երկրաշարժը չկրկնվելու համար աղոթեցին:

Աղոթքը վերջացավ, երկու ընտանիքները բաժանվեցին:

V

Երկրաշարժը մի անգամ դրոշմելով յուր կնիքը Շամախու ճակատին, կարծես, երդվել էր այնուհետև այլևս ձեռ չքաշել նրանից:

Տարիներ անցան, բայց քաղաքը չէր խաղաղում: Նա նմանում էր ընդարձակ ծովի վրա լողացող մի նավի, որ խորտակված առագաստներով և փշրտված խարիսխներով թողված ճակատագրի հաճույքին, երերվում է ալիքների մեջ: Երկիրը, կարծես, մի անգամ կորցնելով յուր ուժը, կարողություն չուներ պահել քաղաքի ծանրությունը: Ինչպես դաշտում մեծացած վայրենի ձի, որ յուր մեջքը չի կամենում ենթարկել թամբի ծանրության, Շամախու երկիրը շարժում էր յուր մեջքը, համառությամբ հրաժարվելով քար-քարի վրա թողնել:

— Սոդոմ — Գոմորն է, — կրկնում էին ծերունիները, իրանց ալեզարդ գլուխները շարժելով:

Կառավարությունը տեսնելով, որ քաղաքը չի դադարում, ստիպված եղավ նահանգապետությունը փոխադրել Բաքու: Այս եղավ մի ուրիշ հարված, որից հետո քաղաքը միանգամայն զրկվեց կենդանությունից: Քանի գնաց, այնքան նրա դրությունը թշվառացավ: Առևտուրն ընկավ, ժողովուրդն օրըստօրե սկսեց աղքատանալ: Շատերը ստիպվեցին թողնել իրանց պապական երկիրը և գաղթել ուրիշ քաղաքներ օտարության մեջ օրական ապրուստ հայթայթելու: Մեծ մասամբ գաղթում էին հայերը, որոնք գլխավորապես գնում էին Ղուբա, Դերբենդ, ուր այդ ժամանակները տորոնի արդյունաբերությունը նախանձելի վիճակի մեջ էր: Իսկ մյուս մասը գաղթում էր Դաղստանի զանազան կողմերը, Պետրովսկ, Վլադիկավկաս, Թեյմուրխան-Շուրա, Բաքու և Անդրկասպյան երկիր:

Այս ընդհանուր գաղթականության ախտը, որ խիստ վարակիչ

էր, չիամարձակվեցավ մոտենալ ոչ Բարխուդարին և ոչ Հայրապետին:

Առաջինն այսպես էր դատում:

— Ես դերձակ մարդ եմ, իմ արհեստս թուրքերի հետ է կապված, թուրքերն էլ, փառք աստուծո, իրանց տեղումն են: Նրանք մեզանից խելոք են, իրանց պապական օջախը չեն քանդում մեր հայերի պես ու օլքա-օլքա ընկնում մի կտոր հացի խաթրու: Թե որ աստված մարդուս ճակատին մի կտոր հաց է գրել, նա որտեղ որ լինի, կուշտ կլինի, թե չէ, ու չէ:

Իսկ Հայրապետը այսպես էր դատում.

— Թուրքն ասում է. «քյոռ իչուն համսի բիր, յա բուրդա, յա Բաղդադդա»1: Մի քանի հարյուր կուժ ու կուլա բարձած ի՞նչտեղ կարող եմ գնալ, ի՞նչ կարող եմ անել: էլի Շամախում մի բան կա. Ճշմարիտ է, ասելը մեղք է, բայց դրուստը պիտի խոստովանեմ, որ երկրաշարժը թեև ինձ վնասեց, խեր էլ տվավ, չունքի քաղաքում էլ սաղ կուժ ու կուլա չի մնացել, հիմա ամենքը մեկ էլ նորից են առնում: Առնտուրս զոռ է:

Եվ այսպես, Բարխուդարն ու Հայրապետը մնում էին Շամախում:

Երկու հարևանները շարունակում էին իրանց բարեկամությունը: Նախկին դրացության համակրության վրա ավելացել էր խնամությունը: Գյուլնազը և Մարիամ բաջին խնամիներ էին և կատարում էին մի առանձին եռանդով այն բոլոր պարտականությունները, որ պահանջում էր քաղաքի ավանդությունը:

Կտեսնեիր, որ բարեկենդան օր է, առավոտը կանուխ, դեռ թեյ չխմած, ահա Մարիամ բաջին, ցրտից սրթսրթալով, ներս մտավ, ձեռքում ափսե իրարու վրա դրած: Ափսեների մեջ խնամքով դարսած են դութաբներ և բիշիներ2: Մարիամ բաջին վազեվազ բերել է, որ նրա «աչքի լույս Սուսանը տաք — տաք ուտի»:

Զատկի առավոտ է, մեկ էլ տեսնես Գյուլնազը շալի ծայրում փաթաթած տասը քսան խաշած կարմիր ձվեր վազեցնում է Հայրապետանց տուն:

— Առ, բալաս, տա՛ր, էսօր կռվացրու էս ձվերը, բախտդ փորձիր, — ասում էր նա, ձվերը տալով Սեյրանին և մի քանի համբույրներ դրոշմելով նրա թշերին:

Դեռ երկրաշարժից մի տարի չանցած Հայրապետը

Բարխուդարի խորհրդով Սեյրանին տվել էր Սարգիս վարպետի ուսումնարան, ուր նույնպես սովորում էր Բարխուդարի որդի Սմբատը:

— Թող սև ու սպիտակը ջոկել սովորի, մեզ նման մարդը ինչի է հարկավոր, — ասում էր Բարխուդարը:

Սեյրանը առաջին տարին մի այնպիսի ընդունակություն ցույց տվավ, որ Սարգիս վարպետի ուշադրությունը գրավեց: Մի տարվա ընթացքում նա անցավ այբուբենի տետրը, Սաղմոսը, բայց երբ երկրորդ տարում հասավ Ավետարանին — սկսեց փոքր առ փոքր ծուլանալ: Նա օրեցօր զզվեց Սարգիս վարպետի ուսումնարանից: Շատ աշխատեց Սարգիս վարպետը յուր ընդունակ աշակերտին ազատելու ծուլության ախտից, շատ անգամ դիմեց այս նպատակով սովորական միջոցին — ֆալախկային: Բայց ոչինչ չօգնեց: Սեյրանը քանի գնում, այնքան ծուլանում էր: Նա շատ ժամանակ, տանը Մարիամ բաջուն խաբելով, թե ուսումնարան է գնում, գրքերը թաքցնում էր բակում, հողի տակ, իսկ ինքը վազում փողոց ընկերակիցների հետ խաղալու:

Հայրապետը սկզբում խրատում էր նրան, պարգևներ էր խոստանում, բայց վերջը, տեսնելով, որ այս չի օգնում, նույնպես դիմեց Սարգիս վարպետի միջոցին, այսինքն՝ ծեծել:

— Ես շկոլից հենց վարպետի ռոզգիներից եմ փախչում, դու էլ տանն ես թակում, — ասում էր Սեյրանը, աչքերի արտասուքը արխալուղի թևերով սրբելով:

Մի օր վարժապետը Սեյրանին, մի դաս նշանակելով, ասաց.

— Տե՛ս, Սեյրան, վաղը այս դասը այնտեղից մինչև այստեղ անգիր կանես: Ջուր կանես, հա՛, թե չէ ձեռիցս չես պրծնի, իմացիր, որ այնքան ոտներիդ կծեծեմ, որ կաշին կթափվի, կարմիր միսը կմնա:

— Աչքիս վրա, վարպետ, մի ջուր անեմ, որ քեֆդ գա, — պատասխանեց Սեյրանը:

Նախընթաց օրը Սեյրանը սաստիկ ծեծ էր կերել և այս պատճառով խիստ նեղացած էր վարժապետից: Նա մտածեց այս ծեծի փոխարեն մի լավ խաղ խաղալ վարժապետի գլխին: Օգուտ քաղելով վերջինի խոսքերից «դասդ ջուր կանես», Սեյրանը մյուս օրը գիրքը պահեց Առաքելի աղբյուրի տակ այնքան, որ նա թրջվելով բոլորովին «ջուր դառավ»:

— Առ, վարժապետ, — տվեց նա գիրքը Սարգիս վարպետին:
— Այդ ի՞նչ ես արել, — հարցրեց վերջինը զայրացած:
— Ջուր:
— Այ դու սատանի ճուտ, ինձ ձեռ ես գցե՞լ: Պահեցե՛ք դրա ոտները, պինդ պահեցեք, էնպես, որ իսկի տեղից ժաժ չգա:
Այս վերջին ծեծն էր, որ Սեյրանը կերավ Սարգիս վարպետի կողմից:
Մյուս օրը որքան նրան ստիպեցին, այլևս չհամաձայնվեց ուսումնարան գնալ:
Հայրապետը, տեսնելով, որ էլ ճար չկա, դուրս բերավ նրան ուսումնարանից և հանձնեց Բարխուդարին, որ սա դերձակություն սովորեցնի նրան: Այսուամենայնիվ երեք տարվա ուսումը շատ էլ անօգուտ չեղավ Սեյրանի համար. նա սովորել էր քիչ թե շատ ուղիղ կարդալ և գրել:

VI

Բարխուդարը չընդդիմացավ Գյուլնազի առաջարկության, այն է — Սուսանին Հերիքնազ կույսի ուսումնարանը տալու:
— Վնաս չունի, թող Սուսանն էլ սև ու սպիտակը ճանաչի, էս ժամանակում հարկավոր է, ի՛նչ պիտի անենք: Ես ու դու, որ գրել ու կարդալ իմանայինք, էսօրվա պես վազ չէի տալ տերտերի մոտ, թե ինչ է՝ իմանանք երբ է մեծ պասը սկսվում:
Այս խոսքերից հետո Գյուլնազը շալը գցեց Սուսանի գլխին, ինքն էլ փաթաթվեց չարշովի մեջ, բռնեց աղջկա ձեռքից և տարավ կույսի մոտ: — Ա՛ռ, ուսում տուր, ամա դու քո աստվածը, երեխիս քիչ թակիր:
Երեք տարի Սուսանը մնաց կույսի ուսումնարանում: Առավոտները նա Սմբատի ուղեկցությամբ գնում էր և դարձյալ Սմբատի ուղեկցությամբ վերադառնում տուն: Երբ նա բավականաչափ սովորեց կարդալը և «բարովագիր» գրելը, Բարխուդարը դուրս բերավ նրան ուսումնարանից:
Սուսանն օրըստօրե աճում էր ու մեծանում: Տասնչորս տարեկան հասակից նրա ճկուն մարմինը սկսեց ստանալ յուր կատարյալ և որոշ ձևերը: Նա դարձավ բարձրահասակ,

վայելչակազմ օրիորդ: Նրա դեմքի գծագրությունը, հետզհետե զարգանալով, ստացավ կանացի չափահասության հատուկ կատարելությունը: Ուսումնարանից դուրս գալուց հետո ծնողները նրան արգելեցին օտար տղամարդկանց առաջ երևալ: Նա փակվեց տանը: Սկզբում մի քիչ դառն թվաց նրան ծնողների այս կարգադրությունը: Մանկական ազատ կյանքից հետո, բանտարկվելով, սկսեց տաղտկանալ: Նա սովորել էր ցերեկ ժամանակ փողոցներում այս ու այն հարևանի բակում յուր ընկերների հետ թռչկոտել, խաղալ, ազատ, արձակ, բաց օդում: Նրա համար անտանելի էր, նամանավանդ արեգակնային օրերը, նստել սենյակում, յուր մոր կշտին և թոռ կամ գուլպա գործել: Սակայն ժամանակի ընթացքում ստիպեց նրան հետզհետե ընտելանալ այս ձանձրալի դրության, և նա ընտելացավ, թեև սովորությունը այնքան թեթևություն չտվավ նրա սրտին:

Ուղիղ ինը տարի էր անցել երկրաշարժից:

Մի ամառային օր Սուսանը, իրանց տան սրահում նստած, թոռ էր գործում: Դեմուդեմ նստած էր նրա մանկության ընկերուհիներից մեկը: Դա հարևան կոշկակար Եղիայի աղջիկն էր:

Սուսամբարը մոտ տասնութ տարեկան օրիորդ էր, միջին հասակով, նիհար ու դեղնած դեմքով և բարակ կազմվածքով: Նա ավելի տգեղ էր, քան գեղեցիկ, բայց և այնպես խիստ համակրելի դեմք ուներ: Նրա մուգ կապտագույն աչքերը, որոնց մեջ փայլում էր բնածին նրբամտություն, խիստ ազդող էին:

Սուսամբարը գլուխը քարշ գցած, շտապով գուլպա էր գործում լուռ ու մունջ: Լուռ էր նույնպես և Սուսանը:

Օրն անցած էր: Արեգակը շտապում էր ծածկվել հորիզոնի տակ, յուր վերջին պղնձագույն ճառագայթները տարածելով ավերականման քաղաքի բարձրագույն տեղերի վրա:

Սուսանի դեմուդեմ, խորտակված պարսպի մոտ գտնվող բարձրաբույս թթենու կանաչազարդ կատարի վրա հավաքված ճնճղուկները, ճլվլալով զվարճանում էին արեգակի թույլ ճառագայթներով: Բակում տիրող խորին լռությունը խանգարվում էր միմիայն ճնճղուկների ճլվլոցներով, որ քանի գնում, այնքան զորեղանում էր: Ծառի տակից նայելով այդ փոքրիկ թռչնիկներին, լսելով նրանց աղմուկը, կարելի էր կարծել, թե նրանք մի ինչ-որ բանի վրա վիճաբանում են, այնքան տաքացած ճլվլում էին: Բայց թե ինչ բանի մասին է նրանց վիճաբանությունը, ինչ մի դժվար փիլիսոփայական խնդիր են լուծում այդ փոքրիկ թևավորները — այս մեր խելքին մոտ բան չէ: Ո՞վ գիտե, շատ կարելի է նրանց աղմուկի պատճառը թաքնվող արեգակն է, չէ՞ որ նրանք միևնույն ձլվլոցները, աղմուկը սկսում են և առավոտները, երբ արեգակը նոր-նոր սկսում է բարձրանալ հորիզոնը:

Օրիորդները լռությամբ շարունակում էին գործել: Սուսանի դեմքը տխուր էր: Նա երբեք գլուխը չէր բարձրացնում, միայն կնճռոտած ճակատը և սեղմված շրթունքները հաստատում էին, թե նա ինչ-որ մտածողության մեջ է: Սուսամբարը շուտ-շուտ գլուխը բարձրացնում էր, աջ ձեռքով ճակատի վրա թափվող խոպոպ ծամերը հետ քաշում և երբեմն յուր հայացքը մեխում Սուսանի երեսին: Վերջինս այդ չէր նկատում:

Վերջապես Սուսամբարը մի կողմը շպրտեց գուլպան:

— Ախչի, Սուսան, սիրտս ճաքեց, դեն գցիր գահրումարը, քիչ խոսենք:

Սուսանը լուռ էր:

— Ականջներումդ բամբակ կա՞:

— Հը՞մ:

— Չոռ:

— Չոռ ու զխկում, ի՞նչ ես ասում.

— Ասում եմ, դեն դիր այդ գահրումարը, մի քիչ հանգստանանք, մատներս մաշվեցին, մի քիչ խոսենք էլի:

— Չեմ իմանում, ի՞նչ պիտի խոսենք, — ասաց Սուսանը հառաչելով:

— Մին այդ սատանի տոտերը կորցրու դեն, հետո կասեմ ինչ խոսենք:

Այս ասելով, Սուսամբարը Սուսանի ձեռից խլեց թոռի դազգյահը և մի կողմը դրավ:

— Ու՜ֆ, ու՜ֆ, տեր աստված, — արձակեց մի խորը հառաչանք յուր կրծքից Սուսանը, երկայն մազերը ուսերի վրա ուղղելով և գլխի ճութին առաջ քաշելով:

— Էլ ինչ ուֆ, հոգիներս դուրս եկավ, մի քիչ խոսիր, որ սիրտներս բացվին:

— Խոսքս էլ է պրծել, զրույցս էլ:

— Էլի ո՞վ է էշիդ կաղ ասել, — հարցրեց Սուսամբարը:

— Մի՞տդ է, Սուսամբար, երկրաշարժի օրը:

— Հա՛:

— Այ գիդի օրեր հաա՛:

— Խե՞ր լինի, ի՞նչ է պատահել, որ ախ ես քաշում:

— Մի՞տդ է, ինչպես ես ու կուժ ծախողանց Սեյրանը մնացինք հողի տակ:

— Ինչպես այս օրվա արեգակը:

— Բախտավոր էին այն օրերը:

Սուսանը կրկին հառաչեց:

— Դու էլ լավ օրի ես երանի տալի. հողի տակ մնալը չեմ իմանում ի՛նչ բախտ է:

— Ես հողի տակ մնալուն չեմ կարոտում:

— Բա՞ս:

— Այն օրերին, երբ որ մենք ոտաբաց, գլխաբաց, ինչ-տեղ որ ուզում էինք, այնտեղ էինք վազում:

— Երբ որ էլ ուզում էր Սուսանը, կուժ ծախողանց Սեյրանի հետ սիլիկ-բիլիկ էր անում, — ավելացրեց Սուսամբարը, խորամանկությամբ ժպտալով:

Սուսանը ակամա կարմրեց: Այս առաջին անգամը չէր, որ նա Սեյրանի անունը լսելիս կարմրում էր:

— Հը՛մ, ի՛նչպես է, կարմրեցի՞ր, բարեկամ: Չլինի սրտիդ փափուկ տեղին դիպա:

— Էլի՞ Սուսամբար... ա՛խ, երեխայությունդ չես մոռանում, չէ:

— Սուտ եմ ասո՞ւմ: Թե որ սուտ է, բաս ինչո՞ւ կարմրեցիր անունը տալիս:

— Ո՞վ է կարմրում, ախչի, ի՞նչ սուտ խոսողն ես, — հակառակվեց Սուսանը, ավելի կարմրելով:

— Թշերդ ալ լալազարի պես հուփ հըռշնել են, էլի վզով չես առնում: Լավ է, լավ, խեղճ ես, մի՛ ամաչիր, էլ անունը չեմ տալ, — ասաց Սուսամբարը, հեգնորեն ժպտալով:

— Հողս կուժ ծախողանց Սեյրանի գլխին, նա ո՞վ է, ի՞նչ մարդ է, որ նրա անունը տալիս ես ամաչեմ, — պատասխանեց Սուսանը բարկացած, ավելի ու ավելի շփոթվելով:

— Օհո՛, ինչ ասացի՛ր, որ հեր ու մերդ լսեն, քեզ ի՞նչ կանեն, գիտե՞ս: Ի՞նչպես ես սիրտ անում նշանածիդ համար անեծք անել:

Սուսամբարը այս ասաց դիտմամբ, որ ավելի բարկացնի Սուսանին: Բայց Սուսանի բարկությունը անցել էր: Նա, յուր խոսքերը արտասանելուց հետո, հանկարծ ընկավ մտածմունքի մեջ. «Ճշմարիտ, ի՛նչպես եմ սիրտ անում հոր ու մոր մի հատ աչքի լույս ու ճար տղի համար այսպես անեծք անել», — անցավ նրա մտքով և մի անբացատրելի զգացմունք սկսեց ճնշել նրան:

— Էհ, ի՞նչ ես ֆիքր անում, մեր օրին հո չես մնացել: Մի մատ երեխա ժամանակ քեզ նշանել են, այսօր էգուց էլ սարքին-կարգին նշանգրեք կանեն ու զուռնադավալով կպսակեն: Մեզ պես հո աչքդ ճանապարհին չի մնացել:

Սուսամբարը կրկին կամենում էր բարկացնել Սուսանին:

— Դու լինես քո եղբոր արևը, Սուսամբար, էլ մի՛ խոսի: Է՛հ, ղալաթ չարի՛, որ քեզանից մի բան հարցրի:

— Որ եղբորս արևով երդում տվիր, էլ չեմ խոսի: Դու հենց ես իմանում, որ ես քեզ նախանձում եմ: Չէ, աստված մի արասցե: Ես ինքս շատ ուրախ եմ, որ հարսանիքդ շուտով լինի, որ առաջին մին լավ չըթմա կոփեմ ու պար գամ, այն էլ քեզ ժամ տանելիս: Հոր ու մորս էլ հիմիկվանից պիտի աղաչեմ-պաղատեմ, որ ինձ համար մի ձեռք լավ շորեր պատրաստեն: Հիմա պիտի ասեմ, որ մինչև հարսանիքդ սամծս գլուխ բերեն, թե չէ՝ անողը չեն: Ուֆ, մեր հեր ու մերերն էլ ամա մարդ են հաա՛, մինչև հարյուր, հազար անգամ չես ասում, մինչև լեզուդ բերանումդ մաղ չէ կտրվում, մինչև մի հալավ միս չես թափում, մի գլխաշոր չեն առնում: Մի տարի է, որ այս շալս ճրնթո շոր է կտրվել, ամոթ եմ քաշում մի բարեկամի տուն մտնել, հալվում, հալբեհալ եմ լինում: Ա՛յ քույր, ա՛յ մեր, էլ չեն ասում, թե դա էլ երեսը դռներին աղջիկ է: Էհ, մենք էլ ասում ենք, որ ապրում ենք, Օհանջանանց Զառնշանն էլ ապրում է: Բախտավորի աղջիկը սանդուխը զըղբազըղ լցրել է, էլի երեկ ասում էր, որ մի նոր խստիփա չաբկան են կտրել տալիս: Հենց նա է, որ ինքն էլ այնպես փարթամացել է, որ մարդու հետ խոսելն էլ լայաղ չի անում, կասես, որ զյուբողնաթի աղջիկ լինի: Լավ է, որ մին շիր ու շիքիլ էլ չունի, թե չէ, էլ աշխարհս նրա համար տեղ չէր անի: Փառք աստուծո, մի քիթ ունի, ա՛յ — մի զուռնա, մի երես ունի — սև սաթ, մի աչքեր ունի — պլոզ-պլոզ, հենց իմանաս, մարդ է ուզում կուլ տալ:

— Դենգ ու դանգասար լինես, Սուսամբար աղջիկ, գլուխդ ցավի, քիչ բլբլա, քի՛չ, վո՛ւյ:

— Չխոսեմ, բաս ինչ անեմ, դու ասա, ախար սիրտս ճաքում է, տեսնելով հարուստների աղջկերանց: Ախ, Սուսան, գիտես ինչ կա՛: Մեղա աստուծո, մեղա աստուծո, թե որ ես մի օր, մին սհաթ աստված լինեմ , ինչքան որ հարուստներ կան, ամենից կխլեմ նրանց իլած ու չիլածը ու գիտե՛ս ինչ կանեմ:

— Ի՞նչ կանես:

— Կտանեմ ծովը կթափեմ, բա՛ս, հետո թող նրանք գնան տեսնեմ, ինչպես կարող են իրանց աղջկերանց, հարսներին զառ ու զառբոֆի, ոսկի ու արծաթի մեջ պահել: Հա՛, բաս այսպես կանեմ, — շարունակեց Սուսամբարը տաքացած: — Դու ինչ կանես, Սուսան, որ մեղա աստուծո, մեղա աստուծո (երեսին խաչակնքելով), մի օր աստված լինես:

— Ոչինչ չեմ անիլ:

— Չէ էլի, ասա տեսնեմ, ի՞նչ կանես:

— Ձեռ քաշի՛ր, դատարկ-դատարկ մի դուրս տալ, մեղք է:

— Չէ, մատաղդ լինեմ, Սուսան ջան, ասա՛:

— էէ՛:

— Զըխկո՛տ՛ւ, լեզվիցդ հո քրեհ չեն ուզում, մի խոսք ասա պրծիր էլի:

— Հարուստներից կառնեմ ու քեզպեսներին կտամ, որ ուրիշներին չի նախանձեն, այ ինչ կանեմ:

— Ախար իմացա, որ խելոք բան չես կարող անել, — ասաց Սուսամբարը, ներողամտաբար ժպտալով:

— Ինչո՞ւ:

— Թե որ ինձ տաս, ես իսկի քո ռեխիդ մտիկ էլ չեմ անիլ, այ ինչու:

— Կփարթամանա՞ս:

— Բաս չէ, իսկի քեզ հետ չեմ էլ խոսի Օհանջանանց Զառնշանի պես:

— Չէ, Սուսամբար, որ ինձ տան, ես իսկի էլ չեմ փարթամանալ: Փողը ի՞նչ է, ձեռի կեղտ, այսօր կա, էգուց չկա: Հայրս ասում է. մարդս պիտի իստակ անուն ունենա:

— Հայրդ ասում է ասում, բայց չի իմանում, որ առանց փողի մարդ չի կարողանում իստակ անուն պահել:

— Ինչպե՞ս:

— Ա՛յ ինչպես: Դու ճանաչում ե՞ս Զավահիրի հորը, չմուշկ կարող Վարաքին:

— Լսել եմ: Հայրս նրան գովում է, շատ հալալ ու նամուսով մարդ է:

— Եկ տես, որ քո նամուսով մարդը հիմա ինչ է արել:

— Հը՞մ:

— Գողություն:

— Չէ՞:

— Հաա՛, հը՛մ, ի՛նչ աներ, որ գողություն չաներ, ասում է. անճարը կերել է բանջար: Երկու թե երեք ամիս էր դուքանի քրեհ չէր տալիս, դե, տասը կոփիգ չունի, տասը մանեթ ո՛րտեղից տա մի տուն երեխեքի տեր մարդը: Անջախ մի կտոր ցամաք հաց է կարողանում աշխատել օրական, մի ջուխտ չմուշկ խշտելով: Դուքանի տերը չոքում է բողազին, թե աղջիկ ես՝ ծնի՛ր, տղա ես՝ ծնի՛ր, քրեհը տուր: Դես ու դեն է ընկնում Վարաքը, օչով տասը մանեթ փող չի հավատում նրան: Երեկ չէ, մեկէլ օրը տերը գալիս է ու ասում. «եթե էգուց մինչև սհաթի տասը փողերս չտաս, դուքանից դուրս եմ բերելու ու ապրանքդ էլ ծախելու եմ, որ քրեհս հանեմ»: Վարաքի փոխանը ոտներն է ընկնում, հա դես, հա դեն, աղաչում-պաղատում է, ասում է. երեխերքս սովածությունից մեռնում են: Չի լինում, դուքանի տերը խեղճի երկու ոտը մի չումուշկում է դնում: Առավոտը Վարաքը կոտրված փշրված սրտով, մի կտոր ծաղկած հաց ծոցում դրած, գնում է դուքան: Գնում է ու մտքումը աղոթք անում. «աստված, դու երկնքից ինձ համար տասը մանեթ փող գցես, որ պարտքիցս ազատվեմ»: Հենց նոր Վարաքը սկսած է լինում աշխատելու, մի թուրք բեկ մտնում է դուքան: Բեկը նրան մի ջուխտ սաղրի չմուշկ է պատվիրում կարելու: Վարաքը չափսը վերցնում է, թուրքը ջբից հանում է արծաթի փողով լցրած մի մեծ քսակ, որ չմուշկի բեհը տա: Բեհը տալիս է ու դուրս գնում: Բայց չեմ իմանում ինչպես է լինում, ի՛նչպես չի լինում, փողի քսակը մոռանում է ու թողնում դազգյահի վրա: Նրա դուրս գնալուց հետո Վարաքի աչքը ընկնում է քսակի վրա: Սոված գայլի պես, խեղճ կոշկակարի աչքերը դրուստ չորսանում են: Առաջ ուզում է, որ բեկին կանչի ու փողը տա իրան, բայց մեկ էլ մտածում է. «բալքա հենց աստված իմանալով է թուրքին մոռացնել տվել, որ ես նրա փողերով ազատվեմ»: Ասում է ու, մի խոր թառանչ քաշելով, քսակը բանում է ու փողերը համարում: Դրուստ տասներկու մանեթի աբասիներ ու երեք շահանոցներ են լինում: Վարաքը դողդողալով քսակը կոխում է մինդարի տակը: Մի սհաթից հետո, բեկը, նաֆասը կտրված, գալիս է:

— Ուստա, փողիս քսակը քեզ մոտ եմ թողե՞լ:

— Չեմ իմանում, փնտրիր տե՛ս։

Փնտրում են, չկա։ Թուրքը Վարաքի օձիքից ձեռ չի քաշում։ «Աստված, երկինք, հավատս վկա, չեմ տեսել» — ասում է Վարաքը։ Թուրքը հավատում է նրա երդումին ու դուրս է գնում։ Բայց ոտի մինը դուքանի ներսում, մեկէլը դրսում, աչքը ընկնում է մինդարի տակ դրած քսակի ծոթին, որ Վարաքը մոռացած է եղել լավ ներս կոխել։

— Բաս երդում ես ուտում, անհավատ, դա ի՞նչ է։

Թուրքը դուրս է քաշում քսակը մինդարի տակից։ Վարաքը տեղն ու տեղը չորացած է մնում։ Բեկի աչքերը արյունն են կոխում, քսակի ծոթից բռնում է ու անօրենը փողերով խփում Վարաքի երես-մերեսին, գլխին։ Խեղճ մարդու գլուխը ճղվում է. նա ուշաթափ ընկնում է։ Հիմա երեկվանից դես ողորմելին երեսի վրա ընկած է յուր տանը ու աղի արտասուք է թափում, թե «վա՜յ, բաս ես հիսուն տարի անուն աշխատեմ, նամուս պահեմ, որ էսօրվա օրը խայտառակվե՞մ քաղաքում»։ Տեղ ու բարձում մեկնված է, յա ապրի, յա չապրի։

Սուսամբարն յուր պատմությունն ավարտեց, աչքերը հառեց Սուսանի վրա ու ավելացրեց.

— Տեսնո՞ւմ ես աղքատությունը ինչ մեղքեր է գործել տալիս մարդուս։

— Ցը՜ը, ցը՜ ցը՜ը, խեղճ մարդ, — ասաց Սուսանը, կրծքից անկեղծ հառաչանք արձակելով։

— Դե հայրդ թող ասի, որ փողը դատարկ բան է։ Չէ, այ քույր, այ մեր, փողը մեծ բան է։ Հիմա Զառնշանը շատ լավ է անում, որ մեզ մարդու տեղ չի դնում։ Ես աչքով աչք չունիմ նրան տեսնելու։ Ամեն մի նրան մտիկ անելիս սրտումս նախանձ է շարժվում, ես էլ ուզում եմ, որ կամ նրա նման հարստի աղջիկ լինեմ կամ նա իմ օրն ընկնի, աղքատանա։ Ախար նա էլ մարդ է, խելք ունի, մտածում է, աչքեր ունի — տեսնում է, որ ես, նրա հետ երեսանց խոսում եմ, ծիծաղում եմ, բայց սրտանց ատում եմ։ Հիմա ասա՛, Սուսի, դու նրա տեղը լինես, չես ուռչի՞լ։ Հավատացի՛ր, որ կուռչես։ Տե՛ս, մի բան ասեմ։ Մենք հիմա երկուսս էլ աղքատ ծնողների աղջիկներ ենք, կարողանում ենք պարզ սրտով իրարու հետ խոսել։ Բայց Զառնշանի հետ չեմ կարող պարզ լինել։ Գիտե՞ս ինչու։ Նրա համար, որ ես նրա հետ խոսելիս ուշք ու միտքս հենց նրա շորերի, ոսկիների վրա է լինում, էլ սիրտս խաղաղ չի լինում, որ կարողանամ հետը անկեղծ լինել: Ես Զառնշանին աչքով աչք չունիմ տեսնելու, բայց քեզ սիրում եմ, ինչու որ, դու էլ ինձ նման աղքատ մարդու աղջիկ ես: Դրա համար եմ ասում, որ թե աստված լինիմ, մեղա աստուծո, հարուստներից կառնեմ իլած չիլածները ու ծովը կթափեմ, որ ամենն էլ մեզ պես աղքատ լինին: Թե որ ամենն էլ աղքատ լինին՝ լավ կլինի, էլ ոչ ոք ուրիշին չի նախանձիլ: Դե՛, որ նախանձ ասած բանը չլինի աշխարհիս երեսին, այն ժամանակ ամենքն էլ իրարու հետ պարզ կլինեն, իրարու կսիրեն, ինչպես ես ու դոի: Իմ կարճ խելքովս այսքան եմ հասկանում: Դու ի՞նչ կասես, Սուսի:

— Քո խելքը կարճ չի. Սուսամբար, դու կարգին վարպետի հասկացողություն ունիս: Դա ո՞րտեղ ես սովրել: Կույսը իսկի մեզ այդպիսի բաներ չէր ասում:

— Հողս կույսի գլխին, նա ինչ է հասկանում: Ումից պիտի լսեի, ես ինքս եմ երկար ու բարակ մտածել ամենը:

— Դե որ այդքան բաներ ես հասկանում, մի բան հարցնեմ, կարո՞ղ ես պատասխանել:

— Երկուսը հարցրու, թե որ կարողանամ, կպատասխանեմ:

— Մեր ծնողներն ինչու են մեզ գողերի պես փակած պահում:

— Հե՛չ, էլի քո էշդ քշեցի՞ր, փորացավդ իմանում եմ:

— Չէ, Սուսամբար, քո արևը, փորացավ չունիմ:

— Գիտես ի՞նչ, Սուսան, մեր ծնողները շատ անխելք են:

— Ինչո՞ւ:

— Որ մեզ տանը թաքցնում են: Մին հարցնող լինի նրանցից, թե ես աղջիկ, որ իմ սրտումս ծուռ բան լինի, չե՛մ կարող կատարել: Հըմ, կմեռնեմ, կսատկեմ, հազար ու մի սատանայություններ կսարքեմ, ուզածս կանեմ:

— Պարզ խոսիր, Սուսամբար, չեմ հասկանում:

— Շատ լավ ես հասկանում: Ուզում եմ ասել, թե մի աղջիկ, որ ուզենա մի տղի հետ սիլիկ-բիլիկ անել, ծնողներին այնպես կխաբի, նրանց աչքերը այնպես կկապի և իրան բանը այնպես կդրստի, որ սատանան էլ իր սատանությունով չի իմանալ, ինչպես:

— Մեր քաղաքի աղջկերքը չեն անիլ:

— Հը՛մ, շատերն են անում:

— Ով:

— Ո՞վ. հենց մինը Աշխանանց Զարաֆիլը. վարսը կտրվածն

ինչեր չի անում իրանց հարևան Բալասիի հետ: Հըմ, ի՞նչ է, զարմանո՞ւմ ես, բաս ֆիքրդ ի՞նչտեղ է, էէէ՛, մեր քաղաքում բաներ են լինում, որ...

Սուսամբարը խորհրդավոր կերպով գլուխը շարժեց:

— Դա բենամուսություն չէ՞, Սուսամբար:

— Շատ էլ լավ են անում. մեր հոր ու մոր հախն է: Ինչ բենամուսություն. հենց քեզ ու Սեյրանին վերցնենք, հազար ինձանից կեղես, ես էլի իմանում եմ, որ դու նրա սրտի, նա էլ քո սրտի մեջն է: Հիմա որ...

— Կտրիր, կտրի՛ր ձայնդ, — ընդհատեց Սուսանը բարկացած, կրկին կարմրելով:

— Ի՞նչ ես նա՛զ ու բազ անում, ճշմարիտ խոսողի փափախը ծակ է լինում, ասում են:

— Հերիք է, լա՛վ:

— Արխային կաց, թե շամբալութից1 յուղ դուրս կգա, ինձանից էլ խոսք դուրս կգա ուրիշների մոտ քո մասին:

— Թե ինձ սիրում ես, էլ մի՛ խոսի:

— Աչքիս վրա, ես էլ նեղացել եմ, օրն էլ մթնեց, գնամ տանը թառ լինիմ: Մնաս բարով, քի՛չ ֆիքր արա, առանց այն էլ մաշվել ես:

— Մնաս բարով:

VII

Այդ օրից անցել էր մի շաբաթ: Ուշ երեկո էր: Բախտուդարը, սենյակում նստած, կար էր անում: Մուշտարիներից մեկը մտադիր էր երկու օրից հետո ճանապարհ ընկնել ուրիշ քաղաք, նրան պատվիրել էր մի չուխա պատրաստել այդ երկու օրվա ընթացքում: Բախտուդարը շտապում էր յուր տված խոստումը կատարելու, որպեսզի ամոթալի չմնա մուշտարու առաջ:

Նրա դեմուդեմ նստած էր խանութի աշակերտներից մեկը և օգնում էր նրան:

Գյուլնազը և Սմբատը, սենյակի մի անկյունը քաշված, նիրհում էին: Սուսանը կանգնած էր դրսի պատշգամբի վրա:

Ամառային էր այդ երեկոն և հիանալի: Տասնօրյա լուսինը կապտագույն երկնքում փայլում էր յուր հրճվալի գեղեցկությամբ:

Նրա կապտագույն լուսո շողերը, մեղմությամբ թափվելով ցերեկվա անձրևով լվացված թթենիների վրա, շողշողացնում էին թրջված տերևները: Կիսավեր քաղաքի համեստ բնակիչները վաղուց արդեն փողոցներից քաշվել էին իրանց ապաստարանները: Տիրում էր մելամաղձային լռություն, որ ոչնչով չէր խանգարվիլ, եթե այս ու այն կողմից չլսվեին մի քանի շների հաչելու ձայները: Իրանց հետքի թաթերի վրա եռանկյունաձև նստած, սրածայր դունչները վեր քաշած, նրանք անախորժ ձայներով ոռնում էին լուսնի վրա: Ի՞նչ էին պահանջում այդ թշվառ չորքոտանիները պայծառ լուսնից — դա միայն իրանց է հայտնի: Բայց նրանց անախորժ ձայները խանգարում էին գեղեցիկ գիշերի հրապուրիչ ներդաշնակությունը:

Սուսանը, արմունկներով հենված պատշգամբին, թավշամորթ ծնոտը դրած ձեռների ափերի մեջ, անթարթ աչքերով կանաչազարդ թթենու խտատերև ճյուղերի միջով նայում էր լուսնին: Նրա սևագույն, երկայն ու կակուղ մազերը, սփռվելով ողորկ ուսերի վրա, հասնում էին մինչև նազելի կերպով թեքած մեջքը: Եղանակը բավական ջերմ էր: Սուսանը կարմիր թաֆտայից կարած բարակ արխալուղի մեջ ցուրտ չի զգում: Նա նայում է լուսնին և մտածում: Ի՞նչ էր մտածում: Ոչինչ և ամեն ինչ: Շատ բաներ էին անցնում նրա մտքով, բայց ոչ մեկը նրանցից երկար ժամանակ կանգ չէր առնում նրա գլխում: Նրա պատանեկան վառվռուն երևակայության մեջ անցյալ կյանքից նկարվում էին տեսակ-տեսակ պատկերներ, որ շուտապտույտ կալեյդոսկոպի նման շրջաններ անելով, փոխարինում էին իրարու: Սկզբում նա մտաբերեց յուր մանկության օրերը դեռ երկրաշարժից առաջ: Նա հիշում էր այն լուսնյակ երեկոները, երբ ինքը յուր մոր կշտին սրահում նստած, ուշադրությամբ լսում էր վերջինի պատմությունը լուսնի և երկնքի մասին: Սուսանը բառ առ բառ մտաբերում է այդ պատմությունը, որին այժմ էլ հավատում է: Նա հավատում է, որ երկինքը առաջ երկրին շատ մոտ է եղել, այնքան մոտ, որ մարդու ձեռքը հասել է. բայց մի անգամ մի կին երեխայի տեղը սրբել է լավաշով ու գցել դուրս: Աստված տեսնելով, որ կինը իրան տրված առաջին պարգևը, հացը, այդպես ապականում է, բարկացել է, երկինքը վերցրել է ու հեռու քաշվել: Իսկ լուսնի մասին Սուսանը մտաբերում է, որ նա, այսինքն լուսինը, Մարիամ աստվածածնի աղջիկն է եղել առաջ:

Թե նա զարմանալի գեղեցկություն է ունեցել, այնպիսի գեղեցկություն, որ մարդիկ նրա երեսին մտիկ անել չեն կարողացել: Թե ով որ ուզեցել է մտիկ անել, նրա աչքերը լուսից և գեղեցկությունից կուրացել են: Թե մի օր Մարիամ աստվածածինը լոշ թխելու համար խմոր հունցելիս նրա քաղցած որդիքը հավաքված են եղել իրանց մոր շուրջը: Սրանց մեջ եղել է և աղջիկ Լուսինը: Լուսինը շատ անհամբեր աղջիկ է եղել: Նա գնացել է եկել ու յուր մոր, Մարիամ աստվածածնի գլուխը ցավացրել, թե «շուտ արա, մայրիկ, շուտ արա՛, լոշը թխիր, քաղցած եմ»: Վերջապես, Մարիամ աստվածածինը համբերությունից դուրս է եկել, բարկացել է և խմորաթաթախ ձեռքով մի ապտակ է տվել Լուսնի գեղեցիկ երեսին: Խմորի կտորները կպել են Լուսնի երեսին ու մինչև այժմ էլ չորացած մնում են:

— Այ, դորթ որ հրեն, քանի-քանի տեղեր արատներ են մնացել, — ասաց ինքն իրան Սուսանը, նայելով լուսնի երեսին:

Հետո իսկույն նա մոռացավ լուսինը, և այս անգամ նրան զբաղեցրին ուրիշ հիշատակներ: Անցան և այս հիշատակ¬ները, նրանց փոխարինեցին ուրիշները: Սակայն այս բազմաթիվ խառնիխուռն հիշողությունների մեջ կա մի ուրիշ միտք, որի շուրջը պտտում են մյուսները, որը հանգիստ չի թողնում Սուսանին և որից նրա սիրտը բաբախում է: Կա մի էակի կենդանի պատկեր, որ չի հեռանում նրա աչքերի առջևից: Ահա նա, գլխաբաց ու ոտաբոբիկ դեմ ու դեմ գտնվող թթենու գագաթը բարձրացած, և ճարպիկ կատվի նման բարակ ճյուղերին կպած, յուր փոքրիկ ձեռներով թութ է քաղում: Նա հագած է սպիտակ չթից կարած արխալուղ, որի բարակ փեշերը երեկոյան զովարար հողմի թեթև շարժումից օդի մեջ ֆոֆռում են:

— Սեյրան, Սեյրան, պինդ կանգնիր, որ չընկնես, — աղաղակում է ծառի տակից Սուսանը, գլուխը վեր բարձրացրած:

Բայց Սեյրանը չի լսում: Քաղցրահամ պտուղը գրավել է նրա ուշը, և նա շտապով հատ-հատ պոկելով այդ պտուղը, լցնում է արխալուղի գրպանները:

— Սեյրան, Սեյրան, ինձ համար էլ թութ ածի, մենակ-մենակ մի՛ ուտիլ, — կրկին աղաղակում է Սուսանը:

Սեյրանը դարձյալ ուշադրություն չի դարձնում, նա, կարծես, բոլորովին մոռացել էր յուր սիրելի Սուսանին: Ծառի տակ կանգնած Սուսանի սիրտը քիչ էր մնում տրաքի: Նա անհամբերությամբ յուր փոքրիկ ոտերը խփում է գետնին ու գեղեցիկ ուսերը թափահարում, սուտ-սուտ լաց է լինում. — «ըմ, ըմ, չեմ ուզում, ինձ էլ տո՛ւր, ը ը ը ը»:

Վերջապես, Սեյրանը լցրեց յուր երկու գրպանները և, արագությամբ ցած իջնելով ծառից, մոտեցավ Սուսանին, որ քաղած թութը նրա հետ բաժանի:

Այս երևակայությամբ էր հափշտակված Սուսանը, երբ հանկարծ յուր աջ ուսի վրա զգաց մի ինչ-որ ձեռի թեթև հարված:

Նրա մտածմունքները փարատվեցին: Խորը քնից սթափվածի նման արմունկները քաշեց պատշգամբի ճաղերից, իրանն ուղղեց և նայեց հետ: Նրա դեմ ու դեմ կանգնած էր մի միջահասակ պատանի, թուխ դեմքով, սև աչք ունքով: Պատանին գլխաբաց էր. նա հագած էր ամառային կապտագույն թեթև արխալուղ, որի կոճակները բաց էին կրծքի կողմից:

Սուսանը առաջին վայրկյանին չճանաչեց պատանուն և վախեցած կամենում էր ճիչ արձակել: Բայց մինչև նրա ուշքի գալը, պատանին երկյուղածությամբ, ձայնը փորը գցած, ասաց.

— Սուսան, սո՛ւս, ձայն մի՛ հանիր, ես եմ:

— Սեյրան, դո՞ւ ես, ինչ ես ուզում, ինչո՞ւ ես եկել այս ուշ գիշերին:

— Սո՛ւս, սուս, բարձր մի՛ խոսիր, քաշվենք այն կողմը, հետո կասեմ:

Սեյրանը զգուշությամբ բռնելով Սուսանի թևից, տարավ նրան պատշգամբի մի անկյունը, որտեղից չէր երևում սենյակի ներսը:

Սուսանը չհակառակվեց: Նա գրեթե անգիտակցաբար հետևեց Սեյրանին: Կարծես, մի ինչ-որ ներքին անբացատրելի ուժ ստիպում էր նրան հպատակվել պատանուն:

— Ինչ որ ասելու ես, շուտ ասա ու գնա:

— Մի քիչ համբերիր, շունչս տեղս գա, հետո, — ասաց Սեյրանը, խոր շունչ քաշելով:

— Մայրս դուրս կգա, կտեսնի, էլ վա՛յ իմ հալին, շո՛ւտ ասա:

Սուսանը սկսեց դողալ:

— Եկել եմ քեզ տեսնելու:

— Վախենում եմ, Սեյրան, լավ ժամանակ չես եկել:

— Ուրիշ ժամանակ չէի կարող: Սիրտս ուզում էր տրաքի, որ քեզ այսքան ժամանակ չէի տեսնում: Քանի անգամ ուզեցել եմ թաքուն, գողի պես, քեզ մոտ գալու, բայց հարմար ժամանակ չեմ գտել: Ինչպե՛ս ես, Սուսան, ասա տեսնեմ:

— Սուսանին զցել են տուն ու դռները երեսին կապել, էլ նրա երեսը չես կարող տեսնիլ, մինչև... մինչև...

— Մինչև մեր պսակվելը, չէ՞, ի՞նչ են խոսում ծնողներդ, ե՞րբ պիտի նշանդրեք անեն:

— Դա չեմ իմանում, բայց մի բան եմ նկատում, Սեյրան, հոր ու մորս մեջ:

— Ի՞նչ, — հարցրեց Սեյրանը վախեցած:

— Կասես, նրանք իմանում են, որ մենք տեսնվում ենք:

— Էհ, աչքիդ է երևում:

— Չէ, Սեյրան, մեկել օրը խոհանոցից տուն էի մտնում, նրանք իմ մասին էին խոսում: Հայրս տաքացած էր, ես որ մտա, սուս արավ: Բայց մինչև ներս մտնելս — մի քանի խոսքեր հասան ականջիս: Հայրս ասում էր. «այ կնի՛կ, հրես ասում եմ, աչքերդ չորս արա, թե չէ, բեաբուռչություն կլինի հա՛»:

— Է՞հ, քեզ համար չի ասել, երևի:

— Չէ, չէ, անցյալ օրը չմուշկ կարող Եղիայի աղջիկն էլ մի էյհամ արավ:

— Սուսամբա՞րը:

— Հա՛, շատ սատանան է:

— Սուտ է, ես չեմ հավատում:

— Չէ, Սեյրան, էլ մի՛ գար ինձ մոտ:

— Չեմ կարող, սիրտս կճաքի, Մի՞թե չես խղճում ինձ:

Սուսանը, պատասխանի փոխարեն, մի խորը հառաչանք արձակեց կրծքից:

— Քանի որ ուսումնարանում էի, այնտեղ էի տանջվում, — շարունակեց Սեյրանը: — Վարժապետի ասածները գլուխս չէին մտնում, ամեն օր դուրս էի փախչում, որ քեզ տեսնեմ: Հիմա էլ հորդ դուքանումն է սիրտս ճաքում: Շատ ժամանակ, որ միտս ես ընկնում, շըշկլվում եմ ու մեկ էլ տեսնես ասեղը մատս մտավ: Հայրդ էլ, հո աստված ազատի, նրա մոտ մի սխալ չի կարելի անել, այնքան է թակում, որ կարծես մարդու հոգին ուզում է քթի ծակով հանել:

— Քեզ է՞լ է թակում:

— Հենց ինձ ու մեկ էլ եղբորդ: Ասում է, ես ձեզ շատ եմ թակում, որ մյուսները տեսնեն և իմանան, թե իրանց էլ սիրելուց եմ թակում: Սուսան, մեջքումս ողջ տեղ չի մնացել, կապույտ-կապույտ զոլեր են կոխել: Նեղացել եմ, Սուսան, ուզում եմ դուրս գամ հորդ մոտից, բայց վախենում եմ, որ դուրս գալով, քեզանից զրկվեմ: Ախ, երբ պիտի վերջանա մեր բանը:

— Բարեկենդանից առաջ չի կարող գլուխ գալ:

— Ի՞նչ ես ասում: Ութ ամիս պիտի սպասե՞մ:

— Ճար չկա, հայրս փող չունի, փող է հավաքում հարսանիքիս համար:

Սուսանը կրկին հառաչեց:

— Ինչո՞ւ չես ծիծաղում, Սուսան:

— Մարդու սիրտը պիտի ուրախ քինի, որ երեսն էլ ծիծաղի:

Մի քանի վայրկյան տիրեց լռություն:

— Մի՞տդ է, Սուսան, մեր երեխայությունը, — հարցրեց հանկարծ Սեյրանը:

— Ինչպես այն լուսինը: Տես, սիրտս ինչպես թրթռում է մորթած ծտի պես, դա ինչի՞ցն է:

Սուսանը, այս ասելով, բռնեց Սեյրանի ձեռը և դրավ յուր ձախ կողքին: Նրա սիրտը բաբախում էր: Սեյրանը, մի ձեռը դրած նրա կողքին, մյուսը զգուշությամբ բարձրացրեց և սկսեց քնքշությամբ շոյել նրա գանգուր մազերը: Եթե Սուսանը նույնպես յուր ձեռքը դներ Սեյրանի ձախ կողքին, կարող էր զգալ, ինչպես է բաբախում վերջինի սիրտը: Անցան մի քանի վայրկյաններ, նրանք լուռ էին: Սուսանը չէր նայում Սեյրանի երեսին, բայց վերջինը նայում էր: Օրիորդի ձեռները պատանու ուսերի վրա դողում էին: Դուրեկան և քաղցր էր նրա համար այս դողը: Մի ինչ-որ կախարդական հեղուկ տարածվելով նրանց երակների մեջ, ախորժելի զգացմունքներ էր պատճառում: Իսկ մի դյութիչ զորություն այդ րոպեին կաշկանդել էր նրանց լեզուները: Սակայն լուռ էին լեզուները, իսկ սաստիկ բաբախող սրտերը նույն միջոցին ինչ որ գաղտնիք էին հաղորդում իրարու:

Անցավ մի քաղցր րոպե, մի րոպե, որ պարունակում էր յուր մեջ երկու պատանիների գոյության խորհուրդը: Հանկարծ Սուսանը ձեռները քաշեց Սեյրանի ուսից:

— Վայ, վարսս կտրվի, ի՞նչ եմ անում:

— Ի՞նչ պատահեց, Սուսան, — հարցրեց Սեյրանը, շփոթվելով:

— Գնա՛, հեռացիր, հերիք է:

Սուսանը կամեցավ փախչել, բայց Սեյրանը բռնեց նրա թևից և չթողեց շարժվելու:

— Բաց թող, եթե ինձ սիրում ես, մայրս դուրս կգա, — հակառակեց Սուսանը, աշխատելով ազատել յուր թևը Մեյրանի ձեռքից:

— Մոտեցիր ականջիդ մի խոսք ասեմ, հետո փախիր: Սուսանը կամա-ակամա հնազանդվեց նրան: Մեյրանը, թեքելով նրա գլուխը դեպի յուր կուրծքը, մի ջերմ համբույր դրոշմեց նրա թավշամորթ այտերից մեկին:

— Էգուց գիշեր էլ այս ժամանակ դրսում սպասիր, — ասաց նա շունչը կտրած և բաց թողեց Սուսանին:

— Այդ ինչ արիր, Մեյրան, — շշնջաց Սուսանը, անգիտակցաբար արխալուղի թևով սրբելով համբույրի տեղը:

Բայց Մեյրանն արդեն հեռացել էր:

— Այդ ի՞նչ ձայն է, — լսվեց հանկարծ պատշգամբի վրա, Սուսանի հետևից մի տղամարդու սուր և զորեղ ձայն:

Ձայնը պատասխան չստացավ:

— Դո՞ւ ես, Սուսան, ի՞նչ ես անում այստեղ, — կրկնեց նույն ձայնը:

Սուսանը լուռ էր:

— Ո՞վ էր այն փախչողը, էյ, էյ էյ, ո՞վ ես, — գոռաց նույն ձայնը, ավելի ու ավելի զորեղանալով, բայց պատասխան չկար:

Սուսանն երկյուղից և ամոթից չկարողացավ ոչինչ խոսել: Նա, գունաթափված, պատի տակ մնաց արձանացած:

VIII

Հետևյալ օրը առավոտ Մարիամ բաջին խոհանոցում հաց թխելու պատրաստություն էր տեսնում: Նա մենակ էր, տանը ոչ ոք չկար: Դեռ երեկ երեկո Մարիամ բաջին, հայտնելով Գյուլնազին, թե հետևյալ օրը հաց պիտի թխի, խնդրել էր նրան, որ գա իրան օգնելու: Օրը բավական անցել էր, բայց Գյուլնազը, որ պիտի գար արևածագին, մինչև այդ ժամանակ չէր երևում:

Մարիամ բաջին ալյուրը մաղեց, ջուրը տաքացրեց, աղաջուրն էլ պատրաստեց, բայց Գյուլնազը չկար: «Յարաբ մի գնամ տեսնեմ ինչ իլավ, որ չեկավ — մտածում էր Մարիամ բաջին, — ամա չէ, էս գիշեր ճրագը չուրու սիաթի երեքը-չորսը վառ էր, երևի մարդը կար է արել, ինքն էլ անքուն մնացել, խեղճ է, թող քնի»:

Վերջապես, Մարիամ բաջին տաշտը դրավ, ոչխարի մորթիներից մեկը ձգեց տակը, և երեսին խաչակնքելով, չոքեց, որ խմորը շաղախի: Բայց հենց նոր էր արխալուղի թևերը մինչև արմունկները ծալել և աջ ձեռի ցուցամատով պատրաստվում էր մի խաչ գծելու ալյուրի վրա, երբ Գյուլնազը ներս մտավ:

— Լույսը քեզ տեսնողին, ա քա, ի՞նչ պատահեց, որտե՞ղ մնացիր, շատ սպասելուց աչքերս ջուր դառան խոմ, — հանդիմանեց նրան Մարիամ բաջին:

— Բաշխիր, Մարիամ բաջի, գլուխս խառնվեց, չկարողացա շուտ գալ, — պատասխանեց Գյուլնազը, խոր հառաչելով:

— Ի"նչ կա, ախչի, որ աչքունքդ զահրել ես, հըմ, ինչո՞ւ ես սփրթնել, — հարցրեց Մարիամ բաջին այս անգամ երկու ձեռներով հենվելով տաշտի ծայրին:

— Էհ, ո՛չինչ... աղաջուրը որտե՞ղ է:

Գյուլնազը շփոթված շալը գլխից քաշեց և, մի կողմ շպրտելով, մոտեցավ օջախին:

— Երեսիս մտիկ արա տեսնեմ, ախ ու ուֆդ առանց պատճառի չի, ես իմանում եմ:

Գյուլնազը երեսը, փոխանակ Մարիամ բաջու կողմը, շուռ տվավ հակառակ կողմը: Նրա տխուր դեմքը, կարմրած աչքերը, տամուկ թերթերունքները ցույց էին տալիս, թե նա քիչ առաջ արտասվել է:

— Երանի էն կնկան, որ զավակներ չունի, — ասաց Գյուլնազը, կրկին հառաչելով:

— Առաջինը, լեզուդ տակահան չորանա, որ էդպիսի խոսքեր չասես, հետո քեզանից բան եմ հարցնում, պատասխան տուր:

— Սուսանս քեֆ չունի:

— Ի՞նչ, ինչ ասեցի՞ր, — հարցրեց Մարիամ բաջին, յուր ականջներին չհավատալով:

— Երեխաս տաքացրել է, անկողնում ընկած է, այս գիշեր չուրու լույս դեյին է տվել:

— Ցուրտ է կպել, գիշերը մրսել է, բաց է քնել ի՞նչ է, արյուն, արյուն, մեջքից, վզակոթից, կռներից արյուն հանել տուր, տզրուկներ դիր վրեն:

— Երանի մրսած լիներ: Ախ աստված, չեմ իմանում մենակ իմ ճակատիս է գրել դա, թե ինձպես մի ուրիշն էլ կա:

— Սիրտդ ճաքի, սիրտս ճաքացրիր, հըըը՛: Ախչի, դե շուտ

ասա տեսնեմ, ի՞նչ է պատահել, վա՛յ, — գոռաց վերջապես Մարիամ բաջին, համբերությունից դուրս գալով:

— Աստված գլխիս խռովել պրծել է, ինչ պիտի իլի: Երեկ, էս կոտրած ձեռքովս սաղ օրը էնքան լվացք էի արել, որ իրիկնադեմին ինձանում էլ հարաքյաթ չէր մնացել ոտքի վրա կանգնելու: Ճրագը վառեցի թե չէ, մի զահրումար մուռափ աչքերիս կոխեց: Գլուխս տըմտըմալով, էս պատին, էն պատին կպչելով մի կերպ իրիկնահացը պատրաստեցի, իրան ու երեխեքոցը հաց ուտացրի: Դե չորեքշաբթի էր, պաս օր էր, խաշխաշով փլավ էի եփել, ինքս էլ մի քանի պատառ դրի բերանս, հետո շորերս հագիս քաշվեցի մի կողմ, գլուխս դրի բարձին, որ քիչ հանգստանամ: Սմբատս էլ երեկ տասը բեռ ճախ էր կտորել, շատ նեղացած էր, նա էլ պառկեց: Ճրագը վառ էր, ինքը նստած աշակերտի հետ կար էր անում: Սուսանս էլ թոռի «մեխակին» էր գործում: Ախչի, աչքերս աղաջուր ածեին, ոչ քնեի: Հենց նոր խուփ էի արել, մեկ էլ տեսնեմ ականջիս մի ձայն հասավ, մի ձայն, որ կասես թե մարդ են խեղդում:

— Հը՛մ, հը՛մ, հըմ, — արտասանեց Մարիամ բաջին, նստած տեղը զանազան անիամբեր շարժումներ անելով:

— Զարզանդած՝ քնից վեր թռա օձի կծածի պես, — շարունակեց Գյուլնազը: — Մարիամ բաջի, ոչ տեսնես, էս քոռացած աչքերս բաց արի թե չէ, մեկ էլ տեսնեմ, — ի՛նչ տեսնեմ:

Գյուլնազը արխալուղի թևով սրբեց արտասուքը, որ խեղդում էր նրան և չէր թողնում ազատ խոսելու:

— Փուչիկդ ճաքի, Գյուլնազ կնիկ, սիրտս պատառ-պատառ արիր, մի անգամ ասա, վերջացրու էլի:

— Ինքը... էն էն էն անաստվածը, տեսնեմ, Սուսանիս թևից բռնած, ուժով ներս է քաշում, գոռգոռալով ու ոտները գետնին խփելով:

— Այ մարդ, ի՞նչ պատահեց, — հարցնում եմ ես վախեցած, տեղիցս ոտքի թռչելով:

— «Ա՛ռ, ա՛ռ, աննամուս աղջկանդ: Ա՛ռ, աչքդ կոխիր ու մի քար էլ վրեն դիր, ա՛ռ»:

— Այս որ ասում է, հարայ տալով, խեղճ երեխիս ճրնթռ շորի պես շպրտում է ինձ վրա: Մարիամ բաջի, նրա աչքերը կարմրել էին, ինքն էլ հրսից մի սփրթնել էր, ինչպես էս այլուրը: Էն որ Սուսանս է, էլ նրանում ջան չկար, կասես գերեզմանից դուրս եկած լիներ: Հետո...

— Հետո՞, հետո՞, հետո՞, — կրկնեց անհամբերությամբ Մարիամ բաջին:

— Հետո, Մարիամ բաջի, ախ էլ ի՛նչ հետո: Թշնամիդ, աչքիդ գրողը էն սհաթին Գյուլնազի տեղը չլիներ: էն անաստվածը, էն քարասիրտը, էն էն մոլթանին մի ձեռով բռնեց Սուսանիս մազերից ու մեկէլ ձեռով սկսեց նրա գլխին կարկուտի պես թափել...

— Օ՜ֆ, ջան, ջան բալաս, մի՛ ասի, ոչ լսեմ, քոռանամ, — բացականչեց Մարիամ բաջին, երկու ձեռները ծնկներին խփելով:

— էլ ինձանում կենդանություն չմնաց, — շարունակեց Գյուլնազը: — Վազ տվի առաջ, որ երեխիս առնեմ գազանի ճանկից, ամա ի՛նչ կարող էի անել: Աչքերը մարդ չէին տեսնում, նա կրծքիս մին կոփեց, մին կոփեց, որ շունչս կտրվեց, վայր ընկա:

— Ջան, ջաան, ջան բալաս: .

— Ուֆ, Մարիամ բաջի, Գյուլնազը էն մինութին տեղն ու տեղը հոգին փչեր, հազար անգամ լավ կլիներ, քան աչքերը բաց տեսներ, ինչ որ տեսավ: Ջալլաթբաշիի կռնատակին Սուսանիս երեսը հալավիդ ռանգի պես կապուտ կապտել էր: Աչքերն էլ արյունի չանախներ էին դառել, հենց էիր իմանում, որ այդ է, պիտի դուրս պրծնին:

— Ախար, այ քարասիրտ, ի՞նչ է արել, — հարցնում եմ ես մազերս քանդելով, կուրծքս պատռելով, տե՛ս, այս էլ եղունգներիս տեղերը:

Այս ասելով, Գյուլնազը շապկի եզրը հետ քաշեց, և նրա սպիտակ կրծքի վրա երևացին մի քանի արյունոտ գծեր:

«Ի՞նչ է արել... նամուսս ցեխի մեջն է զցել, անունս տափն է կոխել, փափախս ոտնատակ է արել, այ ի՛նչ է արել: Դուրս է եկել գիշերվա կիսին Հայրապետի տղի հետ սովբաթ է անում, պաչպչվում է: Ա՛յ ինչ է անում»:

Լսելով յուր որդու անունը, Մարիամ բաջին մի ճիչ արձակեց:

Գյուլնազը շարունակեց.

«Սուտ բան է, աչքիդ է երևացել, այ մարդ», — ասում եմ ես, գլխապատառ մեջ ընկնելով, որ երեխիս առնեմ նրա դարմախ-դարմախ ձեռներից:

«Կորի՛ր, կորի՛ր, հեռացիր դու շ...շ... աղջիկ, — բղավում է վրես: — Չես հավատո՞ւմ, էլի չես հավատում, ես քեզ ասում էի, ասում էի, որ ականջովս է ընկել, սաղ քաղաքում խոսում են»:

— Այս որ ասում է, մի ձեռով երեխիս մազերից բռնած, մյուս

ձեռով կրծքիս մի պինդ կոփում: Էլ նրանից դեն ինչ է լինում, ինչ չի լինում, ոչինչ չեմ իմանում: Աչքերս մթնում են, ուշքս գնում է, ընկնում եմ: Շատ եմ մնում թե քիչ, աստված գիտե, մեկ էլ աչքերս բաց եմ անում, տեսնում եմ, որ Սմբատս երեսիս ջուր է շաղ տալիս: Սուսանս մազերը թափված, կապտած երեսով անձրևի պես արտասուք է թափում աչքերից: Ինքն էլ, չիբուխ քաշելով, գիժ կովի պես պտույտ-պտայտ է անում:

— Անունդ սև քարին գրվի: Սեյրան տղա, — աղաղակեց հանկարծ Մարիամ բաջին, կրծքին խփելով:

— Լեզուդ պապանձվի, մի՛ ասի, մի՛ ասի, այ կնիկ, — ասաց Գյուլնազը, կրկին արտասվելով:

— Չասեմ, բաս ի՞նչ անեմ: Նա, նա, էն սև երեսը բաս մեզ ուզում է խայտառակ անի՞: Բաս ուզում է էս քաղաքի մեջ, խալխի բերանում մեզ բերանի ծամոն շինի՞: Վայ քո օրին, Մարիամ կնիկ: Սեյրան տղա, թե տուն կգաս, կտեսնես, թե քո գլխին ինչ օյին բերել կտամ: Քո հերդ էս լեղին խմողը չի, նա կթափի գլխիդ: Ասում էի էս գիշեր, որ հալդ հալ չէր, Սեյրան տղա:

— Դու լինես, էն աստոծը, Մարիամ բաջի, չլինի չիմանամ, որ Սեյրանին մի բան ասես, ես հենց դրանից եմ վախենում, տաքարյուն տղա է, ով գիտե, ինչ կանի, ինչ չի անի: Բարխուդարը, առանց էն էլ երդումաճաք իլավ, որ մարդիդ պիտի ասի: Դու լինես էս օրվա օրը, Մարիամ բաջի, էնպես արա, որ էս բանը քնի, թե չէ մին Շամախին կլինի, մին էլ մենք, մի մատ մեղր կդառնանք խալխի բերանում:

Մարիամ բաջին արխալուղի թևերը կրկին քաշեց յուր տեղը, մազերը ուղղեց, բարձրացավ տեղից, փեշերից այլուրի փոշին թափ տվավ և ասաց.

— Վեր կաց ոտքի, վեր կաց գնանք երեխիս մոտ:

— Ինչ գնաս, տաքացած ընկած է... օրը անց է կենամ, հացդ կմնա:

— Զահրումար ուտեմ հացի տեղ, վե՛ր կաց, ասում եմ:

Գյուլնազն և Մարիամ բաջին գնացին Սուսանի մոտ:

Սուսանը պառկած էր անկողնում: Երբ Մարիամ բաջին և Գյուլնազը ներս մտան, նա մի վայրկյան գլուխը հանեց վերմակի տակից, նայեց նրանց, և կրկին փաթաթվելով, երեսը պատին շուռ տվավ: Սուսանի ճակատը մինչև հոնքերը փաթաթված էր թաշկինակով, նրա թշերի վրա երևում էին կապույտ բծեր —

Բարխուդարի տված ապտակների հետքերը: Երբ նա մի վայրկյան վերմակի տակից նայեց, արտասուքից ուռած աչքերը փայլեցին դառն թախծությամբ:

Մարիամ բաջին նստեց Սուսանի բարձի մոտ, ձեռը դրավ նրա ճակատին, և յուր դեմքին փորձառու բժշկի լրջություն տալով, ծանր եղանակով ասաց.

— Կրակի պես էրվում է երեխիս ճակատը: Է՛լ մի ուշացնի, Գյուլնազ, դալլաք Հապանին կանչել տուր, որ արյուն բաց թողնի խզատակից:

Հետո Մարիամ բաջին զգուշությամբ հետ քաշեց Սուսանի երեսից վերմակը և սկսեց հարց ու փորձ անել:

— Մարիամ բաջին ցավդ առնի, ո՞ր տեղդ է ցավում, աչքերդ ինչո՞ւ ես խփել, գլուխդ չի՞ դըմդմում:

Սուսանը չպատասխանեց, միայն տնքտնքալով վերմակը կրկին քաշեց երեսին և սկսեց հեկեկալ խեղդված ձայնով:

— Լաց մի՛ լինիր, բալաս, կլավանաս, ի՛նչ կա, փառք աստուծո, ի՛նչ անենք, հերը աղջկան կթակի էլի, մենք էլ քեզ պես շատ ենք թակվել ու հիվանդացել:

Բայց այս անգամ Սուսանի արտասուքի պատճառը յուր մարմնի ցավը չէր, այլ նա տանջվում էր բարոյապես: «Երանի թե ես էլ ձեզ նման թակվեի, խայտառակվեցի, աստված», մտածում էր նա:

Մարիամ բաջին և Գյուլնազը մի քանի րոպե խոսեցին, խորհեցին, վիճաբանեցին և վերջը այն եզրակացության եկան, թե անպատճառ և առանց հետաձգելու հարկավոր է դալլաք կանչել:

IX

Բարխուդարը առավոտը բազար գնալիս, Հայրապետին պատմեց երեկվա անցքը: «Թե որ տղիդ կապը չքաշես, — ավելացրեց նա, — որ մին էլ էս դալաթները չանի, էլ ոչ ես, ոչ դու, Հայրապետ. մեր բարեկամությունը կկտրվի մինչև հավիտենական դուռը»:

Լսելով այս խոսքերը, Հայրապետը բազարի մեջ մնաց տեղն ու տեղը: Նա մի քանի վայրկյան ոչ կարողացավ շարժվիլ, ոչ կարողացավ խոսիլ, միայն գլուխը ծռեց դեպի աջ ուսը, հոնքերը վեր քաշեց, աչքերը չռեց, ծնոտը լախացրեց և ապշած սկսեց նայել Բարխուդարին, որ այդ միջոցին մի քանի քայլ առաջ էր գնացել: Տեսնելով որ յուր հարևանը կանգնեց, ինքն էլ հետ նայեց և նրա հայացքը ընկավ ուղիղ Հայրապետի դեմքին:

— Հը՛մ, ցուրտ է, բաս, սառած կմնաս բաս չէէ՛: Ականջներդ բաց արա ու լավ լսիր, թե որ լակոտիդ ջլվը ձեռդ չառնես, մեր բանը վերջացած է:

Հայրապետը դարձյալ ոչինչ չպատասխանեց: Նա մի քանի վայրկյան ևս զարմացած մտիկ տվավ ու վազեց:

«Գնաց, որ տընգըզի, թո՛ղ տընգըզի, ա՛խ, թե իմ էլ ձեռս կընկնես, Սեյրան լակոտ, մեծ թիքադ ականջդ կթողնեմ», — ասաց Բարխուդարը և շարունակեց յուր ճանապարհը:

Հայրապետը, գնալիս, ճանապարհին ինքն իրան խոսում էր, զանազան հիշոցներ էր տալիս, հայտնի չէր ո՛ւմ, և ձեռներով ու գլխով անսովոր շարժումներ անում: Անցորդները տեսնելով նրան, կանգնում էին ու մտիկ անում զարմացած, «գժվե՞լ է էս մարդը, ինչ է» կրկնելով:

Վերջապես, Հայրապետը հասավ տուն: Սեյրանը տանը չէր: Հայրապետը մտավ խոհանոց Մարիամ բաջուն տեսնելու, բայց նրան ևս այնտեղ չգտավ: Նա կամեցավ անմիջապես գնալ Բարխուդարանց տուն, բայց հետո փոշմանեց և, մի քանի քայլ չանցած , կրկին վերադարձավ յուր սենյակը:

Քառորդ ժամից հետո ներս մտավ Մարիամ բաջին:

— Քեզ նման կնկա սիրտը պիտի հանեմ, շամփրին քաշեմ ու թեժ կրակի վրա դես խորովեմ, դեն խորովեմ, որ բալքա սիրտս հովանա, — գոռաց Հայրապետը, հարձակվելով յուր ամուսնու վրա:

Մարիամ բաջին իսկույն հասկացավ նրա բարկության պատճառը:

— Ես ի՛նչ մեղավոր եմ, այ մարդ, որ իմ գլուխս ես ծակում:

— Բաս ես եմ ծնե՞լ էն լակոտին, հըմ, ես եմ ծնե՞լ:

— Ծնողը ի՞նչ հող ածի գլխին:

— Սև հող: Մեղավորը դու չես, բաս ո՞վ է: Դու չե՛ս, որ նրա հետ աղաչանք-պաղատանքով ես խոսում, դու չե՛ս, որ փայտը ձեռս վերցնելիս, գլխապատառ մեջտեղ ես մտնում, որ ես էն, էն շնին չի խրատեմ: Հըմ, գնա՛, դեհ հիմա սաղ քաղաքում խայտառակվիր, ըըը՜ ես քո էդ, էդ, էդ, մեղա քեզ, տեր ամենակարո՛ղ, հը՞մ, ասա, տեսնեմ, ինչո՞ւ ես ծնել:

Հայրապետը, վերջին հարցը կրկնելով, ուսերը վեր քաշեց, մոտեցավ Մարիամ բաջուն, բռնեց նրա թիկունքից և սկսեց թափահարել, անդադար կրկնելով. «ինչո՞ւ ես ծնել»:

— Խաթի բալի մեջ չընկա՞նք: Այ մարդ, ֆիքր արա, տես ինչե՞ր ես դուրս տալիս, խելքդ ո՞րտեղ ես թողել:

— Խելքս փափախիս տակն է: Մին էլ եմ հարցնում, ախար ինչո՞ւ ծնեցիր, հըմ, ինչո՞ւ, որ էսօրվա՛ օրը ինձ Բարխուդարի մոտ սև երես թողնի՞, հաա՞, այ ես քո էն... տե՛եր աստված:

Մարիամ բաջին, տեսնելով, որ յուր ամուսինը շատ է երկարացնում, երեսը շուռ տվավ ու դուրս եկավ: Հայրապետը մինչև երեկո այս կողմ այն կողմ շուռ տվավ, դես վազեց, դեն վազեց, մինչև որ իրիկնադեմին Սեյրանը եկավ տուն :

Առանց մի խոսք ասելու, առանց որևէ հարց ու փորձի, Հայրապետը մի մեծ կոպալ խլեց, որ հարձակվի յուր որդու վրա: Վերջինը հենց սկզբից հասկացավ շարժողության պատճառը, փախավ դուրս, և ամբողջ օրն ու գիշեր չվերադարձավ տուն: Բայց և այնպես նա չազատվեց պատժից: Հայրապետը մյուս օրը երեկոյան բռնեց Սեյրանին և այնքան ծեծեց, որ ինքը հոգնեց, իսկ ծեծվողը ուշաթափվեց:

Սուսանի հետ տեսնվելուց հետո Սեյրանը այլևս դադարել էր հաճախել Բարխուդարի խանութը: Նա վախենում էր, բայց որ ամենագլխավորն է, ամաչում էր երևալ ահարկու «ուստայի» աչքին: Առավոտը նա դուրս էր գալիս տնից, վերադառնամ էր երեկոյան: Հայրապետը ամեն օր շարունակում էր գործածել խրատելու սովորական միջոցը — ծեծը: Մարիամ բաջին աշխատում էր խելքի բերել Սեյրանին յուր մայրական քնքուշ խրատներով:

— Այ գեդա, այ գեդա, խնայիր մեզ, անուններս տափը մի՛ կոխիր, խելքի ե՛կ, զնա՛ բանիդ:

— Կթակի, չեմ ուզում:

— Հուրսը քնել է, լավ է, բաշխել է, մի՛ վախենար:

— Հըմ, մի վախենար: Սմբատն ասում է, ամեն օր անունս

լսելիս, բեղերը կրծոտում է: Չէ, չեմ ուզում, լավ է քաղցած մեռնիմ, քան թե նրա երեսը տեսնեմ: Ես թակից չեմ վախենում:

— Բաս ինչի՞ց ես վախենում:

— Ամաչում եմ, ամոթ է:

— Մին բան ես բռնել, որ չամաչե՞ս, սև երես գեդա:

Սեյրանի համար ամենացավալի բանն այն էր, որ չարագուշակ երեկոյից հետո չէր կարողանում տեսնել Սուսանին, հարցնել, իմանալ նրա դրությունը: «Ո՛վ գիտե, կարելի է նա նեղացած է ինձանից, որ ես համբուրեցի և այսքան չարչարանքների պատճառ դարձա», — ասում էր ինքն իրան Սեյրանը: «Բայց չէ, այստեղ համբույրը չի գլխավոր պատառը. ասում են, որ Բարխուդարը վաղուց է իմացել մեր տեսնվելը»: Ահ, մի անգամ էլ նա տեսնե Սուսանի երեսը, հարցնե, իմանա նրա միտքը, հետո ինչ ուզում են, թող անեն նրան...

Եվ այս նպատակին հասնելու համար գիշեր ցերեկ նա տածում էր, տեսակ-տեսակ ծրագիրներ էր կազմում: Ամեն երեկո մութն ընկնելուց հետո, նա վազում էր ու թաքնվում Բարխուդարանց տան պատերի տակ, որ գուցե Սուսանը բակը դուրս գալու ժամանակ, նրան հանդիպի: Բայց իզուր, Սուսանը չէր երևում, կարծես նա չկար աշխարհում: «Չլինի թե հիվանդ պառկած է անկողնում», — մտածեց մի օր Սեյրանը: Բայց հետևյալ օրը նա կողմնակի կերպով հարցրեց այս մասին Սմբատից, և վերջինի խոսքերից երևաց, որ Սուսանը վաղուց է առողջացել:

Այսպես Սեյրանը մի ամբողջ ամիս անցկացրեց:

Կեսօրվա ժամի մեկն էր: Արեգակը կիզում էր: Այն փողոցը, ուր գտնվում էին Բարխուդարի և Հայրապետի տները, դատարկ էր: Միայն երբեմն այս կամ այն տան դռներից դուրս էր գալիս շալի մեջ փաթաթված մի կին կամ օրիորդ շտապով մտնում հարևան տներից մեկը, ձեռքում շալի տակ մի ափսե պահած: Նա այսօրվա եփած կերակրից յուր հարևանի համար «դոնշի փայի» (հարևանի բաժին) է տանում:

Արեգակի տաքությունից նույնիսկ թափառական շները քաշվել էին փողոցի կիսախարխուլ պատերի ստվերի տակ և, լեզուները մինչև արմատը դուրս բերած, «լահ էին թակում»: Օգուտ քաղելով նրանց թուլացած դրությունից, շնաճանճերը վրա թափված, անխնա կերպով կծոտում էին նրանց: Շները անդադար թափահարում էին իրանց դնչերը, որ ճանճերին փախցնեն. «տը՛զ» թռչում էին ճանճերը մի վայրկյան և կրկին նստում իրանց տեղը, որ նորից սկսեն ծծել խեղճ կենդանիների արյունը:

Մերթ ընդ մերթ փողոցի մելամաղձոտ լռությունը ընդատում էր ամբողջ քաղաքին ծանոթ, բուխարու հին գդակներ գնող, կարճահասակ, չալ միրուքով, սպիտակ ատամներով, հաստ ու կարմիր շրթունքներով, հնդիկ Բաշիրի հաստ ու խռպոտ ձայնը: «Քոհնա փըփախ, քոհնա փըփախ», — գոռում էր նա, կանգնելով այս ու այն տան դռների առաջ և, հոնքերը վեր քաշած, նայում դեպի բակը: Բակերում խաղացող մանուկները, լսելով նրա տարօրինակ ձայնը, «այ բաջի, այ դադաշ, դարա Բաշիրը եկել է, որ մեզ տանի դնի մոտ», աղաղակում էին նրանք ու փախչում էին ներս: «Ղարա Բաշիրի» ձայնին հետևում էր նույնպես ամբողջ քաղաքին հայտնի «թեփ առնող» Թաղիի ձայնը: Ահա՜ իրեն էէ՛է, Թաղին, մի չվալ թեփ շալակած, մեջքից երկու ծալ ծռված, տնքտնքալով անցնում է այս փողոցից դեպի մյուսը, ուժասպառ ձայնով բացականչելով. «սաթտըղ քյափաակ օլան»: Եվ Թաղիի ձայնը, որ, կարծես, հորի խորքից է դուրս գալիս, տարածվելով «Խարաբա շահարի» առանց այն էլ մռայլ ավերակների վրա, կրկնապատկում էր նրանց մռայլությունը: Մարիամ բաջին այդ ժամանակ իրանց բակում պատի ստվերում նստած կար էր անում: Նա նստած էր երեսը դեպի բակի փլատակված պարիսպը դարձրած: Բակում ուրիշ ոչ չկար, միայն խոհանոցի առջև հավաքվել էին հավերն ու աքաղաղները և կուտկտում էին գետնին թափված խաշած բրինձները և երբեմն կչկչալով իրարու կտցահարում:

— Քիշշշ, քիշշշ, ա՛յ անտեր մնաք, ո՛ւֆ, մարդու սիրտ կճաքացնեք դուք, — բացականչում էր շուտ-շուտ Մարիամ բաջին հավերի վրա, յուր կշռին դրած բարակ ճիպոտը գետնին չփացնելով:

Մարիամ բաջու միտքը այդ րոպեին զբաղված էր, այդ պատճառով նա շուտ-շուտ բարկանում էր հավերի վրա, որ խանգարում էին նրա մտածմունքները:

Մի քանի րոպե կարելուց հետո, Մարիամ բաջին հանկարծ ասեղը ցցեց կարի մեջ, մատնոցը մատից հանեց և կարի հետ շպրտելով մի կողմ, ձեռը մեկնեց մինդարի տակ, որի վրա ինքը նստած էր ծալապատիկ: Նա այնտեղից դուրս բերավ մի հին շորի փոքրիկ կապոց և բաց արավ նրա կշռկուռները: Դուրս թափվեցին կապոցի միջից մի բուռն չորացած ու սևացած սիսեռներ: Մարիամ բաջին վեր առավ քթախոտամանը, ցուցամատի և բութ մատի ծայրերով դուրս բերավ այնտեղից մի պտղունց քթախոտ: Մի երկու անգամ ախորժակով քաշեց, փռշտաց, հազաց ու երեսին խաչակնքեց, ասելով, «տեր աստված, դու չարը խափանես, բարին առաջ բերես»: Հետո, նա քթախոտամանը կրկին դրավ յուր տեղը, կրկին երեսին խաչակնքեց, այս անգամ երեք անգամ, և ջերմեռանդությամբ սկսեց «նոխուդ բացել», այսինքն սիսեռների վրա հմայել, քթի տակ տմտըմալով, «իլի-չիլի դա, տեր ամենակարող աստված, իմ Սեյրանիս բախտը իլի, թե որ երեխիս վերջը բարի է, էս նոխուդը բաց դուրս գա, թե չէ շառ է, փակ դուրս գա»:

Այս ասելով, Մարիամ բաջին աջ ձեռի ափով յոթ անգամ տրորեց սիսեռները և մատների ծայրերով բաժանեց երեք մասերի: Նա այս կողմը դարսեց, այն կողմը դարսեց սիսեռները, մի տեղ ավելացրեց, մի տեղ պակասեցրեց, հետո կրկին խառնեց ու մեկ էլ բաժանեց, այս անգամ ինը տեղ: Այնուհետև նա ձեռները սիսեռներից հեռացրեց, դեմքին լրջություն տվավ և, նայելով նրանց, սկսեց ինքն իրան խոսել:

«Դա բաց ճանապարհն է, էս մեկն էլ Սեյրանն է, տես, տես ինչպես է կանգնել ֆիքրի մեջ կորած: Հա՛, սա էլ Սեյրանիս առաջ մեկը կանգնած է, ո՞վ լինի, հը՞մ: — Հալբաթ Սուսանն է: Հետո, դե սրանք էլ Սեյրանիս ընկերներն են, ուֆ, աստված, ինչպես են չարերի պես երեխիս պատել չորս կողմից: Ձեզ տեսնեմ, որ բերեգներդ ջուր լինի ու ձեռներիդ մեջ թափվի, յարաբ ի՛նչ եք ուզում երեխիցս: Հա, լավ, բաս էս մեկը ո՞վ է, տեր աստված, որ էդպես երեխիս առաջը կապում է սև թելի պես: Ուֆ, քո աչքն էլ հանեմ, ո՛րտեղից դուրս պրծար դու: Ով պիտի իլի, աստված, հըմ»:

Մարիամ բաջին, աջ ձեռի մատները ծռելով, դրավ ծնոտի վրա, իսկ ցուցամատով ծածկելով բերանը, խորը մտածողության մեջ ընկավ:

«Չէ, չէ, բաս նոխուդը պակաս է, ասաց նա ինքն իրան, ձեռը ծնոտից հեռացնելով: Մի-չորս, երկու-չորս, երեք-չորս, չորս-չորս: Դա էլ հինգ-չորս, դա էլ մին թաք: Դրուստ տասը-չորսը, մին թաք: Պակաս չի, մեկ էլ բաց անեմ»:

Նա կրկին խառնեց սիսեռները և կրկին միննույն տեսակ բաժանեց:

«Փիեե, էլի բեբեք դուրս եկածը պըպզեց երեխիս առաջ», ասաց Մարիամ բաջին և սկսեց երրորդ անգամ բանալ: Հետո նա չորրորդ, հինգերորդ, վեցերորդ, վերջապես, մինչև տասնուհինգ անգամ բաժանեց և բաց արավ: Վերջապես, Մարիամ բաջին հոգնեց, ինքն իրան բարկացավ և սիսեռները հավաքեց:

«Անտեր մնաս, այ նոխուդ, մի խեր խաբար չես անում, կորի՛ր», ասաց, արագությամբ մի կողմ շպրտելով սիսեռների կապոցը, և կարը վերցրեց:

Այդ ժամանակ հանկարծ նա լսեց մի բարձրաձայն աղաղակ, որից հետո իսկույն մի գլխաբաց երիտասարդ, գդակը ձեռում բռնած, ներս թռավ:

— Նամարդներ, ինձ մենակ եք տեսե՞լ, սպասեցե՛ք, ես ձեր գլխին մի օյին բերեմ, որ ճանաչե՛ք, թե ես ո՞վ եմ, — գոռում էր երիտասարդը, վազելով բակի մյուս կողմը, ուր խոհանոցն էր գտնվում:

Մարիամ բաջին հայացքը ձգելով երիտասարդի վրա, սարսափեց և տեղն ու տեղը անշարժ մնաց: Նրա ձեռները թուլացան, և կարն ընկավ գետնին:

— Սեյրան, Սեյրան, էլի ո՞ւմի հետ, էլի ո՞ւմի հետ, — աղաղակեց նա, ուշքի գալով և տեղից վեր թռչելով:

Բայց Սեյրանը չէր լսում: Նա վազեց խոհանոց, մի երկայն կարմրագույն փայտ վերցրեց, մի վայրկյանում չուխան հանեց, փաթաթեց ձախ թևին և թռավ փողոց: Մարիամ բաջին հետևեց նրան:

Փողոցում սպասում էին երկու առողջակազմ երիտասարդներ նույնպես մի-մի փայտ ձեռներին և, իբրև վահան, ձախ թևերին չուխաները փաթաթած:

Սեյրանը գլխակոր վազեց նրանց դեմ: Կռիվը սկսվեց: Սեյրանը պաշտպանվում էր և, հաջող վայրկյաններ գտնելով, հարվածներ էր տալիս յուր հակառակորդներին: Մեջ ընկավ ոտաբաց և գլխի մազերը փետտելով Մարիամ բաջին:

«Ա՛յ ձեր մեջքը տափին կպչի, ա՛յ ձեր մերերը սևում մնան, ա՛յ ձեր աչքի լույսը ջուր դառնա, երեսներդ թափվի, ի՞նչ եք անում»:

Սեյրանի հակառակորդներից մեկը, փայտի մի հարված տալով Մարիամ բաջու ուսին, չթողեց մեջ մտնելու:

— Ուֆ, ջիգարդ դաղվի, հարայ, ա՛յ հայ քրիստոնյաներ, երեխիս սպանե՛ցին, վայխս հասեք, — գոռաց Մարիամ բաջին և ուժասպառ ընկավ գետնին:

Այդ վայրկյանին կռվողներին մոտեցավ մի ուրիշ բարձրահասակ երիտասարդ: Դա նույնպես զրահավորված էր փայտով: Հազավ թե չէ, երիտասարդը Սեյրանի հակառակորդներից մեկի թևին մի սաստիկ հարված տվավ:

— Ուխա՛յ, ուխա՛յ, բոյիդ մեռնեմ, Սմբատ, ուխայ, մին էլ, — բացականչեց Մարիամ բաջին:

Հակառակորդի թևը թուլացավ, ձեռից փայտն ընկավ, նա սկսեց փախչել: Մյուս ընկերը անմիջապես հետևեց նրան: Սեյրանն և Սմբատը վազեցին նրանց հետևից, բայց հակառակորդները անհետացան փողոցի ծայրում:

Սմբատը և Սեյրանը հաղթության զգացմունքով վառված հետ վերադարձան: Մարիամ բաջին չէր դադարում աղաղակել և մազերը փետտել:

— Հերիք է, սո՛ւս արա, տեսար հո ինչ բերինք նրանց գլխին, — ասաց Սեյրանը, փայտը դնելով պատի տակ, որ չուխան հագնի: — Թափվել են ինձ վրա, ուզում են, որ սպանեն, բաս ես սուս անե՞մ:

— Ախար, այ մեռած, քեզ ի՞նչ ունես շառլատանների հետ, քեզ ո՞վ է ասում, որ նրանց հետ խառնվես:

— Քիչ խոսիր, մի քիչ ջուր բեր, որ գլխիս արյունը լվանամ:

Մինչև այդ ժամանակ Մարիամ բաջին չգիտեր, թե Սեյրանի գլուխը վիրավորվել է փայտով: Տեսնելով նրա ճակատից հոսող արյունը, քիչ մնաց ուշաթափվեր:

— Էս օրվա օրը ո՛չ լուսանար մորդ համար, Սեյրան տղա, ախար նոխուդը զուր չէր թարս նշան տալիս, — գոչեց նա և վազեց խոհանոց ջուր բերելու:

X

Երեկո էր: Մարիամ բաջին վշտացած հոգով ընթրիքի պատրաստություն էր տեսնում: Հայրապետը դեռ խանութից չէր եկել:

Սեյրանը, գլուխը կարմիր թաշկինակով կապած, առանց

չուխայի, սպիտակ չթից կարած բարակ արխալուղով նստած էր փողոցում, իրանց դռների առջև: Սմբատը և մի քանի ուրիշ հարևան երիտասարդներ նրան շրջապատած խոսում էին ցերեկվա անցքի մասին: Սեյրանի դեմքը տխուր էր, աչքերը գետնին հառած: Նա խոսակցությանը չէր մասնակցում:

— Ախար, աա՛դա, մին ասեք տեսնենք էդ ղալմաղալը ի՞նչի համար էր, — հարցնում էր մի մոտ քսան ու երկու տարեկան երիտասարդ:

Դա հագած էր կարճլիկ արխալուղ, որի վրայից կապած էր լայն արծաթյա գոտի, սև մահուդյա չերքեսկա բուզմաներով և վազմաններով, մի փոքր սովորականից լայն վարտիք և երկայն կտուցներով մաշիկներ: Նա գլխին դրած էր կլորակ մեխակագույն բուխարու գդակ: Երիտասարդի բեղերը սրած էին և ծայրերը մկան պոչի պես բարակացրած: Բայց նա, այսուամենայնիվ, չէր դադարում էլի մատերի ծայրերով նրանց ոլորելու:

— Ես ինքս հենց էնտեղ էի էլի, աչքիս առաջ ընկավ կռիվը, — պատասխանեց Սեյրանի փոխարեն մի ուրիշը:

Դա էլ մի կարճահասակ երիտասարդ էր նույն ձևով հագնված և ծոծրակը մաքուր սափրած պարսկական եղանակով:

— Դե՛, ես մեռնեմ լոթիանա, մի նաղլ արա տեսնենք, — դիմեց նրան մի երրորդը, որի գդակը այնքան ծուռ էր դրած, որ տեսնողը կկարծեր, թե հրես պիտի գլորվի գետին:

Կարճահասակ երիտասարդը հազալով, բեղերը ոլորելով, սկսեց հանդիսավոր կերպով.

— Աղա, ես էի, Սեյրանը, Սմբատը, Թափտուղանց Ջահանգիրը, Շամչյանց Աթանեսը, Ճատտի-Կտուրանց Ենգիբարը, Ինքյաթանց Թաթին, Թութանանց Փափանը, Բեղալյանց Մարտիրոսը, Սատանաբռնողանց Պետրին: Դարա մահլումը «ալթի ղոզ» էինք խաղում: Քցողը Սմբատն էր: Ճատտի-Կտորանց Ենգիբարը մի մանեթ դրավ տափին, լողա-լողա ասեց Սմբատին, որ մին բաշ նրա մանեթին զցի: Աղա՛ Սմբատի բախտը բերավ, ղոչաղը էնպես զցեց, որ հաբի միջին դյուրյուստ չորս զցեց, ձեր արևը, ո՛չ էվալ ոչ պակաս: Ենգիբարի բերանը բաց մնաց, ախար մանեթ կասան հա, քիչ փող չիմանաք, մին դանա ջղջալի Նիկոլայ ա: Հը՛մ. ի՞նչ անի, ինչ չանի, ճարը կտրված, մանեթը ետ վերցրեց:

— Փա՛հ, նամարդ քյոփօղլի, — արտասանեց բեղերը սրած երիտասարդը: — Հե՛տո, հե՞տո:

— Հետո, էլ ինչ հետո: Սմբատը ասում է. «աղա, ի՞նչ ես անում»: Ենգիբարը ասում է հանաք էի անում, գիժ եմ, որ էսքան փողով մի բաշ խաղ անեմ: Սմբատը թե՝ «դես տուր մանեթը ասում եմ, չես տալ, գլուխդ ձվի պես փշիր-փշիր կանամ»: Ճատտի-Կտուրանց Ենգիբարը թե՝ «ձայնդ կտրի, քո աթանցդ, անանցդ»: Դե, ի՞նչ ասեմ, ճանաչում եք էլի Ենգիբարին, ռեխը որ բացեց, էլ աստված ազատի: Ը՛հհ, տղերք, Սմբատի հուրսերը հավաքվեցին, ուշունցը ուշունցի հետևից: Ենգիբարը դա որ լսեց թե չէ, կատաղեց, կապուտ կապուտեց: Զալըմը ռեխը բացեց, մի խոսք դուրս բերավ, որ Սմբատի աչքերը արյունկոխեցին: Ասում է. «գնա հայասըզ աննամուս քրոջդ կապը հավաքի, որ գիշերները Սեյրանի հետ... սիլիկ բիլիկ չանի»...

— Փահ, աղա, չկարացաք հենց տեղն ու տեղը նրա փորոտիքը թափե՞լ, — ընդհատեց պատմաբանի խոսքը գդակը ծուռ դրած երիտասարդը, ուսերը վեր քաշած, ծնոտը ծռելով, աչքերը չռելով, և ձեռները զարմացած առաջ տարածելով:

— Մի կանգնի դե էլի, ախար մի տես ինչ իլավ, հետո էէ, — շարունակեց պատմաբանը: — Դե, Քյոխանց Սմբատին աթանց խոսք ասիլ կլինի՞: Բիրդան նրա աչքերը կարմրեցին, արյունով լցվեցին: Հենց նոր դանակը ուզում էր ջիբից հանել, մին էլ տեսնենք, մինչև դուրս բերիլը, Սեյրանը մին թյափիկ Ենգիբարի փորին: «Ա՛յ ես քո աթանցը, անանցը, ա՛թանց անեմ, անանց անեմ»: Ենգիբարը թախկ, ձկնի պես, թիր լափաշվեց տափին: Ամա էլի շուտ վեր կացավ, հետևից վազ տվավ Սատանաքռնողանց Պետրին: Մին մնութ չքաշեց, մին էլ տեսնենք երկուսն էլ փետները սրած, վյալգյահ արած, եկան փետ-փետի կռիվ անելու: Սմբատն ու Սեյրանը, առանց բանը երկարացնելու, մին բաշ տուն: Նա էր, որ եկան ղըրմզի-հոլ-հոլ դյագանաղների կոթին թքերին ու աջըզ նամարդների ռեխը հետ տվին, փախցրին մինչև խոնջանները կտրվելը: Ամա քյոփօղլի Սատանաքռնողանց Պետրին Սեյրանի մոր ուսին մի փետ կոփեց, խեղճ կինը տունդուռուգի վրա նստեց:

— Փա՛հ ես նրանց հերն անիծեմ, — գոչեց բեղերը մկան պոչի պես սրած երիտասարդը, — աղա նրանք մեր մահլի ջահիլների հետ փետ-փետի կռիվ անե՞ն: Տղերք, նամուսը մերն է, էլ ֆիքր անելու տեղը չի: Դուք մեռնեք, լոթիանա, էգուց մի մահլադավասի սարքենք, որ սաղ քաղաքը զարմանա:

— Հարկավոր չէ, ես առանց դրան էլ փոշմանել եմ, — ասաց Սեյրանը, յուր հայացքը գետնից չհեռացնելով:

— Ես էլ եմ փոշմանել, — ավելացրեց Սմբատը:

— Ձեր բանը չի, դուք իսկի միք խոսիլ, տեղներդ դինջ նստեցեք սուս ու փուս: Մենք բանը գլուխ կբերենք առանց ձեզ էլ, — մեջ մտավ կարճահասակ երիտասարդը, դիմելով Սմբատին և Սեյրանին:

— Բաս որ էդպես է, ես գնամ քյոռամալս եղեմ, — ավելացրեց գդակը ծուռ դրած երիտասարդը: — Ե՞րբ եք կռիվը սկսելու:

— Հենց էգուց կեսօրից հետո, — միաբերան գոչեցին կարճահասակ և բեղերը մկան պոչի պես սրած երիտասարդները :

Այդ միջոցին փողոցի ծայրում երևեցավ Հայրապետը, որ, չուխայի տակ մի ինչ-որ բան բռնած, գալիս էր տուն:

Սեյրանն և Սմբատը անհապաղ մտան տուն: Մյուսները նույնպես հեռացան իրանց տները, խորհելով, ինչպես վաղը կռիվ սկսեն և վերջացնեն, որ իրանց «մահլի ջահիլների նամուսը տափը չկոխեն»:

XI

Օրը բոլորովին մթնեց: Մարիամ բաջին խոհանոցում ճարպի մոմը վառեց և բերավ ներս: Հայրապետը նստած էր պատի տակ, մինդարի վրա, մեջքը բարձին, մի ոտը ծալած, մյուսը մեկնած: Նա մի ձեռքում երկայն չիբուխն էր բռնել ու ծխում, մյուսում տերողորմյան էր չխչխկացնում:

Հայրապետը, ըստ երևույթին, շատ տխուր էր: Երբ Մարիամ բաջին աշտանակը դրավ մեջտեղ, աղոտ լույսը ընկավ նրա վրա: Այդ մշտապես ուրախ ու պայծառ դեմքը երբեք այդչափ թթված չէր: Մարիամ բաջին սովորական «բարի երեկոն» կրկնեց երկու անգամ և, Հայրապետից պատասխան չստանալով, հեռացավ սենյակի մի անկյունը: Սեյրանը դրսումն էր, վախենում էր, թե ամաչում նա, բայց չէր ուզում ներս գալ: Երկու ամուսինները նստած էին լուռ ու մունջ: Մարիամ բաջին հայացքը չէր հեռացնում Հայրապետի ճակատից, իսկ վերջինը առաստաղի մի կետից:

— Բարի երեկո, — ներս մտավ մի բարձրահասակ մարդ:

— Այ աստուծո բարին, Բարխուդար:

Հայրապետը և Մարիամ բաջին բարձրացան տեղներից:

— Համեցե՛ք, համեցե՛ք, ախչի Մարիամ, մի փափուկ մինդար բեր:

— Նեղություն մի՛ քաշիլ, նստիր, Հայրապետ, ես էս պատի տակն էլ կնստեմ:

— Չէ, բաս որ էդպես է, անցկաց, տեղումս նստիր, մեջքդ բարձին տուր, — ասաց Հայրապետը, խորին պատկառանքով ցույց տալով յուր տեղը:

Մարիամ բաջին սփռեց մի մինդար Հայրապետի տակ, և երկու հարևանները նստեցին:

— Է՛հ փառք քեզ, աստված, — սկսեց Հայրապետը, աջ ձեռքը քսելով ճակատին:

— Ի՞նչ կա, ի՞նչ չկա, Բարխուդար:

Վերջինը պատասխանելու փոխարեն Հայրապետի երեսին նայեց և աչքերով մի նշան արավ: Հայրապետը իսկույն հասկացավ, ինչ է նշանակում այդ նշանը:

— Մարիամ, վե՛ր կաց, դուրս եկ, — դարձավ նա յուր ամուսնուն:

Մարիամ բաջին դուրս եկավ:

— Ես չեմ սիրում, որ երբ տղամարդիկ մի շատ հարկավոր բանի վրա խոսում են, կանայք լսեն, — ասաց Բարխուդարը, ծխախոտի չորացած տերևը ձեռների ափերում տրորելով, որ չիբուխը լցնի:

Բարխուդարը խոսում էր սառն ու քիչ կոշտ: Նրա դեմքը արտահայտում էր տխրություն և բարկություն:

— Ես էլ չեմ սիրում, Բարխուդար, կնիկարմատի բերանում ոսպ չի թրջվում, մի բան որ լսեցին, աշխարհը լսեց:

Նկատելով յուր հարևանի սառնությունը, Հայրապետն ինքն էլ աշխատեց, որքան կարելի է, յուր դեմքին լրջություն տալ, և տվեց:

— Էդպես է: Հայրապետ, ես եկել եմ քեզ մի քանի բաներ ասելու, թող հենց առանց պատեպատ ընկնելու սկսեմ, — ասաց Բարխուդարը, և չիբուխի ծայրը դրավ բերանը, մյուս ծայրը մեկնեց ճրագին, որ ծխախոտը վառի:

— Իմ զահլեն տանում են բազի մարդիկ, որ իրանց ուզածը ասելու տեղ, սար ու քոլ են ընկնում:

— Խոսք չկա, Հայրապետ, որ լավ միտդ է երկրաշարժի երեկոն:

— Պարզ, ինչպես էս ճրագը:

— Մի՞տդ է, որ էն երեկո միասին հավաքված անցկացրինք:

— Լա՛վ:

— Նա՞ էլ է միտդ, թե ինչ խոսեցինք:

— Միտս է, ամա էնքան էլ պարզ չի, չէ՛, հըմ, կա՛ց, մի ֆիքր անեմ:

— Մենք խոսեցինք մեր բարեկամության ու մեկ էլ Սուսանիս ու Սեյրանի մասին: Մի՞տդ է:

— Աֆարիմ, Բարխուդար, ութ-ինը տարի է անցել, աֆարիմ, որ էդպիսի միտք ունիս:

— Ես, Հայրապետ, էն երեկո խոսք տվի, որ եթե աղջիկս մեծանա — տղիդ տամ, — շարունակեց Բարխուդարը հանդիսավոր կերպով և ամեն մի բառ առանձին շեշտելով: -

Էն օրվանից անցել է ինը տարի. հիմա, աստված պահի, տղադ մեծացել է, իմ աղջիկն էլ չափահաս է դառել: Ուրեմն թե իմ աղջկան, թե քո տղիդ պսակվելու վախտն է: Լավ: Ինչպես դու էլ ճանաչում ես, Հայրապետ, ես խոսքիս տերն եմ, թքածս լզողը չեմ:

— Իսկի դրան խոսք կա՞, ինձանից հարցրու քո բնությունը:

— Էդ պատճառով էլ մի ամիս սրանից առաջ միտք էի անում, որ մի օր քեզ կանչեմ, խորհուրդ անենք, որ էդ բանը վերջացնենք:

— Ես էլ եմ ֆիքր արել, Բարխուդար...

— Կաց, խոսքս մի կտրիր, ասելու բաներ շատ ունիմ, — ընդմիջեց Բարխուդարը յուր սովորական հրամայող ձայնով:

— Ե՛ս մեղա աստուծո, հրամայիր, — ասաց Հայրապետը, ձեռը դնելով շրթունքների վրա ի նշան խոնարհ լռության:

— Հայրապետ, տղադ, էն Սեյրան լակոտը, մի բան բռնեց, մի ղալաթ արավ, որ հիմա, միտս ընկնելիս արյունս խառնվում է, գլուխս շուռ է տալիս, աչքերս մթնում են: Ուզում եմ, որ դանակը վերցնեմ, նրան էլ, աղջկաս էլ էնպես կոտորեմ, որ մեծ թիքաները ականջները մնան, բայց...

— Արժեն, արժեն, իմ արևը, արժեն:

— Մի ամսից ավելի է, որ է՛ս բանը պատահել է, էլի դադար չունիմ: Հեշտ բան չիմանաս, Հայրապետ, քանի որ երեխաներ էին, ես ինքս էլ ուրախ էի, որ իրարու սիրում էին, չունքի էն ժամանակը չէին հասկանում: Բայց հիմա, Հայրապետ, չափահաս են, խելք ունին, պիտի հասկանան, որ իրանց արածը խայտառակություն է, բենամուսություն է:

— Էլ տանս ճոխ չմնաց բյաղզաթի մեջքին փշրած չլինեմ, որ չի փոխվում, ի՞նչ անեմ:

— Լսի՛ր, Հայրապետ, թող խոսքս վերջացնեմ: Ի՞նչ էի ասում, հա, էն օրվանից դես Սեյրանը դուքան չի գալիս, երես չունի: Շատ լավ էլ անում է, թե չէ հիմա ոսկորը փտում էր հողի տակ: Փողոցներում խառնվել է լիրբ, կեղտոտ ջահիլների հետ ու օրից օր փչանում է: Դա հերիք չէ, ինքը ջառ ու ջհաննամը, որ փչանում է, մեր անունն էլ է կեղտոտում. էս է իմ ցավը: Էս երեկո բազարից տուն եմ գալիս ներքևի փողոցով, տեսնեմ մի խումբ ջահիլներ, պատի տակ թաքնված, լախկոթու են տալիս: Գլուխս քարշ արած անցնում եմ, բայց մի քիչ հեռացած չհեռացած, մեկ էլ լսում եմ, ի՛նչ եմ լսում: Էն լրբերից մինը բարձր ձայնով, երևի ինձ լսեցնելու համար, ասում է, ի՞նչ է ասում, հըմ, գիտե՞ս, ասում է. «այ Սեյրանի հետ գիշերները պաչպչվող աղջիկը էս նամուսով դուռումսաղի աղջիկն է, տեսե՛ք, տեսե՛ք, չի ամաչում ոչ սպիտակ մազերից, ոչ էլ փափախից. էլի երես ունի, բազար է դուրս գալիս»: Հայրապետ, էդ որ լսում եմ, խելքս քիչ է մնում գլխիցս դուրս թռչի: Աչքերս արյուն է կոխում, մարմինս մի սառը քրտինք է պատում, ուզում եմ, հետ դառնամ ու էն լրբերի գլուխը ջարդ ու փշուր անեմ: Բայց մեկ էլ ֆիքր եմ անում, նահլաթ եմ տալիս չար սատանին, երեսիս խաչակնքում եմ ու մի կերպ շարունակում ճանապարհս: Գալիս եմ մեր փողոց, էստեղ էլ մի ուրիշ խաբար եմ լսում: Մեր հարևան «գդուլ»բ Մաթոսն ասում է. «էսօր Սմբատն ու Սեյրանը աղաջղավասի1 են արել ներքևի մահլի ջահիլների հետ»: Գալիս եմ տուն, Սմբատին մի քանի սիլլաներ եմ տալիս ու հետո հարցնում եմ կռվի պատճառը: Սմբատը պատմում է: Բանից դուրս է գալիս, որ կռիվ սկսողը տղադ է եղել:

— Պա՛հ քո տունը աստված չքանդի, ասում ես Սեյրա՞նը, — գոչեց Հայրապետը, ավելի ու ավելի զայրանալով:

Բայց Բարխուդարը անուշադիր թողեց նրա հարցը: Նրա սառնությունը փոխվեց բարկության: Մի կողմ ձգեց չիբուխը, որ մինչև այդ ժամանակ անդադար ծխում էր:

— Հըմ, էդ որ լսում եմ, բռնում եմ Սմբատի երկու ականջներից ու գետնին խփում: Առանց դես, առանց դեն ոտներիս տակն եմ գցում նրան, էնքան կոխոտում եմ, որ շունչը կտրվում է: Մայրը գալիս է ու ձեռիցս առնում: Հայրապետ, դե հիմա դու ասա, էդ օրե՞նք է, բա էդ իմ նամուսը վեր կառնի՞, որ քո տղիդ խաթրու սաղ քաղաքում էդպես խայտառակվե՞մ: Հըմ, ասել կլինի, որ Քյոխանց Բարխուդարը օրը ցերեկով բաց փողոցում յուր աղջկա վրա էդպիսի բաներ լսի՞: Բաս որ էսպես է, ես իսկի մարդ չեմ, ես նամուս — ղերիաթ չունիմ, բաս բաս էս, էս, էս փափախը իմս չի, հը՛ըը...

Բարխուդարը կատաղած վերցրեց գլխից յուր գդակը և բոլոր ուժով զարկեց գետնին:

Հայրապետը սփրթնեց: «Նաիլաթ քեզ չար սատանա, էս մարդը գժվեց, ձեր արնը վկա, գժվեց», անցավ նրա մտքով: Նա կամեցավ մի բան խոսել, բայց վախեցավ և չհամարձակվեց առյուծի պես կատաղած Բարխուդարի առաջ բերանը բանալ:

— Բաս թող եսիրս (գերի) Հնդստան դուրս գա, թող կնիկս ու բալաներս տկլոր չոլերը ընկնեն, ես էլի էդ բաները տանող մարդ չեմ: Հայրապետ, տղիդ կապը քաշիր, քաշի՛ր, ասում եմ քեզ, էն լկրտվածի կապը, թե չէ աստծուն է հայտնի, թե ինչ կանեմ նրան էլ, աղջկաս էլ, քեզ էլ ու ինձ էլ: Հերիք չէ, որ ինքը լրբացել է, հերիք չէ, որ տղիս էլ հետն է փչացրել, լոթիների մինն է շինել, իմ անունն էլ սաղ քաղաքում կեղտոտեց: էդ իմ գերեզմանին ասել չի լինի: Բաս էգուցվա օրը ես էլ ի՞նչ երեսով պիտի բազար դուրս գամ, ես, ես, Բարխուդարս, որ մինչև օրս խալխի վրա եմ ծիծաղել: Ես, որ ճշմարտության համար, անունս իստակ պահելու համար, ամենից հեռու եմ քաշվում: Ես, ե՛ս, որ իմ նամուսիս գերի դառած մարդ եմ, իմ հոժար կամքով Սիբիր կգնամ, էդ բաները ղաբուլ չեմ անիլ: Ի՛նչ փող, ի՛նչ դովլաթ, ի՛նչ մեծ-մեծ տներ, ես թքել եմ դրանց վրա, հալալ քրտինքովս փող եմ աշխատում, կես քաղցած, կես կուշտ ապրում եմ, թե ինչ է, նամուսս մաքուր պահեմ, նա էլ Սեյրանի ու Սուսանի պես լակոտները կեղտոտում են: Բաս թո՛ւ էս բեղերիս, ես իսկի տղամարդ չեմ:

— Ի՞նչ անեմ, Բարխուդար ջան, ի՞նչպես անեմ, որ չեմ կարողանում օգնել, — խոսեց վերջապես Հայրապետը դողդոջուն ձայնով:

— Ինչ անեե՛ս, այ ինչ արա: Տար, այս զահրումարը հենց էս գիշեր մոխիր արա ու տղիդ աչքերը ածիր:

Այս ասելով, Բարխուդարը արխալուղի գրպանից դուրս հանեց մի բաց ծրար և շպրտեց հարևանի վրա: Երբ ծրարն ընկավ

Հայրապետի առջև, նա սարսափած հետ քաշվեց և մի քանի վայրկյան ապշած նայեց թղթերին, ինչպես մի մարդ, որ դաշտում զբոսնելիս հանկարծ յուր ոտի տակ տեսնում է օձ: Վերջապես, նա զգուշությամբ, դողդոջուն ձեռը մեկնեց դեպի ծրարը, կարծես, վախենալով, որ նա պիտի կծի յուր ձեռը: Ցուցամատի և բութ մատի ծայրերով բարձրացրեց գետնից ծրարը, մոտեցրեց ճրագին և հոնքերը վեր քաշելով, սկսեց զննել, երբեմն հարցական հայացքներ ձգելով Բարխուդարի երեսին:

— Կզարմանաս, բաս չե՛ս զարմանալ, կե՛ր քո տնկած ծառի պտուղը, կե՛ր...

— Դա, դա, Բարխուդար, դա ախար, փիեե՜, նահլաթ քեզ չար սատանա, — մրմնջաց Հայրապետը շարունակելով նայել ծրարին:

— Չես իմանում, խեղճ մարդ, բարովագիր է քեզ վրա, Մոսկովից տղադ է գրում առնտուրի մասին, — պատասխանեց Բարխուդարը, հեգնորեն ժպտալով:

Հայրապետը սփրթնած շարունակում էր նամակը ձեռում շուռ ու մուռ տալ:

— Էն թուղթը, որի վրա Ավետարանի սուրբ խոսքերն են գրվել, էսօրվա օրը աշխարհը էնքան փուչացել է, որ Սեյրանի նման լրբերը էդպես կեղտոտում են: Կարդա ու ձեռդ կրծքիդ քսիր, բախտավոր մարդ:

— Չորանամ ես, թե որ մի բան հասկանում եմ էս թղթից:

— Կանչի՛ր, կանչի՛ր էն լակոտին ու թող ինքը կարդա:

Հայրապետը, ծրարը ձեռում սեղմած, վազեց դուրս Սեյրանին կանչելու: Բայց դեռ նրա մի ոտը սենյակումն էր, երբ հանկարծ ինքը, Սեյրանը, երևեցավ յուր հոր դեմ ու դեմ:

— Ներս ե՛կ, — հրամայեց Հա յրապետը յուր որդուն, ինքը հետ ու հետ քաշվելով:

Սեյրանը վազեց ներս, դիմեց հորը, խլեց վերջինի ձեռից նամակը և փախավ դուրս: Այս այնքան կարճ միջոցում կատարվեց, որ Հայրապետը չկարողացավ որևէ շարժում անելու: Նա մնաց մի քանի վայրկյան տեղն ու տեղը: Բարխուդարի բարկությունը կրկնապատկվեց Սեյրանի այդ անսպասելի վարմունքից, նա բարձրացավ տեղից:

— Տարավ բաղզաթը, — արտասանեց Հայրապետը, ձեռները տարածելով առաջ:

— Թող տանի, ջուր անի, խմի, որ սիրտը հովանա, շատ է տաքացել:

— Ախար, մարդ աստուծո, մի ասա տեսնեմ նա ի՞նչ թուղթ էր:

— Ինչ թուղթ էէ՛ր: Քեզ ու քո տղիդ... նախլաթ քեզ չար սաթայել հաա՛:

Բարխուդարը ատամները կրճտեց, բռունցքները սղմեց: Կարծես, նա պատրաստվում էր հարձակվել յուր հարևանի վրա: Հայրապետը, երկյուղից թե բարկությունից, սաստիկ դողում էր:

— Բաս տղադ գիր է գրում իմ աղջկա վրա ու ակոշկից ներս է գցում, հա՞, էդպես ես խրատել նրան, հա՞:

— Գի՞ր, ի՞նչ գիր, Բարխուդար, ես իսկի ոչինչ չեմ հասկանում, ի՞նչ է գրում:

— Սարփդ չի, իհարկե, չես հասկանալ: Ի՞նչ է գրում. գրում է թե ես քեզ սիրում եմ, ասում է, թե ես առանց քեզ ապրել չեմ կարող, չունքի, ասում է, շատ եմ սիրում, ասում է: էս գիշեր, ասում է, տասը ժամին դուրս եկ, ես կգամ ձեր բակը, ու էնտեղ կտեսնվենք, ասում է: Այ ինչ է գրում, հասկացա՞ր, թե չէ:

— Լավ է գրում, դոշաղ տղա, այ ես քո էն, էն, էն: Տեսնո՞ւմ եք ինչ դալաթներ է անում: Համբերիր, Բարխուդար, համբերիր ու կտեսնես, թե ես նրան ինչպես շանսատակ կանեմ: Մեղավորը դու ես, Բարխուդար, որ ես նրան ուսումնարան տվեցի:

— Ես եմ մեղավորը՞: Լեզուդ կապիր, թե չէ... դեհ, սուս, սուս, Հայրապետ, ինչ որ է, էլ օրես դեն երկար խոսելն ավելորդ է: Լա՛վ լսիր, ես եկել եմ քեզ ասելու, որ էսօրվանից դեն քեզ հետ բան չունիմ, պրծավ, գնաց: Դու ես իմանում, ինչ որ ուզում ես արա՛: Էլ ո՛չ ես, ո՛չ դու: Տերը քեզ հետ:

Ավարտելով յուր խոսքերը, Բարխուդարը քայլերն ուղղեց դեպի դռները: Հայրապետը, որ երբեք չէր սպասում, թե բանը այդպիսով պիտի վերջանա, մնաց տեղն ու տեղը անշարժ: Նա անմիտ դեմքով, ձեռներն առաջ տարածած, մեջքից քիչ ծռված, նայում էր Բարխուդարի հեռացող քայլերին: Նա կամեցավ այդ վայրկյանին մի բան խոսել կամ գոռալ, խնդրել, աղաչել Բարխուդարին, առաջը կապել, որպեսզի չթողնի դուրս գնալու, բայց չկարողացավ: Ինչպես կար, այնպես էլ մնաց, մինչև որ Բարխուդարը մի ոտը դուրս դրավ: Այստեղ միայն մարդը ուշքի եկավ, ձգեց գդակը մի կողմ, վազեց դեպի դռները և երկու ձեռներով գրկեց Բարխուդարի մեջքից:

— Բաց թո՛ղ, թե չէ՛...

— Բարխուդա՛ր, Բարխուդա՛ր, քեզ հետ կերած աղ ու հացը

աչքերս կքոռացնեն, թե Մեյրանի նման լակոտի խաթրու ես քեզանից խռովեմ: Կանգնի՛ր, կանգնի՛ր, Բարխուդար:

Բարխուդարը կանգնեց, երեսը շուռ տվավ դեպի յուր հարևանը, նայեց վերջինի աղերսող դեմքին, նայեց, իսկույն գլուխը թեքեց կրծքին և երկու ձեռներով սեղմեց նրան:

Չէ՞ որ Բարխուդարը խոսք է տվել, երդում է կերել՝ այդ մարդու հետ մինչև յուր կյանքի վերջը բարեկամություն պահել: Հիմա ի՞նչ է անում, ի՞նչ է անում, ոտը դուրս է դնում նրա տանից, որ էլ մինչև հավիտյան ներս չդնի: Մի՞թե այդ թքածը լիզել չէ: Բայց ո՞վ է մեղավոր, Բարխուդարը՞: Ինչո՞վ: Բաս նրա նամո՞ւսը, տափը կոխի՞, ցեխի մեջ շպրտի՞, ոտնակոխ անի՞: Չէ, այս անկարելի է, անկարելի է, որ «Մեյրանի պես մի լակոտ» նրա փափախը աղբի մեջ գլորի և այնուհետև էլի նա ոտ կոխի այն տունը, ուր ապրում է այդ լակոտը: Ո՛չ, Բարխուդարը ավելի հեշտ կհամաձայնվի կոտորել Մեյրանին էլ, յուր աղջկան էլ, իրան էլ սատանաների փայ անել, բայց դաբուլ չի անիլ, որ յուր ականջները այսօրվա խոսքերի պես խոսքեր լսեն:

Մինդ այդ ամենն անցնում էին Բարխուդարի մտքով, Հայրապետը ապշած մտիկ էր տալիս նրան, չհամարձակվելով խոսք անգամ արտասանել:

— Ասել եմ, պիտի կատարեմ, թե չէ՝ նամուսս ինձ կխեղդի, մնաս բարով, Հայրապետ, — ասաց Բարխուդարը և շտապով դուրս եկավ:

— Կանգնիր, մի՛ փախչիր, — լսվեց դրսից, և երկու երիտասարդական ձեռներ ուժով Բարխուդարին ներս հրեցին:

Դա Մեյրանն էր:

— Լսի՛ր, մարդ, լսիր մի քանի խոսք ասեմ, ու հետո ուր որ ուզում ես գնա:

Մեյրանի կողմից այդ անսպասելի հանդգնությունը այն ազդեցությունը ունեցավ Հայրապետի վրա, որ խեղճ մարդու լեզուն այս անգամ բոլորովին «փետացավ», ինչպես ինքը հետո պատմում էր Մարիամ բաջուն: Նա չուխայի թևերն ուսերին գցեց, ձեռները պահեց բերանի դեմ, իրանը ծռեց և ասաց. այ քեոփ... փը... փը... Բայց չկարողացավ արտասանել ուզած բառը, կրկին չուխայի թևերը ցած գցեց և մի կողմ նայելով, ուր ոչ ոք չկար, ավելացրեց. «տեսնում եք էս լակոտին, նահլաթ չար սատանին հա՛»: Մինչդեռ Հայրապետը զանազան անհամբեր շարժվածքներ էր անում, Սեյրանը, Բարխուդարին ներս հրելով, կանգնել էր դրան առաջ, կարծես, դիտմամբ, որպեսզի վերջինը «չփախչի»:

— Հրես ասում եմ, մարդ, ջառը ջհաննամը դու էլ, քո բարեկամությունն էլ, մենք քեզ կարոտ չենք: Բայց Սուսանը իմս է, դու Սուսանին ինձանից չես կարող խլել, դու նրան ինձ ես բաշխել, դու երդվել ես և թքածդ լզող մարդ չես:

Լսո՞ւմ ես, Սուսանը իմս է, իմս...

Սեյրանն այդ խոսքերը արտասանում էր բարձր ձայնով, գրեթե գոռալով:

— Կտրիր ձայնդ... լակոտ, թե չէ գլխիդ օղողը շների փայ կանեմ, — խոսեց, վերջապես, Բարխուդարը, ատամները կրճտելով և բռունցքներն ամուր սեղմելով:

— Աղա, աղա, լեզուդ կուլ տուր, տեր մեղա քեզ աստված, — մեջ մտավ Հայրապետը, մոտենալով յուր որդուն:

— Քո բանը չի, — կտրեց յուր հոր խոսքը Սեյրանը: — Մեկ էլ եմ ասում, Բարխուդար, աղջիկդ, Սուսանն իմս է, դուք կարող եք կռվել, թշնամանալ, բայց Սուսանն ի՛մս է: Հա՛, Սուսանն իմս է, ով որ նրան իմ ձեռքից ուզենա խլել, ես նրան իմանո՞ւմ եք ինչ կանեմ, իմանո՞ւմ եք, ես նրա փորը ձկան փորի պես ջրրղ-ջրրղ կճղեմ: Տեսնում ե՞ք...

Մեջքի կողմից, չուխայի տակից Սեյրանը դուրս հանեց մի մերկ դաշույն, որ իսկույն պսպղաց ճրագի լույսից:

Հայրապետը թուլացավ, Բարխուդարը մնաց նույն դրության մեջ ինչպես առաջ:

— Ուրախացի՛ր, Հայրապետ, փառավորվիր, որ դրա պես տղա ունես, — ասաց նա, գդակը գլխին դնելով, որ դուրս գնա:

Սեյրանը մնաց անշարժ: Նա չէր սպասում, թե յուր սպառնալիքը այդպիսի անհաջող ազդեցություն կունենա Բարխուդարի վրա: Նա կարծում էր, թե վերջինը տեսնելով յուր հուսահատությունը, կվախենա և կզղջա:

— Սպասի՛ր, մի գնար, ես ի՞նչ եմ արել, ումի՞ տղից եմ վատ: Հը՞մ, ի՞նձ ես շառլատան ասում: Ես ի՞նչ մեղավոր եմ, ի՞նչ մի մեծ մեղք եմ գործել, մի քանի անգամ Սուսանին տեսնելով: Սիրտս ուզում էր, եկա, տեսա, դա ի՞նչ մեղք է, որ դրա պատճառով այդքան ինձ չարչարում եք: Հայրս ծեծել է ինձ ու փողոցները գցել, դու էլ, այդ հասակի մարդ, չես ամաչում, եկել ես ու ասում, «մեր բարեկամությունը էսօրվանից կտրվում է»: Ինչ ուզում ես արա, բայց Սուսանին իմ ձեռիցս մի խլիր, թե չէ՝ աստված է իմանում, որ այս խանչալը նրա էլ, իմ էլ սիրտը կմտնի:

— Քաշիր, ասում եմ քեզ, այ տավար, լակոտիդ կապը: Նախլաթ, նախլաթ, աչքերս արյուն է կոխում, հոգին քթի ծակերից դուրս կբերեմ:

— Աղա, կտրիր ձայնդ, դուրս եկ, կորիր, քեոփո... — գոռաց, վերջապես, Հայրապետը, հարձակվելով յուր որդու վրա և բռնելով նրա կոկորդից:

— Հեռացի՛ր, — հրեց ձախ ձեռքով յուր հոր կրծքին Սեյրանը: — Ո՛չ քեզանից եմ վախենում, ոչ էլ նրանից: Ի՞նչ եք ուզում ասել:

Հայրապետը կրկին մոտեցավ նրան և, այս անգամ բռնելով երկու ձեռներով նրա փեշերից, ասաց.

— Համեցեք, համեցեք, աղբեր, դուրս կորիր էլի, չեմ ուզում, դու իմ որդիս, դու իմ սոնկս չես, աղբեր, կորիր էլի, փի՛եե...

— Թո՛ղ, ես կռիվ չեմ անում, թող որ սրտիս ուզածն ասեմ...

Հայրապետը նրա բերանը սեղմեց մի ձեռով, իսկ մյուսով սկսեց նրա գլխին բռունցքներ տալ:

Ներս վազեց Մարիամ բաջին, ճչալով և գլխիկոր ընկավ յուր ամուսնու ու որդու մեջ: Սեյրանը մի հարված տվավ յար հոր կրծքին, ազատվեց նրա ձեռից ու դուրս փախավ, գոռալով.

— Կտոր-կտոր կանեմ ես այն մարդուն, որ կհամարձակվի Սուսանին խլել իմ ձեռքից:

— Պարծեցի՛ր, պարծեցիր, Հայրապետ, լավ տղա ունես: Մնաս բարով, — ասաց Բարխուդարը և գդակը դնելով դուրս եկավ:

— Քանդվե՜ց տունս, — բացականչեց Հայրապետը և թուլացած ընկավ մինդարի վրա:

XII

Բարխուդարի և Հայրապետի բարեկամության կապը կտրվեց: Երկու ընտանիքները, որ այդքան սիրում էին, որ այդքան ընտելացել էին իրարու, երկար տարիներ միասին ապրելով, անջատվեցին:

Գյուլնազը, ցերեկները մենակ նստած, մտաբերում էր այդ հին բարեկամությունը, մտաբերում էր և շատ անգամ լաց լինում: Բայց նա դեռ հույս ուներ, որ դարձյալ կարող է վերականգնել այդ բարեկամությունը: Նա կարծում էր, թե Բարխուդարը այդ արել է պատահած անցքերից հուզված լինելով, թարմ տպավորության ներքո, առանց մտածելու: Սակայն անցան շաբաթներ, անցավ մի ամիս, վերջապես երկու, երեք ամիս, և Գյուլնազը տեսավ, որ յուր ամուսինը չի կոտրվում: Վերջապես մի օր նա վճռեց համարձակորեն խոսել նրա հետ, մտաբերելով նրան յուր երդումը և Սուսանի ու Սեյրանի մասին տված հաստատ խոսքը: Այս խոսակցության հետևանքն այն եղավ, որ մյուս օրը Բարխուդարը վարձեց մի որմնադիր և պատվիրեց յուր տունը Հայրապետի տնից գավթի կողմից բաժանող պարսպի փլատակված մասը նորոգել: Այդ մի թշվառ օր էր, նամանավանդ Մարիամ բաջու և Գյուլնազի համար, որոնք իրանց ամուսիններից գաղտնի միանալով, երկար ու բարակ «ախ ու վախ» քաշեցին, արտասվեցին և հեռացան իրարուց:

Այս հանգամանքը, այսինքն պարսպի վերանորոգումը, կրկնապատկեց Սեյրանի հուսահատությունը: Նա, որ նույնպես Բարխուդարի կողմից սպասում էր կամավոր հաշտության, այժմ տեսնելով, որ ամեն ինչ վերջացած է, մնաց շվարած:

Ուրեմն Սուսանին ուժով նրանից խլեցին: Նա այլևս յուր սիրեցյալի երեսը չի տեսնելու: Բայց ի՛նչ է մտածում ինքը Սուսանը նրա մասին: Պետք է նրա հետ խոսել: Սակայն ի՞նչպես տեսնել նրան, ցերեկները դուրս չի գալիս, գիշերներն էլ նույնպես փակված է: Մի՞թե հավիտյան զրկվեց Սուսանից, մի՞թե այլևս չի՞ տեսնելու նրա գեղեցիկ դեմքը, չի՞ լսելու նրա քաղցր ձայնը: Ինչպե՞ս, ո՞վ է ասում: Չէ, հենց այս շաբաթ, հենց այս քանի օրերս Սեյրանը պիտի տեսնե նրան, պիտի իմանա նա էլ տանջվում է, թե չէ: Ախ, եթե Սուսանը նրան սիրում է, նա գիտե ինչ կանե: Ի՞նչ կանե: Եթե Բարխուդարը չկոտրվի, նա Սուսանին կփախցնի: Բայց ոչ, ոչ: Նախ հարկավոր է աշխատել, որ բանը խաղաղությամբ վերջանա:

Այս մտածմունքներով էր զբաղված Սեյրանի գլուխը նույն օրերը, երբ որմնադրի ձեռքի տակ չարագուշակ պարիսպն արագ-արագ բարձրանում էր: Սեյրանը հանգստություն չուներ, գիշեր ու ցերեկ մտածում էր Սուսանի մասին, մտաբերում էր այն երեկոն, երբ վերջին անգամ խոսելով Սուսանի հետ, համբուրեց նրան: Չարաբա՛խտ համբույր: Միթե դո՞ւ եղար պատճառ այդքան դժբախտությունների: Միթե՞ ինքը հիմա, Սեյրանը չէ միակ մեղավորը: Ի՞նչ էր ուզում նա Բարխուդարից, որ այդ մարդը այդ երեկոյից հետո հրավիրե՞ր նրան յուր մոտ, համբուրե՞ր ճակատից և ասեր. «ղոչաղ տղա, լավ ես անում, որ իմ աղջկան գիշերները համբուրում ես»: Ինչպես չէ, մի բան էլ ավելի: Ոչ, ոչ: Սեյրանը շատ վռազեց, չհամբերեց. ա՛խ անզգուշություն: Ի՞նչպես նա չկարողացավ առաջուց մտածել այդ ամենը. աչքերն արյուն էին կոխե՜լ: Դա բավական չէր, նա Բարխուդարի հետ էլ կոշտ վարվեց այն գիշեր: Ո՛վ գիտե, կարելի է, եթե նա մեջտեղ ընկած չլիներ, Բարխուդարը կփոշմաներ և էլի կշարունակեր իր բարեկամությունը:

Այսպիսի մտածմունքներով պաշարված, մի երեկո Սեյրանը իրանց բակում գլուխը կրծքին թեքած շրջում էր հետ ու առաջ: Նա մտածում էր, որ մի հնար գտնի այդ երեկո Սուսանի հետ տեսնվելու: Երկար, երկար նա պտտեց այս ու այն կողմ, վերջապես, կանգ առավ պատի տակ: Նրա աչքին ընկավ մի շարժական սանդուղք, որ ձգված էր պատի տակ: Սեյրանի գլխում մի միտք ծագեց: Մի քանի րոպե անշարժ կանգնեց, ինքն իրան կրկնելով. «անեմ թե չէ, անեմ թե չէ»: Ի՛նչ որ լինում է, թո՛ղ լինի, — ասաց վճռական եղանակով, մոտեցավ սանդուղքին, բարձրացրեց և զգուշությամբ պարսպի դեմ կանգնեցրեց: Կատվի արագությամբ նա բարձրացավ պարսպի գլուխը և սկսեց նայել դեպի Բարխուդարենց տունը: Դռները բաց էին, ճրագը վառ էր: Բարխուդարը մեջքը պատին տված, նստած, չիբուխ էր ծխում: Գյուլնազը նույնպես նրա դեմ ու դեմ նստած կար էր անում: Սմբատը և Սուսանը չէին երևում: — Երևի, նրանք քնած են, — մտածեց Սեյրանը, միևնույն ժամանակ Սուսանին որոնելով: Հանկարծ սենյակի դռների սյամի վրա նշմարվեց մի կանացի կերպարանք: Սեյրանի սիրտը թրթռաց: Նա իսկույն ճանաչեց Սուսանին:

Ինչպես է դեղնել, լղարել, երևի խեղճը հիվանդ է: Դուրս է գալիս, ձեռում ափսեներ կան, զնում է խոհանոց: Ի՞նչ անեմ, թռչեմ, առաջը կտրե՞մ: Բայց չէ, կվախենա: Ի՞նչ անեմ, էհ, ինչ որ լինելու է, թող լինի, էլ ուրիշ հարմար ժամանակ գուցե չունենամ:

Մի ակնթարթում Սեյրանը պարսպի գլխից թռավ Բարխուդարանց բակը: Պարիսպը բավական բարձր էր: Սեյրանի ընկնելու աղմուկը հասավ Սուսանի ականջներին, նա վախեցած գլուխը բարձրացրեց: Տեսնելով, որ մի մարդկային կերպարանք մոտենում է իրան, Սուսանը կամեցավ ներս փախչել, բայց Սեյրանը նրա ճամփան կտրեց:

— Սուսա՛ն, Սուսան, աղաչում եմ, սպանիր ինձ, գլուխս կտրիր, դեն գցիր, բայց երկու րոպե ինձ լսիր:

— Էլի դո՞ւ ես, Սեյրան, ի՞նչ ես ուզում, հեռացի՛ր:

— Չեմ կարող, ես կգժվեմ, չոլերը կընկնեմ, սիրտ տուր ինձ:

— Գնա՛, եթե ինձ սիրում ես, էլի դուրս կգան, — պատասխանեց Սուսանը, երկյուղից դողալով:

Սեյրանը բռնեց նրա ձախ ձեռը:

— Ինձ վռնդո՞ւմ ես, Սուսան:

— Սուսանը լեզու չունի, Սուսանը աչքեր չունի, Սուսանը այս աշխարհում չի, Սուսանը մեռել է, դե, ձեռ քաշիր, — պատասխանեց Սուսանը թույլ ձայնով:

Սեյրանը չհավատաց յուր ականջներին: Միթե՞, միթե՞ նա այս խոսքերը լսում է մի կենդանի արարածի բերանից, միթե՞ դա Սուսանն է կանգնած յուր առջև: Նրան թվում էր, թե այդ հուսահատական ձայնը խավարի միջից արձակում է մի ուրվական: Բայց ահա Սուսանը, ահա նրա ձեռը, որ սեղմած պահում է յուր ափերի մեջ Սեյրանը: Սուսանն աշխատում է դուրս խլել յուր ձեռը, Սեյրանը բաց չի թողնում. նա ավելի ու ավելի սեղմում է և փոքր առ փոքր մոտեցնում յուր շրթունքներին:

— Գիտեմ, որ քեզ շատ են չարչարել, Սուսան, ներիր ինձ, մեղավորը ես եմ: Մեղավորը ես եմ և եկել եմ քեզ ազատելու:

— Ազատելո՞ւ, հըը, Սուսանին աստված միայն կարող է ազատել այս աշխարհից:

— Չէ, ես քեզ կազատեմ, կփախցնեմ: Ես քեզ եմ սիրում, դու էլ ինձ: Այնպես չէ՞: Գնա՛նք ուրիշ քաղաք, Սուսան, գնա՛նք, փախչենք:

— Փախչե՞լ, բա՛ց թող ինձ, Սեյրան, դու գժվել ես:

— Չէ, խելքս գլխումս է, ես հասկանում եմ, ինչ եմ ասում: Դու ինձ խոսք տուր, ես հենց այս շաբաթ կփախցնեմ քեզ: Ես շատ ընկերներ ունեմ, նրանք ինձ կօգնեն:

— Տեսնում ես, որ Սուսանը մեռած է, ո՞րտեղ պիտի տանես նրան: Տես ի՛նչ օրն եմ ընկել:

Նրանք կանգնած էին խոհանոցի դռների առաջ: Ճարպի մոմը, որ վառվում էր ներսում, թույլ կերպով լուսավորեց Սուսանի դեմքը, երբ վերջինը երեսը շուռ տվավ դեպի խոհանոց, որպեսզի ցույց տա Սեյրանին յուր դեմքը: Սուսանը նիհարել էր, դեղնել: Նրա առաջվա բոցավառ այտերը հալվել էին, կաշին թուլացել էր ու տեղ-տեղ ծալծլվել: Նրա շրթունքները կապտել էին և սեղմվել, իսկ խոշոր աչքերի մեջ փայլում էր խորին հոգեկան տանջանք: Երբ Սեյրանը նրա երեսին նայեց՝ մարմնով անցավ մի սարսուռ: «Տեր աստված, տեր աստված, Սուսանը ձեռիցս դուրս է գալիս», անցավ նրա մտքով, բայց նա աշխատեց զսպել յուր երկյուղը:

— Գնա՛, գնա՛, Սեյրան, թող ինձ, որ ցավերովս խեղդվեմ ու մեռնեմ:

— Գնալով, իհարկե, կգնամ, քանի որ դու ինձ չես սիրում, էլ ինչո՞ւ պիտի մնամ, — պատասխանեց Սեյրանը դառնացած:

Տիրեց մի քանի վայրկյան խորհրդավոր լռություն:

— Սուսան, հենց միայն մի խոսք, մի խոսք ասա, ասա՛, որ դու ինձ չես սիրում, էլ այնուհետև ես գիտեմ:

— Աղաչում եմ, գնա՛, Սեյրան, հայրս դուրս կգա: Սուսանը անդադար նայում էր սենյակի դռներին:

— Գնա՛, մոռացի՛ր ինձ, Սեյրան:

— Ի՞նչ, մոռանամ: Հըմ, հասկացա, ուրեմն օրս լավ տեղ մթնացրի: Ուրեմն Սեյրանը քո աչքից այնքան ընկել է, որ դու փախցնում ես էլի: Լավ, Սուսան, ես կգնամ, բայց ի՛նչ որ ինձ պատահի, մեղքը քո վզին:

Այս ասելով, Սեյրանը դեմքը շուռ տվավ, որ հեռանա: Սուսանը բռնեց նրա թևից. նա իսկույն կանգ առավ: Կարծես, Սեյրանը հենց սպասում էր, որ Սասանը չի թույլ տա իրան հեռանալու:

— Լսի՛ր, Սեյրան: Տեսնում եմ, որ դու նեղանում ես ինձանից: Քանի որ այդպես է, թող կարճառոտ պատմեմ քեզ միտքս, դու կհասկանաս ինչու համար եմ ասում, որ դու ինձ մոռանաս: Գնա՛նք խոհանոց, այստեղ վտանգավոր է:

Սուսանը բռնեց Սեյրանի ձեռից և քաշեց ներս: Նա ափսեները գետնին դրավ, մազերը ուղղեց, և յուր նիհարած ձեռը դնելով Սեյրանի ուսին, սկսեց.

— Սեյրան, ես քեզ սիրում եմ, ուզում ես՝ հավատա, ուզում ես՝ մի հավատա, բայց ես քեզ սիրում եմ: Մտիկ արա ինձ, դա քո սերն է, որ ինձ այս օրն է գցել: Բայց ես պարտավոր եմ, որ քեզանից բաժանվեմ:

— Սիրում եմ, բայց պարտավոր եմ բաժանվել, — կրկնեց Մեյրանը դառը հեգնանքով:

— Համբերիր, լսիր մինչև վերջ: Գիտես, որ հայրս, եթե նրան սպանես, կախ տաս, քեզ աղջիկ տվող րի: Այդ դու պիտի լավ հասկանաս, եթե նրան ճանաչում ես: Գալով փախչելուն, դա մեր կողմից հիմարություն կլինի, որ ոչ դու ես կարող անել, ոչ էլ ես կանեմ: Մեր փախուստը անպատիվ կանի մեր ծնողների անունը, որ առանց այն էլ իմ պատճառով անպատված է: Ես չեմ ուզում, որ ինձ համար ծնողներս ամոթից սևերես մնան ուրիշների առաջ: Ես գիտեմ, որ հայրս հենց մեր փախչելու օրն իրան կախ կտա: Նա այդպիսի մարդ է. ես ճանաչում եմ նրան: Քյոխանց Բարխուդարը նամուսի գերի է: Թող ես չարչարվեմ, տանջվեմ, սառը գերեզմանը մտնեմ, այդ ինձ համար ավելի լավ է, քան թե հորս խայտառակությունը: Ճշմարիտ է, նա ինձ թակում է, աչքով աչք չունի ինձ տեսնելու, բայց ես սիրում եմ, որովհետև հայրս է: Գիտե՞ս, Մեյրան, ի՛նչ ասել է ծնողներ: Լա՛վ մտածիր, նրանք ինձ լույս աշխարհ են զցել, մեծացրել են, լավ թե վատ կրթել են, այս հասակին են հասցրել, վերջապես, նրանք ինձ սիրում են: Չե՞ս հավատում, որ սիրում են: Չէ, սիրում են և շատ են սիրում: Մեյրան, մտիկ արա՛ հորս երեսին, տես այս կարճ ժամանակի մեջ նա ինչպես է փոխվել, ծերացել, լղարել, փորը մեջքին է կպել, թշերը ներս են ընկել, աչքերը խորը փոսերի մեջ կորել, մեջքը երկու ղաթ ծովել: Դա իմ պատճառով է:

Այն օրից, երբ ձեզ հետ կտրել է բարեկամությունը, ոչ մի անգամ կուշտ փորով հաց չի կերել, ոչ մի անգամ մորս հետ կարգին չի խոսել: Օրը ախ ու վախով է անցկացնում, հանգստություն չունի, մարդու երես չի ուզում տեսնել, կարծում է, որ ով որ պատահի, պիտի իրա երեսին խոսի:

Գիշերները մի տեղ նստել չի կարողանում, չիբուխը բերնին, ծխում է ծխում մինչև կեսգիշեր, առանց խոսելու: Դե՛, հիմա դու ինքդ ասա՛, Մեյրան, բաս դա մեղք չէ՞ մեր կողմից:

— Իսկ մայրս, ախ աստված, ի՛նչ է մնացել նրանում: Խեղճ կնիկը հորս երեսին մտիկ անելով, մի կտոր մոմի պես հալվում է: Առաջվա այն զյոզալ կնիկը կուչ է եկել, պառավել է, հենց իմանաս, որ այս երեք ամիսը նրա համար երեսուն տարիներ են եղել: Մայրս քեզ սիրում է, Մեյրան, շատ է սիրում: Խեղճ կնիկ, նա շատ չարչարվեց, որ հորս կակղացնի, բայց չեղավ, չկարողացավ հորս ծռել: Ո՞վ կարող է ծռել Քյոխանց Բարխուդարին, երբ բանը նրա նամուսին է վերաբերում: Հիմա, տեսնելով, որ էլ ճար չկա, խեղճ կնիկը լռել է, ցավերը թաքցրել կրծքի տակ. այդ ցավերն այսօր մղմղ ուտում են նրան: Տեսնո՞ւմ ես, Սեյրան, տեսնո՞ւմ ես այս ամենը, հիմա ինքդ դատիր, ես ի՛նչ անեմ: Մտիկ եմ տալիս նրանց երեսին՝ ջիգարս է կտրատվում, սիրտս է մղկտում, չէ որ նրանց ցավերի պատճառը ես եմ: Չէ, Սեյրան, ինչ ուզում ես արա, բայց ես չեմ կարող նրանց այս հալումը թողնել ու քեզ հետ գալ, ինչ է, որ ես պիտի ուրախ ապրեմ: Թող ես չարչարվեմ, մեռնեմ, միայն թե ծնողներիս չսպանեմ:

Սուսանն ամբողջ ժամանակ խոսում էր թույլ, հանդարտ, բայց դողդոջուն ձայնով: Նրա շարժվածքի, արտասանության մեջ երևում էր ներքին դառն հոգեկան տառապանք: Երբ նա կանգ առավ, Սեյրանը յուր ձեռքն հեռացրեց նրանից, թեքեց գլուխը կրծքին և վշտալի ու հուսահատական եղանակով արտասանեց.

— Կորավ Սեյրանը, փչացավ, էլ ի՞նչ օրվա համար է ապրում, որ Սուսանը նրան չի սիրում:

— Սուսանր Սեյրանին չի՞ սիրում: Մտիկ տուր, Սեյրան, Սուսանի երեսին, մտիկ տուր ու հետո ասա: Տե՛ս, Սուսանը ի՛նչ օրն է ընկել ու մտածիր, ում պատճառով:

— Դու քո հոր նամուսը ինձանից շատ ես սիրում: Ես այդպես չէի իմանում, ես կարծում էի, որ քո աչքում այս աշխարհում Սեյրանից թանկ բան չկա, բայց, ինչպես տեսնում եմ, խաբված եմ եղել:

— Ես քեզ ամենը ասացի, Սեյրան, դու ինձ չես հավատում: Վնաս չունի, իմ մահը քեզ մի օր կհավատացնի:

— Ինչո՞ւ ես մեռնում, ապրի՛ր, փառք աստուծո, ի՞նչ կա, լսել եմ, որ քեզ համար նոր նշանած են ճարել և շուտով պիտի պսակեն, — ասաց Սեյրանը դառն հեգնությամբ:

— Ճշմարիտ է, բայց ոչ թե մենք ենք ճարել, ինքն է ճարվել: Ես չեմ էլ ճանաչում նա ով է, ի՛նչ մարդ է, բայց ես գլուխս քաշ արած պիտի նրան գնամ, պիտի ծնողներիս կամքին հնազանդվեմ:

— Պիտի գնամ, պիտի հնազանդվեմ, — կարողացավ միայն կրկնել Սեյրանը:

— Հա՛, Սեյրան, ես պիտի անպատճառ պսակվեմ: Դու գիտե՞ս, որ մեր անզգուշությունը սաղ քաղաքում խայտառակել է իմ անունը:

— Դրանով ի՞նչ ես ուզում ասել:

— Այն, որ ես մեկի վրա պիտի պսակվեմ, ծնողներիս և իմ անունից լվանամ այն կեղտը, որ իզուր տեղից կպցրել են ինձ չար լեզուները:

— Եվ ուրիշի՞ վրա պիտի պսակվե՞ս:

— Եթե քեզ վրա պսակվեմ, մարդիկ կասեն «կոտրված ամանը կոտրողին տվին, որ ինքը կոծկի»: Հասկանո՞ւմ ես, թե չէ: Ես կպսակվեմ ուրիշի վրա և երբ կհաստատվի, թե ես «կոտրած աման» չեմ, այնուհետև կանցնեն մի քանի ամիսներ, ամենաշատը մի տարի, դու ինձ կգտնես հողի տակ:

— Սիրտս, սիրտս հենց վկայում էր, որ դու ինձ չես սիրում, — կրկնեց Սեյրանը դառնագին, երկու ձեռներով յուր գլխին խփելով:

— Համբերի՛ր, կտեսնես:

— Համբերեմ, որ տեսնեմ, թե ինչպես իմ սիրածին ուրիշն է տանում, չէ, Սուսան, այդ տանջանքը ես տանել չեմ կարող:

— Դե հերիք է, Սեյրան, էլ ուրիշ ասելիք չունեմ: Մի բան եմ խնդրում քեզանից, Սեյրան, եթե ինձ սիրում ես, այսուհետև էլ ինձ վրա նամակներ չգրես: Այն օրվա քո նամակը իմ ձեռը չէր ընկել: Դու երեխայաբար պատուհանից էիր ներս գցել հենց այն ժամանակ, երբ հայրս պատուհանի առաջ կանգնած էր: Նա վերցրեց նամակդ և տվավ եղբորս կարդալու: Ես նրա մեջ գրված տողերի չափ հարվածներ ստացա: Դե, էլ այսուհետև չսխալվես: Ես առանց նամակի էլ գիտեմ քո դրությունը: Ե՛կ, մոտեցիր, վերջին անգամ մնաս բարով անենք:

Սուսանը ուժով թեքեց Սեյրանի գլուխը դեպի յուր կուրծքը և մի տաք համբույր դրոշմեց նրա ճակատին: Արտասուքի երկու խոշոր կաթիլներ, գլորվելով նրա վաղաթառամ երեսով, ընկան Սեյրանի այտերի վրա:

— Քարասի՛րտ աղջիկ, քանդեցի՛ր տունս, մնաս բարով, ի՛նչ որ ինձ պատահի, այսուհետև մեղքը քո վզին, — ասաց Սեյրանը, երեսը շուռ տվավ և խոհանոցից դուրս եկավ:

— Մի՛ նեղանար, համբերիր և կտեսնես, գնաս բարով, — պատասխանեց Սուսանը խեղդված ձայնով:

XIII

Վիրավորված սրտով, փշրված հույսերով Սեյրանը բաժանվելով Սուսանից, տուն չվերադարձավ: Նա դժվարությամբ բարձրացավ պարսպի վրա, ցած իջավ սանդուղքով դեպի իրանց բակը, սանդուղքը կրկին դրեց յուր առաջվա տեղը, դուրս եկավ փողոց:

Գիշերից բավական անցել էր, փողոցներում ոչ ոք չէր երևում : Սեյրանը քայլերն ուղղեց դեպի ներքին փողոցը: Նա գնում էր գլխակոր, թույլ ու անհաստատ քայլերով, անգիտակցաբար, առանց ինքն իրան հարցնելու, թե ո՛ւր է գնում և ինչո՛ւ է գնում:

Ուրեմն այդպես, Սուսանին նրա ձեռից խլում են և տալիս են Քյոչարանց Ռուստամին, այն «սև երես», «այբեժառ», «սատանայի կերպարանք ունեցող» Ռուստամին: Իսկ Սուսա՞նը: Նա էլ հոժար է գնալու, նա վախենում է Սեյրանի հետ փախչելուց: Դատարկ բան է, նա սուտ է ասում, թե յուր ծնողների նամուսն է պահում: Ո՛չ, նա չի սիրում Սեյրանին, չի սիրում. եթե սիրեր, ուրախությամբ ձեռը կտար նրան և կասեր. «ա՛ռ, տար ինձ, Սեյրան, ուր որ ուզում ես, ես քոնն եմ, ես ոչ ոքից չեմ վախենում»: Քի՛չ են պատահել այդպիսի բաներ, քիչ է պատահել, որ տղան աղջկան փախցնի նրա ծնողներից: Քարասիրտ աղջիկ, դու հոգի չունիս, սիրտ չունիս, չես իմանում, թե Սեյրանը ինչքան է չարչարվում քեզ համար: Չէ՛, եթե դու իմանայիր, այդպիսի պատասխան չէիր տալ: Դու կընկնեիր Սեյրանի գիրկը, լաց կլինեիր, արտասուքով կողողեիր նրա ձեռները, կաղաչեիր, կպաղատեիր, որ քեզ ազատի քո հոր ճանկերից: Ախ, Սուսան, Սուսան, այս ի՛նչ օրի հասցրիր Սեյրանին. ուրեմն դու մոռացա՞ր այն գիշերվա խոսքերդ. «Սեյրան, ես քեզ սիրում եմ և հավիտյան չեմ մոռանալ»: Որտե՞ղ մնաց քո այդ սերը, հիմա ինչո՞ւ Սեյրանի վիզը կտրեցիր և գիշերվա կիսին զցեցիր փողոցները:

— Ո՞ւր եմ գնում և ինչո՞ւ, խելքս կարծես տեղը չի, — արտասանեց հանկարծ Սեյրանը, ընդհատելով յուր մտածմունքները:

Նա փողոցի մեջտեղում կանգ առավ և նայեց յուր չորս կողմը: Ոչ ոք և ոչինչ չկար, բացի գիշերային խավարից: Մի քանի վայրկյան նա մնաց կանգնած, հետո դարձյալ շարունակեց յուր ճանապարհը: Ինչե՜ր է մտածում նա, հը՞մ, մի՞թե Սուսանը կարող է մոռանալ Սեյրանին, մի՞թե չի սիրում: «Հապա ինչո՞ւ է այդ օրն ընկել, այդպես լղարել, մաշվել»: Ո՞րտեղ է այն առաջվա Սուսանը: Նա չկա, նրա միայն կմախքն է մնացել: Ա՜խ, տեր աստված, ինչպես է փոխվել խեղճ աղջիկը այս երեք ամսվա մեջ: Աչքերը փոսերի մեջ են թաղվել ու պլռզվել, այն առաջվա կարմիր թշերը նարնջի պես դեղնել են, այն առողջ մարմինը հալվել է, փորը մեջքին է կպել, վիզը բարակել է: Չէ՛, չէ՛, Սեյրանը չարաչար սխալվում է, Սուսանը նրան սիրում է և սերն է, որ խեղճ աղջկան այդքան փոխել է: Բայց ի՞նչ սեր է այդ, որ չի կարողանում հաղթել ուրիշ մնացյալ զգացմունքներին, — ծնողական սիրուն. ինչո՞ւ Սուսանը այնքան կամքի ուժ չունի, որ ոտնակոխ անելով հասարակական կարծիքը, արհամարհելով ավանդական նախապաշարմունքները, ընկնի յուր սիրեկանի գիրկը և վայելի այն երջանիկ օրերը, որ շատ քիչ մահկանացուներին է վիճակված այս անցավոր աշխարհում: «Փախչե՞լ, փախցնե՞լ, հըմ ի՞նչ եմ ասում, ի՞նչ եմ դուրս տալիս, փախցնե՞լ: Մի հարցնող լինի, ո՞ւր կարող եմ ես նրան փախցնել և ինչպե՞ս: Ոչ փող ունիմ, ոչ էլ մի արհեստ գիտեմ, որ կարողանամ պահել թե՛ նրան և թե՛ ինձ: Ինչ անխելքություն, ինչո՞ւ ես արհեստ չսովորեցի, որ այսօրվա օրը ինձ հարկավոր է գալիս: Էհ, դրա մասին այժմ ուշ է մտածել»: Այո, ուշ է, ո՞ւր գնա այժմ Սեյրանը, տեր աստված, ի՛նչ անի, ո՞ւմը գանգատվի: Մի՞թե գնա հոր առաջ չոքի, մեղա գա, աղաչի, պաղատի, որ նա մի կերպ Բարխուդարի հետ հաշտվի: Հը՛ը, ի՞նչ կլսի Հայրապետը յուր որդու խոսքը: Ասենք թե, նրան խղճալով, լսեց էլ, մի՞թե խեղճ մարդը կարող է այսուհետև մի բան անել: «Առանց ինձ էլ, նա երեք ամիս է, որ ամեն կերպ աշխատում էր հաշտվելու: Բայց ի՞նչ արավ: Բարխուդա՜րը: Օօօ, Բարխուդարը գազան է, նրան մոտենալ չի կարելի, թեկուզ աշխարհը տակնուվրա լինի — նա յուր թքածը լիզող մարդ չի: Քանի պարիսպը չկար, Սեյրանը հույս ուներ, իսկ այժմ շինվեց այն և մինչև հավիտյան կմնա նրա ու Բարխուդարի մեջ, ինչպես մի անհաղթելի խոչընդոտ բարեկամության: Ի՞նչ, ի՞նչ ասաց, Բարխուդարը յուր ասածի մարդ է, թքածը լիզողը չի՞, հաստատ կամք ունի՞: Չէ, հապա ութ-ինը տարի սրանից առաջ նրա տված խոսքը: Այդ է մի՞թե նրա հաստատակամությունը, այդպե՞ս է կատարում նա յուր տված խոստումը: Պարծենկոտ մարդ, ինչո՞ւ մոռացար քո խոսքը, այդ մի՞թե անազնվություն չէ»:

Սեյրանը կրկին կանգ առավ և մի քանի վայրկյան նայեց յուր չորս կողմը: Հետո դարձյալ շարունակեց յուր ճանապարհը և կրկին սկսեց մտածել ու ինքն իրան խոսել. «Տեր աստված, տեր աստված, ինչե՞ր եմ դուրս տալիս, ո՞վ է Բարխուդարը, ի՞նչ եմ պահանջում ես նրանից: Չէ՞ որ նա հայր է, այն էլ հին, վաթսուն տարեկան մարդ. միթե՞ ես լինեի նրա տեղը, ուրիշ կերպ կվարվեի: Չեմ կարծում: Նա ասում է «նամուսս չի վերցնիլ, որ աղջիկս մի տղայի հետ գիշերները սովբաթ անի, մարդիկ թքով կհանեն աչքս»: Ճշմարիտ է, որ «մարդիկ թքով նրա աչքը կհանեն»: Մարդիկ, մարդիկ, դուք, օ՜օ՜օ, դուք պատրաստ եք ամեն մի վայրկյան, ամեն մի քայլափոխում մրոտել, ցեխ քսել ուրիշների երեսին և այդ ձեզ բավականություն է պատճառում: Ուրիշների կեղտոտությունը ձեզ ուրախություն է պատճառում, որովհետև քաջություն է տալիս ներողամտությամբ վերաբերվելու ձեր սեփական կեղտոտություններին: Բարխուդարը մինչև հիմա իրան ձեր կեղտից ազատ պահելու համար ձեզանից հեռու է ապրել, չի խառնվել ձեզ հետ, և դուք, այդ տեսնելով, իհարկե, նրա հպարտությունը տանել չէիք կարող: Դուք գիշեր ու ցերեկ մտածում էիք, թե ինչպես անեք, որ մի արատ գտնեք նրա կյանքում, որպեսզի նրան ձեզ հետ հավասարացնեք: Աշխատեցիք և ձեզ հաջողվեց գտնելու: Դուք լուն ուղտ շինեցիք: Բայց, տեր աստված, ո՞վ, ո՞վ...»:

Սեյրանը այստեղ հանկարծ երկու ձեռներով մի հարված տվավ գլխին և մնաց մեխված փողոցի մեջտեղում: Կար մի կետ, մի նշանավոր խնդիր, որի մասին նա մինչև այդ ժամանակ չէր մտածել և չէր էլ հիշում մինչև անգամ: Բայց ահա նույն վայրկյանին, երբ նա անիծում էր մարդկանց, նույն վայրկյանին այդ խնդիրը ծագեց նրա գլխում: Սեյրանը սկսեց ուժ տալ յուր հիշողության մի ինչ-որ բան մտաբերելու: Մի քանի րոպե մնաց այդ դրության մեջ: Ստեպ-ստեպ նա գլուխը բարձրացնում էր և, ձեռները օդի մեջ տարածելով, կրկնում, «ո՞վ, ո՞վ լինի, ո՞վ լինի»: Հանկարծ նա ձեռները կրկին խփեց գլխին և սկսեց ինքն իրան խոսել այնքան բարձր ձայնով, որ եթե մեկը քսան քայլ նրանից հեռու լիներ կանգնած, հեշտությամբ կարող էր լսել և հասկանալ նրա խոսածը:

«Վա՜յ իմ գլխին, ինչո՞ւ եմ ապրում, էլ ինչ երեսով եմ ուրիշներին մեղադրում, քանի որ ես անպիտան եմ և միակ մեղավորը, — ասում էր նա, գլխի մազերը փետտելով և շրթունքները կրծոտելով: Լեզու, քեզ ստեղծողին ինչ ասեմ, պիտի չորանայիր, տակիան լինեիր ինչպես մի փայտի կտոր, որ այն օրը ջահելների մեջ չխոսեիր. Սեյրան, աստված քո բողազդ կապեր, որ այն սևացած օրը, սրանից երեք ամիս առաջ, ընկերներիդ հետ քեֆ անելիս, այն լեղին չլակեիր: Ինչ արի ես, ինչ արի, իմ ձեռքով տունս քանդեցի: Կե՛ր, կե՛ր, Սեյրան, հախդ է... բայց, տեր աստված, ախար չէ՞ որ ես ուրիշ կերպ եմ ասել, չէ՞ որ ես միայն ասացի. «շուտով ես էլ եմ պսակվելու Քյոխանց Բարխուդարի աղջկա հետ»: Էհ, հերիք էր, հերիք էր, չար լեզուների համար հենց այսքանն էլ բավական էր, ճոթը տվի նրանց ձեռը, և ահա նրանք մի մեծ կծիկ են փաթաթել: Ի՞նչ անեմ հիմա, ի՞նչ կարող եմ անել: Ոչինչ, ուշ է, անցյալը չի կարելի հետ բերել...»:

Սեյրանը շվարված հայացքը խավարի մեջ ձգեց յուր չորս կողմ: Նա բավական հեռացել էր իրանց արվարձանից և այժմ գտնվում էր ներքին փողոցներից մեկի ծայրում, ուր քաղաքի հին եկեղեցին էր գտնվում: Այստեղ ոչ ոք չկար. նա մոտեցավ պատին, մի բավական մեծ քար շուռ տվավ և նստեց նրա վրա:

Պարզ երկնքում աստղերը փայլում էին: Սեյրանը բարձրացրեց յուր գլուխը և սկսեց նայել երկնքին: Ինչե՛ր էին անցնում այս րոպեին նրա գլխով: Բուռն զգացմունքների ճնշման ներքո նրա միտքը երերում էր, ինչպես մի փոքրիկ մակույկ լայնատարած ծովի ալիքների մեջ: Ծնողներից անարգված, սիրելիից մերժված պատանին այնքան վշտացած էր կյանքից, որ նա յուր գոյության համար չէր տեսնում ոչ մի հենարան: Մի ահագին ծանրություն ճնշում էր նրա սիրտը, և նա ուժ էր անում ազատվելու այդ ծանրությունից, բայց իզուր: Որպեսզի գեթ մի քանի րոպե փարատի յուր դառն մտածմունքները, Սեյրանը սկսեց երգել մի ինչ-որ ժողովրդական երգ: Նա սկսեց ուրախ երգ, բայց մի քանի բառեր չարտասանած, եղանակը փոխվեց, և թույլ ու հազիվ լսելի ձայնով սկսեց մտմտալ խիստ տխուր մի եղանակ: Մի քանի րոպե մտմտալուց հետո նա ճակատը սեղմեց երկու ձեռներով և հայացքը բևեռեց գետնին:

— Չէ, չէ, ո՞վ է ասում, որ ես կորած, փչացած եմ, — արտասանեց Սեյրանը, հանկարծ ձեռները ճակատից հեռացնելով: — Սուտ է, ես դեռ կենդանի եմ, ո՛վ է ասում, թե Սուսանը ձեռիցս դուրս եկավ, այդ էլ սուտ է: Կտանջվեմ, կչարչարվեմ, ոտաբաց, գլխաբաց չոլերը կընկնեմ, բայց չեմ թողնի, որ իմ սիրականին իմ ձեռքից խլեն, և նա էլ ո՛վ, հըմ. Քյոչարանց Ռուստամը: Հողը գլխիդ, Սեյրան, բաս դու մարդ չե՛ս, բաս քո նամուսը շները կերել են...

Նա կրկին գլուխը բարձրացրեց, նայեց այս կողմ, այն կողմ և կրկին ձեռը դրավ ճակատին:

— Գլուխս, կարծես, տաք ջրի մեջ խաշվում է, ճակատիս թելերը տրաքվում են: Ինչպես եմ դողում, այդ ինչի՞ցն է, տեր աստված: Ցուրտ էլ չի, որ ասեմ, թե մրսում եմ: Ճակատս, ճակատս այրվում է: Իսկ սիրտս, օօօ՛, նա մորթված ծտի պես թրթռում է, կարծես, ուժ է անում, որ դուրս գա կրծքիս տակից:

Նա ձեռը դրավ ձախ կողքին:

Զարմանալի բան, հենց միևնույն երեկո, երբ Սեյրանը Սուսանի հետ ուրախ-ուրախ խոսում էր, էլի թրթռում էր նրա սիրտը: Ինչո՞ւ, այն ժամանակ հո այս ցավերը չուներ: Բայց ոչ, այն ժամանակվա թրթռոցն ուրիշ էր և այսպես չէր թրթռում, չէր նեղացնում, տանջում նրա հոգին, ինչպես այժմ: Ո՛չ, այն ժամանակ նրա համար քաղցր, դուրեկան էր այս թրթռոցը, իսկ հիմա... օօ՛օ... կարծես թե միևնույն սիրտը չէ:

Սեյրանը նայեց երկնքին: Երկինքն էլ, աստղերն էլ, ամենն էլ փոխվել են նրա աչքում: Ախ, ինչպես այն երեկո ուրախ-ուրախ ծիծաղում էին նրա երեսին այս աստղերը, իսկ հիմա որքան թթված դեմքով են նայում նրա վրա: Մի՞թե նրանք էլ ծաղրում են Սեյրանին:

Խավարի միջից մի թույլ ձայն հասավ Սեյրանի ականջներին, և նրա մտածմունքները փարատեց: Փողոցի մյուս անկյունից էր լսվում այն ձայնը: Այդ թառի մեղմ հնչյուններ էին, որոնք պարսկական երգչի հանդարտ կլկլոցների հետ խավար մթնոլորտի մեջ տարածվելով, հասնում էին Սեյրանին: Որտե՛ղ է այդ ուրախությունը, ի՞նչպիսի բան է: Որտեղ որ է, թառը մոտ տեղումն են ածում, բայց ձայնը, կարծես, խեղդված է և գետնի տակից է դուրս գալիս:

Սեյրանը բարձրացավ տեղից և դիմեց դեպի այն կողմ, որտեղից գալիս էր երաժշտության ձայնը: Այս ու այն կողմ նայելով, նա հասավ փողոցի հանդիպակաց անկյունը: Այստեղ նրա հայացքը ընկավ դեմուդեմ շինության ներքին հարկում գտնվող մի ցած նկուղի վրա: Սեյրանը նկատեց, որ նկուղի փոքրիկ պատուհանից դուրս են թափվում աղոտ լուսո ճառագայթներ: Սա գինետուն էր, անշուշտ երաժշտության ձայնը այստեղից էր դուրս գալիս: Իրավ որ, նա որքան մոտենում էր գինետան, այնքան երաժշտության ձայնը զորեղանում էր: Վերջապես Սեյրանը բոլորովին մոտեցավ և կռացած սկսեց զգուշությամբ պատուհանից դեպի ներս նայել: Այս միջոցին երաժշտությունը դադարեց: Բարձրացավ գոռում, գոչում, աղաղակ:

— Աղա հուռռա՛:

— Աղա հուռռա, հափ-հափ...

— Կոճերի կենացը:

— Կոնծեցե՛ք:

— Թամրազ, մի բաժակ էլ էն Մաղրասի գինուց ածի: Հափ-հափ հուռ...

— Խամուշ, խոսքը թամադինն է:

Մի քանի վայրկյան աղմուկը դադարեց: Սեյրանը պատուհանից նկատեց, որ ներսում սեղանի շուրջը նստած երիտասարդներից մեկը բարձրացավ ոտքի վրա, մի բաժակ գինի ձեռում պահած:

— Թամադան է, տեսնենք ի՞նչ է խոսելու, — մտածեց Սեյրանը և ականջը սեղմեց պատուհանի ճեղքին:

— Տղերք, ես մեռնեմ լոթիանա, էս թասն էլ խմենք մեր էն ջահիլի կենացը, որը ինքն էստեղ չի, ամա սիրտը էստեղ է, հափ-հափ:

— Սուս, աղա թամադա, ամոթ չիլի հարցնիլը, էդ ի՞նչ ջահիլ է:

— Կուժ ծախողի տղան:

— Սեյրանը՞:

— Հա:

— Ես էնենց նամարդ, բենամուս ջահիլի կենացը չեմ խմիլ, որ սապունած թոկ էլ զցես վզովս:

— Պատճա՞ռը:

— Պատճառը, որ նա մեր անունը խայտառակեց:

— Ինչո՞վ խայտառակեց:

— Հարսնացվին ձեռքից առնում են, հայասզի պես աչքերը բաց, սուս է արել:

— Ես էլ ասեմ ինչ է ասում, կոնծի՛ր, այ բոշբողազ աա՛, հըմ, կթողնենք իսկի մեր ընկերոջ ձեռքից աղջիկ առնե՞ն, Սեյրանի կենացը, հափ-հափ, հուռռա՛:

— Աղա հուռռա՛, — կրկնեցին բոլոր հանդիսականները, բարձրացնելով մի խառն աղմուկ:

Երաժշտությունը կրկին սկսվեց:

Սեյրանը հեռացավ պատուհանից, դիմեց գինետան դռներին և սկսեց ծեծել դռները:

Մի րոպեից հետո դռները բացվեցին, և նա անմիջապես ներս մտավ:

XIV

Մինչ Սեյրանը յուր մտածմունքների մեջ գիշերվա կեսին թափառում էր փողոցներում, Սուսանը ևս մտածում էր: Բաժանվելով Սեյրանից, նա մոտեցավ օջախին, ուր կաթսայի մեջ եռում էր ջուրը, որով նա պիտի ափսեները լվանար: Նա կաթսան վերցրեց, դրավ գետնին և, նրա մոտ սփռելով մի ոչխարի մորթի, նստեց ու սկսեց յուր գործը:

«Նա չի հավատում, որ ես նրան սիրում եմ, — մտածում էր Սուսանը, ափսեները մի առ մի թողնելով ջրի մեջ: — Չի հավատում, որ այսպես հալվելուս, մաշվելուս, այսքան տանջանքիս պատճառը ինքն է և միայն ինքը»: Սուսանը մի խոր հառաչանք արձակեց կրծքից, հիշելով, թե ինչպես Սեյրանը նեղացած, դառնացած բաժանվեց իրանից: Ո՞վ գիտե, նա դուրս եկավ, ո՛ւր գնաց. ո՛վ գիտե, յուր անբախտ գլուխը ո՞ւր կտանի: «Ախ աստված, ախ աստված, քո ձեռով կապել ես, քո ձեռով էլ բաժանում ես մեզ», ասաց Սուսանը, նայելով խոհանոցի սևացած առաստաղին: Ինչո՞ւ, ի՞նչ մեղք են արել, որ աստված այդքան բարկացել է իրանց վրա և այսպես պատժում է: «էհ, մեռնեմ քո սուրբ զորությունին, ինչ անեմ, թող քո կամքը լինի, դու ուզում ես մեզ չարչարել և չարչարում ես: Ինքդ մեզ ստեղծել, այս աշխարհին ես գցել, մեր կրծքի տակ սիրտ ես դրել, որ այդ սիրտը այսօր մեզ մըղ-մըղ ուտի, այ, ինչպես այն որդն է ուտում փտած, սևացած կոճը ներսից»:

Սուսանը աջ ձեռը բարձրացրեց դեպի խոհանոցի առաստաղը, որտեղից լսվում էր որդի կըչկըչալու ձայնը:

«Ուֆ, ուֆ, սիրտդ մաշվի, դու էլ մի կողմից ես մաշում ինձ,

ձայնդ կտրիր: Կրակ է եղել մինչև օրս ինձ համար այս մի կտոր միսը: Այն օրից, երբ ես ինքս ինձ ճանաչել եմ, չի պատահել, որ մի անգամ ուրախ լինեի: Տխուր էի այն օրերն էլ, երբ Սեյրանը ձեռքիցս չէր դուրս եկել, տխուր էի այն գիշերն էլ, երբ մեր պատշգամբի վրա խոսում էինք: Ես հենց առաջուց գիտեի, որ այսպես պիտի վերջանա մեր բանը. իմ սիրտն էր ասում այդ»:

Օջախի մեջ այրվում էին չորացած փայտի կտորտանքը, իրանց պղնձագույն և մռայլ լուսով օգնելով ճրագի աղոտ լուսավորության: Սուսանը նստած էր ուղիղ օջախի դիմացը: Կրակի լուսավորությունից նրա մաշված դեմքը ստացել էր ավելի վշտալի, ավելի մելամաղձոտ տեսք: Նրա ցամաքած շրթունքների վրա խաղում էր մի դառն ժպիտ, մի ժպիտ, որ արտահայտում էր ջախջախված սրտի սուր կսկիծը:

— Մեղա քեզ, տեր աստված, մեղա քեզ, — ասաց Սուսանը, երեսը խաչակնքելով, — մտքովս տեսակ-տեսակ բաներ են անցնում, վախենում եմ, որ դու կպատժես ինձ:

Երբ նա ուսումնարանումն էր, մի օր կույսը խոսելով աշխարհի ստեղծագործության մասին, ասաց, թե աստված նախ քան մարդուն ստեղծելը, աշխարհին է ստեղծել ու պատրաստել նրա համար: Հետո մարդուն ստեղծելով, ասել է նրանց. «Ադամ ու Եվա, էս ամենը, որ տեսնում եք, ծով ու ցամաք, կենդանիներ ու թռչուններ, բոլորը-բոլորը ձերն է: Դուք եք նրանց տերն ու թագավորը, հրամայեցեք ու նրանք ձեզ կհնազանդվեն»: Եթե էդպես է, եթե կույսի ասածը ճշմարիտ է, ինչու աստված մի բան խնայել է մարդուց, ինչու նա չի ասել «մարդ, քո սիրտն էլ քոնն է. նրան էլ կարող ես հրամայել ու նա էլ քեզ կհնազանդվի»: Ահ, եթե աստված այդ էլ ասեր, մարդը այսօրվա պես այսքան չէր տանջվիլ ու այսքան մեղքեր չէր գործիլ: Ասում են թե խելոք մարդիկ իրանց սրտի ձայնը չեն լսում, ամեն բան խելքով են անում, երանի այդպիսիներին: Սուսանի խելքն ասում է. «ախչի, օրես դենը Սեյրանին չպիտի սիրես, որովհետև քո հոր նամուսն այդպես է ուզում», խելքն ասում է, բայց սիրտը հակառակում է: Ինչո՞ւ, ինչո՞ւ, ինչո՞ւ:

Չկարողանալով իր հարցին պատասխանել, Սուսանը մի ձեռում ափսեն, մյուս ձեռում սրբիչը, ձգեց յուր հայացքը օջախի կրակի վրա, որ չրթչրթալով շարունակում էր այրվել: Մոտ մի րոպե նա այդ դրության մեջ անթարթ աչքերով նայում էր կրակին:

Հետո, նա կրծքի վրա թափված թանձր մազերը հետ ձգելով, շարունակեց սրբել ափսեները:

— Չէ, չէ, ինչքան որ միտք եմ անում, էլի իմ ասածն է դուրս գալիս: Վերցնենք հենց հորս, նա հո հիմար չի, նա հո յուր ասածի վրա հաստատ մնացող մարդ է, բայց տեսնում եմ, նա էլ ինչ որ անում է, էլի խելքով չի անում, սրտով է անում: Ասում է թե «նամուսիս համար եմ կտրել իմ բարեկամությունը Հայրապետանց հետ»: Մի հարցնող լինի, ի՞նչ ասել է նամուս: Իմ կարճ խելքովս ես հասկանում եմ, որ նամուսը մարդուս սիրտն է: Չէ՞: Հա՛, հայրս ասում է «սիրտս մղկտում է, երբ լսում եմ, թե քաղաքում ինձ վրա բաներ են խոսում»: Սիրտս, սիրտս, սիրտս, ամենքն էլ իրանց սրտի վրա են զգում իրանց ցավերի պատճառը: Հայրս ասում է. «ես իմանում եմ, որ ինչ որ աղջկաս վրա խոսում են, սուտ է, բայց էլի ամոթից կարմրում եմ, երբ որ լսում եմ»: Ինչո՞ւ է կարմրում, եթե չի հավատում: — Որովհետև սրտին դուր չի գալիս: Այո, հայրս էլ, նրա պես մարդն էլ չի կարողանում իրա սրտին տիրանալ և այսօր ինքն էլ է տանջվում ու մեզ էլ է տանջում: Չէ՛, ամեն բան մարդու սրտիցն է կախված: Մեղա քեզ, աստված, մեղա քեզ, աստված, մեզ շատ իրավունքներ ես տվել, բայց մեր սրտի իրավունքը ձեռումդ ես պահում: Լավ, թո՛ղ քո կամքը լինի: Ես գիտեմ, որ ինչքան էլ ուզենամ Սեյրանին մոռանալ, չեմ կարող: Մի անգամ որ նա մտել է սիրտս, մեկ էլ այնտեղից դուրս կգա հոգուս հետ:

Սուսանը կուռը բարձրացրեց և արխալուղի թևով սրբեց արցունքը:

— Ինչ ուզում ես արա, աստված, քո կամքը սուրբ է, բայց մի բան եմ խնդրում, խնայիր ինձ, և իմ ծնողներիս և այս խնդիրս կատարիր: Դու ինձ այնքան ուժ տուր, որ կարողանամ ապրել մինչև այն ժամանակ, որ ինձ պսակեն Ռուստամի կամ մի ուրիշի հետ, հետո մի քանի ամիս էլ ապրեմ, որ իմ ծնողներիս և իմ անունից ջնջեմ իզուր տեղը կպած կեղտը: Այնուհետև ես ինքս հոժար կամքովս իմ հոգին քեզ կտամ, ինչու որ ես առանց Սեյրանի ապրողը չեմ: Սեյրանիս համար էլ խնդրում եմ, աստված, որ նրա սրտից ինձ դուրս բերես ու խեղճ տղին չփչացնես:

Սուսանը բարձրացավ տեղից, ափսեները մաքրեց, չորացրեց և հավաքելով միատեղ, դուրս եկավ խոհանոցից: Դեռ սենյակի դռներին չհասած, նրա ականջին հասավ ծնողների խոսակցության ձայնը:

Երկար ժամանակ էր, որ Բարխուդարը չէր խոսում Գյուլնազի հետ: Սուսանը շատ զարմացավ, լսելով նրա խոսակցությունը և խիստ հետաքրքրվեց իմանալու, թե ինչի մասին են խոսում, չկամենալով միևնույն ժամանակ խանգարել ծնողներին:

Նա ափսեները դրավ մի կողմ, իսկ ինքը թաքնվելով բաց դռներից մեկի հետևում, սկսեց ուշադրությամբ լսել:

— Տասն անգամ ասել եմ, հիմա վերջին անգամն եմ ասում, ա՛յ կնիկ, որ ես արածս քեզանից լավ եմ հասկանում, — ասում էր Բարխուդարը ծանր և ամեն մի բառն առանձին շեշտելով: — Իմ խելքը քամին չի տարել, որ աչքերս բաց-բաց ինքս ինձ ավելի խայտառակեմ: Ի՞նչ կասեն լռողներն ու տեսնողները, քեզ եմ հարցնում, եթե աղջիկս Հայրապետի տղի վրա պսակեմ: Չե՞ն ասիլ, որ էդ մարդու աղջիկը մի կտոր կեղտոտ շոր էր, տվին կեղտոտողին, որ ինքը լվանա: Կասեն ու մի բան էլ կավելացնեն: Դու ճանաչում ես մեր քաղաքացիներին, գիտես, որ նրանք ինչքան են սիրում ոտների տակ կոխոտել էն մարդուն, որ մի անգամ սլկվել ու ցեխի մեջ է ընկել: Խելքի, եկ, թո՛ղ մեր երեսի աբուռը մի կերպ պահենք:

Վերջին խոսքերը արտասանելու ժամանակ Բարխուդարը ձայնը իջեցրեց, չնայելով որ սենյակում բացի Գյուլնազից ոչ ոք չկար, որովհետև Սմբատը խանութի աշակերտի հետ մյուս սենյակում քնած էին:

Լսելով յուր հոր վերջին խոսքերը, Սուսանի ամբողջ մարմնով մի դող անցավ:

— Մեռի՛ր, տափը մտի՛ր, Սուսան, էլ ի՛նչ երեսով ես ապրում, տե՛ս որքան ընկել ես հորդ աչքում: Տեր աստված, տեր աստված, միայն քե՛զ է հայտնի իմ անմեղությունը, և դու հախը նահախին չես տալ:

— Վիզս կկտրեմ, գլուխս շների առաջ կգցեմ , թե որ աղջիկս էս ճրագի լույսի պես իստակ չլինի: Հավատացիր, հաբխուդար, որ Սուսանս անմեղ է հրեշտակի պես, — պատասխանեց Գյուլնազը նույնպես հազիվ լսելի ձայնով:

— Հավատում եմ, բայց գնա դու քաղաքին էլ հավատացրու: Երկու ձեռներ ունիմ, երկուսի բերանը կկապեմ, բաս մնացածինը:

— Հապա ինչպե՞ս կապենք, Բարխուդար, չար լեզուները, որ մեր երեխային տանջանքներից ազատենք:

— Ես մի անգամ ասել եմ, պրծել:

— Որ պիտի Քյոչարանց Ռուստամին տա՞նք:

— Թե նա էլ չեղավ, մի ուրիշին:

— Բարխուդար, պարզն եմ ասում, Սուսանս Մեյրանին է սիրում, նա ուրիշի հետ ապրել չի կարող:

— Աղա՛, ջառ ու ջհաննամը որ սիրում է, ես էլ իմ պատիվս եմ սիրում: Թո՛ղ տասը Մեյրան-Սուսաններ փչանան, միայն թե անունս կեղտից սրբվի:

Տիրեց լռություն:

Սուսանը դռան ճեղքից ներս նայեց: Գյուլնազը արտասվում էր: Վերջին երեք ամիսները նա մի անգամ էլ չէր արտասվել, չնայելով իր դառն վշտերին: Աղի արցունքները բուռն զորությամբ միանգամից դուրս թափվելով նրա խորը թաղված աչքերից, կարկտի պես գլորվում էին նիհար ու մաշված երեսով:

Բարխուդարը չէր արտասվում: Բեղերը ոլորելով և երբեմն կրծոտելով, նա մոլոր հայացքով սենյակի կոճերին էր նայում:

— Մայրս լաց է լինում, հայրս ո՛չ, — մտածեց Սուսանը: — Բայց ի՞նչպես հայրս սփրթնել է, ինչպես նրա պռոշները կապույտ կապտել են: Օօ՛օ՛, քեզ պես մարդն արտասվել չգիտե, քո բնավորությունից հեռու է սրտի վշտերը արտասուքով արտահայտելը: Դու քո արցունքները բաց ես թողնում ներս, սրտիդ մեջ, որ ավելի բորբոքեն ցավերդ: Օօ՛օ, ես իմանում եմ, դու մորիցս շատ ես տանջվում, այդ երևում է քո վառված աչքերից: Խե՛ղճ մարդ, ինչո՛ւ ես քո օրը սևացնում: Տեր աստված, մի հնար ցույց տուր, որ ես իմ ծնողներին ազատեմ այդ տանջանքից: Եկ, ներս վազեմ, ընկնեմ հորս առաջ, արտասվեմ, ներողություն խնդրեմ, ամեն բան նորից պատմեմ, ասեմ... ասեմ սխալվել եմ, հայր, բաշխիր: Բայց օօօ՛, ի՛նչպես ասեմ, ինչպես երեսս կպատի նրա առաջ այսպես խոսելու և ինչ մեղք ունիմ: — Չէ, ավելի լավն է, ես հենց վաղը առավոտը մորս հետ առանձին կխոսեմ: Ես մորս կհավատացնեմ, որ Մեյրանին չեմ սիրում, թե ուզում եմ ուրիշին գնալ: Այդ ամենից լավն է, խեղճ կնիկը կհանգստանա, էլ չի չարչարվիլ:

— Լսի՛ր, ինչ եմ ասում, — ընդհատեց լռությունը Բարխուդարը, — լաց լինելով բան չես կարող առաջացնել, լավն է մեր գլխի հոգսը խելքով տեսնենք: Բանը վաղ թե ուշ պիտի վերջացնենք: Շըպպանիկ է, ինչ զահրումար է, որ ասում ես շաբաթը հինգ անգամ գլխիդ է գալիս Ռուստամի կողմից, էգուց կամ մյուս օրը թե որ մեկ էլ եկավ, սաա՛, որ ես դաբուլ եմ Սուսանին տալու:

— Ռուստամի՞ն:

— Հա, հենց Ռուստամին: Թե որ ուզում են, թող հենց էս քանի օրերը նշանը բերեն, վերջացնենք: էլ երկարացնելու տեղը չի, դու էլ խելքդ գլուխդ հավաքիր, ֆիքր արա, տե՛ս հարսանիքի համար ինչ որ հարկավոր է առնեմ բազարից: Լսեցի՞ր: Դա վերջին խոսքս է:

— Շըպպանիկը երկու շաբաթ է, որ ոտը մեր տնից կտրել է, — պատասխանեց Գյուլնազը, աչքերը սրբելով:

— Պատճառը՞:

— Հալբաթ Ռուստամի մոր ականջն էլ լցրել են էլի:

— Հըըմ:

— Հապա՛, տեսնում ե՞ս մեր բանը որտեղ է: Դեհ, ես էլ հենց էդ պատճառով եմ ասում, որ Սեյրանին տո՛ւր, Սեյրանին տո՛ւր էլի...

Բարխուդարը լռեց, գլուխը թեքեց կրծքին: Նա մի քանի վայրկյան գլուխը պահեց ձեռքերի ափերի մեջ և կրկին բարձրացրեց:

— Դու էգուց Շըպպանիկին կանչել տուր, ես նրա հետ կխոսեմ:

— Բարխուդար, լավ բան չես անում:

— Եթե գլուխդ սիրում ես, սո՛ւս արա, թե չէ...

— Փառք քեզ, աստված, — հառաչեց Գյուլնազը:

— Դու ինձ կոտրել չես կարող, բանը վճռված վերջացած է: Լավ իմացիր, հրես, ասում եմ. գյուլլախորով կանեմ ամենքին:

— Բարխուդա՛ր...

— Կտրի՛ր ձայնդ, հայասըզ, արյունս գլխովս է տալիս:

Գյուլնազը թաշկինակը դեպի աչքերը տարավ և սկսեց հեկեկալ:

Սուսանը ներս մտավ:

XV

Առավոտ էր: Արեգակը նոր-նոր — դուրս գալով շրջակա փոքրիկ սարի հետևից, վսեմաբար բարձրանում էր, շառագունելով հորիզոնը: Նրա ծիրանագույն լույսն ընկնելով քաղաքը հակառակ կողմում գտնվող ավելի բարձր սարերի վրա, հանդարտությամբ ցած է իջնում գագաթներից, հետզհետե փոխելով յուր գույնը և ավելի ու ավելի պարզվելով: Ահա վերջապես նա հասավ սարերի ստորոտը, որի մակերեսը հավասար է հայոց և ռուսաց նորաշեն եկեղեցիների գմբեթներին: Ահա գմբեթների ոսկեզօծ խաչերը արեգակի ճառագայթների տակ փայլում են նույն արեգակի նման:

Քաղաքի բնակիչները քնից զարթնել են և շտապում են իրանց գործին: Փողոցները փոքր առ փոքր կենդանություն են ստանում: Գյուղացիները բեռնած էշերը իրանց առաջ զցած, քշում են փողոցից փողոց: Դրանք մրգավաճառներ են, որոնք անդադար գոչում են բարձրաձայն «ա՛յ զողալ (հոն) առնող, մանը երկու շահի, այ խիար (վարունգ) առնող, հարյուրը մի աբասի» և այլն, և այլն: Գյուղացիների ձայնին հետևում է քաղաքի մրգավաճառի ձայնը, որը ահա սև թուզով լցված մի ահագին տաշտ գլխին անցնում է, ստեպ-ստեպ կրկնելով. «սաբահիիի, այ լարա ինջիր»: Երբեմն-երբեմն բացվում են այս ու այն տան դռները և մի կին կամ մի օրիորդ շալով փաթաթած գլուխը դուրս է ցցում: Նախ և առաջ նա նայում է աջուձախ և տեսնելով, որ օտար մարդ չկա փողոցում, մի պղնձյա սկուտեղ ձեռում դուրս է գալիս փողոց: Շալի տակից նա ձեռով նշան է անում մրգավաճառին: Մրգավաճառը մոտենում է, մի քանի րոպե շարունակվում է սակարկությունը. վերջապես, գնողը մի քանի սև փողեր ձգելով մրգավաճառի առաջ, միրգ է կշռել տալիս, սկուտեղը լցնում և շտապով ներս սլկվում: Ահա արհամարհական ժպիտը երեսին, բեղերը անդադար ոլորելով, աջուձախ մտիկ անելով, ուղիղ փողոցի մեջտեղով գնում է յուր խանութը նոր հարստացած մանրավաճառ Խաչովը: Նա բուխարու գդակի տեղ գլխին դրել է ֆուրաշկա, իսկ չմուշկների փոխարեն՝ հագել է եվրոպական կոշիկներ: Կոշիկները ճռճռում են, և Խաչովը դիտմամբ է սալահատակի ավելի հարթ և մեծ քարերի վրայով գնում, որ այնտեղ ավելի բարձր ձայն հանեն յուր կոշիկները: Ամեն անգամ ոտը փոխելիս զրընգ-զրընգում են նրա ձեռի բանալիները, չըխկ-չըխկ կպչում է ժամացույցի քողը արծաթե քամարին և դրանց ձայները խառնվելով կոշիկների ճռճռոցների հետ, կատարյալ մի համերգ է նրա համար: Եվ Խաչովը, այդ համերգով հափշտակված, աչքերը վառված, ընթանում է առաջ ծանր և հպարտ քայլերով: Խաչովի հետնից կեղտոտ թաշկինակի մեջ փաթաթած հաց ու պանիրը կռնատակին դրած և մի կապ կիսակար չմուշկներ ուսովը ձգած, գալիս է կոշկակար Թամրազը: Ահա Թամրազը հավասարվեց մանրավաճառին, քիչ հեռացավ հետ ու հետ, մի վայրկյան կանգնեց, երեսը դարձրեց նրան, ձեռները կրծքին դարսեց և «բարի լույս աղին» ասելով, գլուխ տվավ: «Աստուծո բարին, ուստա», — պատասխանեց մանրավաճառ Խաչովը, առանց նայելու «ուստայի» երեսին և առանց ընդհատելու յուր կոնցերտը:

Ամենքը իրանց գործին էին շտապում: Իսկ մեր Հայրապետը, չնայելով որ առավոտները սովորաբար ամենից վաղ էր գնում խանութը, դեռ փողոցում չէր երևում: Նա դեռ տանն էր:

Թնավոր չուխան ուսերին ձգած, սրածայր գդակը գլխին, նա անցուդարձ էր անում սենյակում, անդադար ներս ծծելով չիբուխից դառն ծխախոտի թունավոր ծուխը և կրկին ահագին քուլաներով դուրս թողնելով օդի մեջ:

Նրա գունասպառ դեմքը, կնճռված ճակատը, ծռմռված շրթունքները, դողդոջուն ձեռները, անհաստատ և անկանոն քայլվածքը, այս բոլորը, բոլորը հաստատում են, որ նա գտնվում է հոգեկան սաստիկ խռովության մեջ: Ժամանակ-ժամանակ, երբ նա չիբուխը հանում է բերանից և ծուխը բաց թողնում, նրա ծռմռված շրթունքներով սահում է մի դառն կսկծալի ժպիտ: Այդ վայրկյաններին ծերունու անորոշ հայացքը, կարծես անգիտակցաբար, ընկնում է Մարիամ բաջու վրա, որ նստած է սենյակի մի անկյունում:

Մարիամ բաջին չէր նայում յուր ամուսնուն: Սովորականին հակառակ նրա գլուխը բաց էր և կարճլիկ մազերը անկանոն կերպով սփռված էին ուսերի վրա: Գլուխը կարմիր թաշկինակով փաթաթած, նրա դեմուդեմ անկողնի մեջ պառկած էր Սեյրանը: Նրա փակ աչքերից, սեղմված շրթունքներից երևում էր, որ քնած էր: Մարիամ բաջին անդադար հառաչելով, ախ ու ուֆ քաշելով, շուտ-շուտ յուր ձեռը դնում էր նրա ճակատին և կրկին հետ քաշելով, կրկնում. «տաքացրել է»: Թաշկինակի տակից Սեյրանի ճակատի վրա փայլում էին արյունի կարմիր կաթիլներ, որ չորացել էին ու կպել կաշվին: Նրա երեսը ուռած էր և տեղ-տեղ կապտած:

Երբ վերջին անգամ Մարիամ բաջին գլուխը դարձրեց դեպի յուր որդու երեսը և համոզվեց, որ նա քնած է, զգուշությամբ բարձրացավ տեղից:

— Դուրս եկ, երեսդ լվա, գլուխդ կարգի բեր, հիմա կգան, կհավաքվեն կեղծավորները ու էլի կսկսեն սուտ-սուտ ախ ու վախ քաշել, — խոսեց Հայրապետը ցած ձայնով, երևի, նույնպես չկամենալով խանգարել Սեյրանի քունը:

— Ջհաննամ, որ կգան, դարդս խո նրանք չեն, — պատասխանեց Մարիամ բաջին, խորը հառաչանք արձակելով կրծքից և ուղղելով գլխի մազերը: — Ախար, ա՛յ մարդ, էլի դու կարգին չես ասում, թե ի՛նչպես է պատահել էս անցքը երեխիս:

— Խոցոտված սրտիս մատ մի՛ կոփիլ, աստված սիրես, — պատասխանեց Հայրապետը, երեսը շուռ տալով յուր ամուսնուց:

— Յարադան աստված, դո՛ւ նրանց հախին գաս, դո՛ւ նրանց ծնողներին էլ էս օրին հասցնես:

— Իսկի խալխի համար անեծք մի՛ անիլ, ոչ նրանք են մեղավոր, ոչ էլ ծնողները:

— Հապա ո՞վ է երեխիս չախլախ արել ու էս օրը գցել:

— Ինքը, հախն է: Թո՛ղ չարչարվի, տնքտնքա, խելքը գլուխը կգա: Հը՛մ, ինչ սոնկ է՞, «խելքը գլուխը կգա»: Եթե էշի պոչը տափին կհասնի, դա էլ կխելոքանա: Սեյրան, ուրիշ անեծք չունեմ, տա՛ աստված, որ դու էլ ինձ պես հայր լինես ու քեզ պես տղի ձեռին տանջվես: Էս ի՛նչ օր է, ի՞նչ ապրել է, տեր աստված, մի անգամ ա՛ռ հոգիներս ու ազատիր էլի:

— Հերիք է, ա՛յ մարդ, քի՛չ սիրտդ մրղ-մրղ մաշիր: Էլի օրհնյալ լինի աստված, որ երեխիս կենդանի են բերել, որ սպանած լինեին, ի՞նչ պիտի անեինք:

— Երանի չէր, որ սպանեին ու պրծներ, մենք էլ ազատված կլինեինք:

— Ո՛ւֆ, լեզուդ չորանա:

— Չէ՛, բաս մնալու է, էսօր կենդանի են բերել, վաղը կամ մյուս օրն էլ աստուծո կարող զորությամբ կամ գլուխը կբերեն, կամ փորը ծխով լցված:

Մարիամ բաջին, որպեսզի չլսի յուր ամուսնու կսկծալի խոսքերը, հեռացավ սենյակի մյուս անկյունը ու այնտեղ սկսեց յուր հագուստը կարգի բերել:

— Հրես ասում եմ, աստուծով մի օր կլինի ու դու էլ կտեսնես, — շարունակեց Հայրապետը, կարծես, դիտմամբ, որ ավելի ու ավելի վշտացնի Մարիամ բաջու սիրտը: — Այն օրից, երբ ընկերացել է լրբերի, գողերի, հարբեցողների, թուղթ խաղացողների, պապիրոս քաշողների հետ, էլ ես նրանից ձեռք եմ քաշել, ասել եմ, «հե՛չ դահի բունան օղուլ չիմազ»1: Իմացա՞ր: Հիմա նրա ավետարանը կարդացված է, թող սատկի ու շների կերակուր դառնա էլի՛, փիե՛: Չէ, չեմ ուզում, չեմ ուզում ջանըմ, գյոզում էնենց տղին, որ գիշերվա կիսին տնից փախչում է ու մտնում գինետուն մոր կաթը կտրածների հետ լակում, կռվում ու շան պես էնքան թակվում, ջարդ ու փշուր լինում, որ փալասով են տուն բերում: Տա՛ր, տա՛ր քեզ լինի, խերը տեսնես, ես նրանից ձեռ եմ քաշել, յախաս թափ եմ տալիս:

Հայրապետը այս ասելով երկու ձեռներով բռնեց յուր արխալուղի օձիքից և թափահարեց:

— Հրես ասում եմ, հենց որ աչքերը բաց արավ, ուշքի եկավ, ասա նրան, որ էլ աչքիս չերևա: Թող դուրս գա, կորչի որտեղ որ ուզում է, ես նրա հետ էլ բան չունիմ: Հասկանո՞ւմ ես: Ես նրա հայրը չեմ, իմացա՞ր, ես կուժ ծախող Հայրապետս, էլ օրես դեն նրա հայրը չեմ, պրծավ գնա՛ց: Հրես ես էլ կգնամ Կոնդուստոր, սեկլատարին կասեմ, որ նրա անունը դաֆթարից հանի դուրս: Հետո կգամ նաչառնիկի մոտ ու ամեն բան նրան մին-մին նաղը կանեմ, էսպես, էսպես, Սեյրանը տղաս չէ, վասսալա՛մ, շյուդ թամամ...

— Պրծավ գնաա՛ց, իմ բանս էլ դրստվեց, յարիս էլ մահլամ դրիր: Քիչ ենք խայտառակվել, դու էլ գնա՛, կունդուստորի-մունդուստորի, սկլատարի-մկլատարի դավթարը գցիր անուններս: Հայրապետ, շուն է, գել է, լիրբ է, փչացած է, ինչ որ է — էլի տղադ է, էլի հայրն ես, դու պիտի մի կերպ էս չար ճանապարհից հեռացնես նրան:

— Չեմ ուզում, ջանիմ, չե՛մ ուզում էլի, որ նա տղաս լինի: Տար վզովդ գցի՛ր, ես բան չունեմ, ես ձեռներս լվանում եմ, թող գնա չոլերն ընկնի: Նա չէ՞ր պատճառը, որ Բարխուդարը քսան-երեսուն տարվա բարեկամությունը մի օրում քիրթ կտրեց ինձ հետ: Նա չէ՞ր պատճառը, որ խեղճ մարդու աղջկա անունը սաղ քաղաքում ընկավ, ինքն էլ խայտառակ իլա՞վ: Չէ՛, չէ՛, չէ՛, չեմ ուզում, նա իմ տղաս չի էլի, փիիեե՛, նաիլաթ քեզ...

— Քո խեղճ Բարխուդարին թող խեղճ օձ կծի, — ընդհատեց Հայրապետի խոսքը Մարիամ բաջին, — թող նրա սիրտը տասը դանակ միասին խրվեն, թող աստծուց մահ խնդրի, մահը ճիավոր իլի, ինքը փիադա վազ տա, վազ տա, չհասնի: Նա, նա, էն քյոփակ Բարխուդարն է երեխիս էս օրին հասցրել:

Մարիամ բաջին այս թունավոր անեծքը արտասանեց աչքերը դեպի երկինք բարձրացրած և ձեռներով անդադար կրծքին խփելով: Հայրապետը, դեմուդեմ կանգնած, բարկացած նայում էր նրա երեսին, մի ձեռով չիբուխը քիչ բերանից հեռու բռնած, մյուսով ստեպ-տեպ գդակը գլխին սեղմելով:

Երբ Մարիամ բաջին յուր անեծքն ավարտեց, Հայրապետը կամեցավ մի ինչ-որ բան խոսել, բայց կատաղությունից չկարողացավ ոչինչ ասել: Նա չիբուխը խրեց գոտում, ձեռները քաշ ձգեց և գլուխը աջ ու ձախ շարժելով, շարունակեց մտիկ անել ամուսնու բերանին:

Այս պատկերից հետո Մարիամ բաջին կռացավ, վերցրեց գետնից շալը և գլխին փաթաթելով, ասաց.

— Տափին դիպչեն բախտավորները: Ուրիշները առավոտվա ժամաժամքի աղոթք են անում, ես անեծք եմ թափում բերանիցս:

— Ինչու որ օձ ես, օձի արգանդեն դուրս եկած, — ասաց Հայրապետը, կրկին չիբուխը գոտուց դուրս հանելով:

— Դու էլ ցավիս վրա ցավ մի՛ ավելացնի, աստված սիրես:

— Ձայնդ կտրի՛ր, մոլթանու աղջիկ: Լեզուդ կծած պահիր, թե չէ ամենի աջըղը քեզանից կառնեմ, — բարկացավ կրկին Հայրապետը, այս անգամ մոտենալով Մարիամ բաջուն և չիբուխը բարձրացնելով նրա գլխին:

— Ա՛ռ, ա՛ռ, ինչ ուզում ես արա, էլ օրես դեն ինձ համար սև ու սպիտակ մին է: Չէ, սիրտս էրվի, խորովի, մի անեծք էլ չանե՞մ սաբաբի համար, հա՞:

— Սաբաբը դու ինքդ ես:

— Սաբաբը քյոփակ Բարխուդարն է: Թո՛ղ, թող աղջկանը տանի տա հայասըզ Սանամի լակոտ Ռուստամին: Ինչո՞ւ չի տալ, հարուստ, սովդաքար... հը՛մ, հըմ... յարադան աստված, դու հախը նահախին տվողը չես: Շատ չի քաշիլ, ես կտեսնեմ Բարխուդարին փոշմանած, գլխին թակելիս:

— Շատ ես լեզվիդ զոռ տալիս, հա՛, փիեե՛, — գոչեց Հայրապետը, դարձյալ կանգնելով յուր ամուսնու դեմուդեմ:

Մարիամ բաջին երեսը շուռ տվավ նրանից:

— Չէ, տեսնում եմ, որ գարիդ շատ է ընկել, բաս, որ էդպես է, ա՛ռ, աղբեր, դա — քեզ, նա ինձ, հա, ջանըմ, դա — քեզ, նա — ինձ:

Այս ասելով Հայրապետը վերցրեց յուր գլխից գլխարկը և Մարիամ բաջու գլխից — շալը: Գդակը դրավ ուժով Մարիամ բաջու գլխին, իսկ շալը ձգեց յուր գլխին:

— Հիմա, համեցեք ես մեղա աստուծո, դու մարդություն արա՛, օրես դեն, ես կնիկություն կանեմ:

— Յարաբ, աստված, էս մարդուն մի ծտի խելք էիր տվել, էդ էլ ինչո՞ւ խլեցիր, — ասաց Մարիամ բաջին, գդակը գլխից մի կողմ շպրտելով և յուր շալը Հայրապետի գլխից քաշելով:

Գդակն ընկավ անկողնի վրա: Սեյրանը զարթնեց:

Նա վերմակը հետ քաշեց և գլուխը բարձրացրեց: Հայրապետը մոտեցավ, որ գդակը վերցնի անկողնի վրայից: Մի վայրկյան հոր ու որդու հայացքները հանդիպեցին իրարու: Հայրապետն արագությամբ երեսը շուռ տվավ, որ որդու երեսը չտեսնի: Սեյրանի դեմքը արտահայտում էր հոգեկան տարօրինակ տանջանք: Արդյոք, ո՞րն էր այս վայրկյանին վշտացյալ պատանու մեջ զորեղ — խղճի խայթոցը ծերունի ծնողներին պատճառած ցավերի մասին, թե սեփական տանջանքը:

— Ջուր, — արտասանեց Սեյրանը թույլ ձայնով:

Մարիամ բաջին շտապեց բավականացնել նրան: Սեյրանը նկատեց, թե ինչպես հայրը իրանից երեսը շուռ տվավ զզվանքով, նրա երեսը շառագունվեց:

— Առ, խմի՛ր, — ասաց Մարիամ բաջին, ջրով լի բաժակը մոտեցնելով որդու բերնին:

— Ո՞րտեղդ է ցավում, — հարցրեց, երբ Սեյրանը բաժակը ագահությամբ դատարկելով հետ դարձրեց:

— Գլուխս, — պատասխանեց Սեյրանը և, կրկին վերմակը գլխին քաշելով, պառկեց:

— Մի քիչ նստիր, խոսիր, որ քեֆդ բացվի, բալաս, հերիք է քնածդ, — շարունակեց Մարիամ բաջին, խնամքով ծածկելով յուր որդու ոտները վերմակի ծայրով:

— Նստել չեմ կարող, գլուխս ցավում է:

— Երեսդ դես պարանիր ու խոսիր:

— Չեմ ուզում, չեմ ուզում, թող, — գոչեց Սեյրանը, գլուխն ավելի խորը թաղելով վերմակի տակ:

— Չեմ ուզում, հըմ, երես ունիս, որ ուզես, ամոթից պիտի խեղդվես, ոչ թե խոսես, — մեջ մտավ Հայրապետը, որ այդ ժամանակ երեսը մյուս կողմ դարձրած չիբուխ էր լցնում: — Աղա, ամաչո՞ւմ ես իսկի, — շարունակեց նա, մոտենալով Սեյրանի անկողնին, — ամաչում ե՞ս, թե երեսիդ մեռոնը թափվել է ու ըլկված կաշին է մնացել, հը՞մ...

— Օղորմի քո հորը, ա՛յ մարդ, օղորմի օխտը պորտիդ, սո՛ւս արա, սո՛ւս արա, թող տեսնենք գլուխներիս ի՛նչ օյին է գալիս, — աղերսեց Մարիամ բաջին:

— Այ քյոփօղլի աղջիկ, չե՞ս թողնելու, փիե՛ փիե՛, ի՞նչ ես գլխիս չաքուճ դառել, խեղդվեցի հո, — գոռաց Հայրապետը Մարիամ բաջու վրա: — Ասա՛, ասա՛, անառակ տղա, ասա տեսնեմ, դա ի՞նչ օյիններ են, որ դու մեր գլխին բերում ես, հը՞մ:

Սեյրանը լուռ էր:

— Չես խոսո՞ւմ, լեզու չունե՞ս, լալացել ե՞ս, հըմ, լալացի՛ր, այ «սանի դողանըն բոյնի սնսուն, բելա բոյնի սնսուն, Սեյրան օղլան»1:

— Սնսո՛ւն, սնսո՛ւն, հա՛, սնսո՛ւն, — երեք անգամ կրկնեց Մարիամ բաջին վշտացած ձայնով:

Վերմակը շարժվեց, և Սեյրանը գլուխը դուրս հանեց: Նա քիչ բարձրացավ և ձախ կողմով հենվելով անկողնին, մի քանի վայրկյան նայեց հոր երեսին և կրկին ծածկվեց ու ընկավ:

— Ի՞նչ ես ուզում, բալաս, — հարցրեց Մարիամ բաջին:

— Հըմ, ուզում էիր, որ մի բան հաչե՞ս, հաչի՛ր, անառակ:

— Եթե ես լավ որդի չեմ, դու էլ ինձ համար մի օրինավոր հայր չես, — փնթփնթաց Սեյրանը, գլուխն ավելի խոր թաղելով վերմակի տակ:

Հայրապետը լսեց այս խոսքերը:

— Լսեցի՞ր, այ կնիկ, տե՛ս, տե՛ս, բեզզադը ջուրիաթ էլ ունի...

Նա չկարողացավ խոսքն ավարտել, չուխան ուսերից մի կողմ ձգեց, չիբուխն աջ ձեռում սեղմեց և ատամները կրճտելով, սկսեց բոլոր ուժով ոտները գետնին խփել:

— Հայրապե՛տ, Հայրապե՛տ, խելքդ գլխիդ հավաքիր, — մեջ մտավ Մարիամ բաջին:

— Կտրի՛ր ձայնդ, դու, հըմ, հարամզադա, համարձակվում ես

հորդ գլխին չաքո՞ւմ բանեցնել: Դո՛ւրս, դո՛ւրս ասում եմ, հենց է՛ս սհաթիս դուրս, օձի զավակ:

Հայրապետը հարձակվեց Սեյրանի անկողնի վրա, վերմակը խլեց և մի կողմ շպրտեց:

Մարիամ բաջին ընկավ ամուսնու, ոտների առաջ:

— Աման դըր, աման, ա՛յ մարդ, տունս մի քանդիլ, խեղճ եմ...

— Շորերս, շորերս, ես չեմ ուզում էլ այսուհետև ձեր որդին լինել, դուրս եմ գալի հենց այս րոպեիս:

Այս ասելով, Սեյրանն արագությամբ ոտի կանգնեց անկողնի վրա:

Բաց թողնելով ամուսնու ոտները, Մարիամ բաջին այս անգամ չոքեց որդու առաջ, մազերը փետտելով:

— Սեյրա՛ն, Սեյրա՛ն, խնայի՛ր ոտքի վրա չորացած մորդ բամբակ մազերը, խնայի՛ր, — գոչեց խեղճ կինը աչքերից աղի արտասուք թափելով և մազերը տարածելով որդու ոտների առաջ:

Հայրապետը մնաց անշարժ: Նրա ալեխառն գլուխը և ձեռները բարկությունից դողում էին: Կարծես մոր աղերսանքն ազդեցին Սեյրանի վրա: Թշվառ պատանին, տեսնելով նրան այդ դրության մեջ, նույնպես մնաց անշարժ: Նրա ձեռները թուլացան և քարշ ընկան կողքերին, իսկ գլուխը թեքվեց կրծքին:

— Բա՛ց թող, բաց թող, գնա, տեսնեմ, ո՞րտեղ է գնալու, ի՞նչ կարող է անել առանց ծնողների, — խոսեց Հայրապետը, այս անգամ մի քիչ մեղմացած:

— Չէ, չեմ թողնիլ, միսը եղունգից բաժանե՞լ, հայրը որդուց ջոկե՞լ: Չէ՛, չէ՛, առաջ վիզս կտրեցեք, հետո ջոկվեցեք:

— Մատաղ լինես, Սեյրան տղա, քո ծերացած մորդ, թե չէ աստծուն է հայտնի, որ մեծ թիքադ ականջդ կմնար ձեռումս:

— Թող մնա, այսուհետև Սեյրանի համար ողջ մին է ինչ էլ որ լինի: Ես էլ մորս եմ խնայում, բայց իմացի՛ր, որ էլ օրես դեն ես այստեղ մնալ չեմ կարող: Կթողնեմ այս տունը հենց այն րոպեին, երբ ոտներս կարող կլինեն տեղից շարժվիլ:

Այս ասելով, Սեյրանն այլևս չկարողացավ ոտքի վրա կանգնել: Բոլորովին ուժաթափվեց և ընկավ անկողնի վրա:

— Տանջի՛ր, աստված, տանջի՛ր, պապակիր ինձ, ինչքան ուզում ես, — բացականչեց Մարիամ բաջին, վերմակը քաշելով Սեյրանի վրա:

Այդ վայրկյանին դրսից լսվեցին ոտների ձայներ: Մարիամ

բաջին շտապեց կարգի բերել յուր ցիրուցան եղած մազերը և հագուստն ուղղել:

Հայրապետը դռներից դուրս նայեց և իսկույն դեպի ներս շուռ գալով, ասաց. «սատանաների նախիրն եկավ, վե՛ր կաց ոտքի»:

Ներս թափվեցին մի խումբ կանայք խայտաճամուկ չարշովների մեջ փաթաթված, տնքտնքալով, ծանր հառաչանքներ արձակելով, ախ ու վախ քաշելով:

Հայրապետր չուխան հագավ ու դուրս գնաց:

Մարիամ բաջին առաջ շարժվեց, որ հյուրերին ընդունի:

ԵՐԿՐՈՐԴ ՄԱՍ

I

Քաղաքի վերին արվարձանի միջին բաժնում, Բարխուդարի և Հայրապետի տներից բավական հեռու, մի ընդարձակ և ուղղագիծ փողոցի ծայրում գտնվում էր միհարկանի մի տուն: Այդ տունը նոր էր և, ինչպես երևում էր պատերի ճերմակ և տաշած քարերի դեռ մաքուր գույնից, կառուցված էր երկրաշարժից հետո:

Դա Քյոչարանց Ռուստամի տունն էր:

Գինետնում Սեյրանի կռվելուց ուղիղ երեք օր անցած, կեսօրվա դեմ, այդ տան ներսում նստած էր Ռուստամի մայրը — Սանամ խանումը: Տունը բաղկացած էր ընդամենը երկու կես եվրոպական ու կես ասիական ոճով կահավորված սենյակներից: Սանամը մոտավորապես հիսուն ու հինգ տարեկան միջահասակ մի գեր, առողջ և կարմրադեմ կին էր, թեև տարիքը արդեն կնքել էին նրա երեսին պառավության անկասելի կնճիռները: Նա հագնված էր ոչ այնքան շքեղ և ոչ էլ շատ աղքատ, բայց բավական մաքուր, այնպես, ինչպես սովորաբար հագնվում են Շամախում միջին կարողության տեր կանայք տանը: Սև սատինից կարած լայն շրջազգեստ, կապտագույն մետաքսյա շապիկ լայն թևերով, Բաղդադի գույնզգույն շալից կարած արխալուղ — ահա նրա հագուստը: Արխալուղի թևերը հասնում էին միայն մինչև արմունկները, իսկ այս տեղից սկսվում էին զառբֆից տերևաձև ծայրերով ուրիշ թևեր: Սանամի մեջքին կապած էր նույնպես մետաքսից գործված գոտի, որի մութ-կապույտ գույնը նշան էր նրա այրիության: Իսկ նրա գլխի պաճուճանքը բաղկանում էր տեղական բարակ նրբագործ, մետաքսյա նախշուն թաշկինակից, մանիշակագույն թոռից և մի սևագույն բրդե շալից: Այս բոլոր պաճուճանքի տակից գլխին անմիջապես կապած էր ճութիին, որի տակից երևում էին հինայով ներկած մազերը:

Սանամ խանումը մենակ էր: Նրա միակ որդին, Ռուստամը գտնվում էր օտարության մեջ: Երկրաշարժից հետո, երբ առևտուրն ընկավ Շամախում, Ռուստամը հավաքել էր յուր ապրանքն երբ և գաղթել Թեյմուր-խան-Շ ուրա, ուր արդեն երեք տարի էր ապրում էր: Որովհետև Սանամը բացի Ռուստամից ուրիշ զավակ չուներ, մի առանձին դառնություն էր նրա համար միակ որդու բացակայությունը: Մի ծանր սուգ էր Սանամի համար այն օրը, երբ Ռուստամը ուղևորվեց դեպի օտարություն: Խեղճ մայրը բոլոր յուր հնարները գործ դրավ, բոլոր յուր պերճախոսությունն սպառեց, որպեսզի որդուն համոզի չթողնելու հայրենի քաղաքը: Ոչինչ չօգնեց:

— Շամախում առևտուրը հաց չի տալիս, հիմա էլ հարկավոր է, որ բախտս ուրիշ քաղաքներում փորձեմ ուրիշների պես, — ասում էր Ռուստամը:

— Ինչո՞ւ ես ուրիշներին մտիկ անում, բալաս, նրանք արխա ունեն, քեզ պես մեն-մենակ չեն: Դու որ գնում ես, բաս ինձ ումի՞ ումուդին ես թողնում:

— Կգնամ Շուրա, գործերս քիչ ժամանակում կարգի կբերեմ, ու հետո կգամ, քեզ էլ ինձ մոտ կտանեմ:

Այդ էր պակաս, ծերությանս օրերում օլքա-օլքա ընկնեմ, որ այս չորացած ոսկորներս դարիբ երկրներում ցիր ու ցան լինեն: Լավն է այստեղ պապերիս օջախի մոտ քաղցած, ծարավ մեռնեմ, քան դարիբութենում ոսկի արծաթի մեջ ապրեմ: «Ինչ եմ անում ոսկի տաշտը, եթե մեջը պիտի արյուն թքեմ», — ասել են մեր պապերը:

— Չեմ իմանում, ինչ քաղցր բան կա «Խարաբաշահարի մեջ»: Տեսնում ես, որ քար քարի վրա չի թողնում աստված: Գիշեր ու ցերեկ սիրտներս եղի պես հալվում է, թե հենց այս է — պիտի տակն ու վրա լինի: Լավ չէ՞, որ մի անգամ այս անիծված քաղաքից դուրս գնանք ու պրծնենք:

— Մի ասի, որդի, մարդուս հայրենական հողը քաղցր է, ո՜ւֆ քաղցր: Մարդ, որ սովորել է նրան, էլ չի կարող ուրիշ հողում ապրել: Տեսնո՞ւմ ես, բալա, ծիծեռնակներին: Աստվածությունը էնենց է ստեղծել էն պստիկ արարածներին, որ նրանք էլ իրանց օջախը սիրում են:

Սիրում են, բայց տեսնում ե՞ս, որ նրանք էլ հիմա թողել են իրանց բույնը ու թռել ուրիշ քաղաքները:

— Կգան, էլի կգան, իրանց կարճ խելքով հասկանում են իրանց պապական օջախի գինը: Որ սպանես, նրանք ուրիշ տեղ չեն գնալ, էլի իրանց հին բները կգան: Հիմա, բալաս, ծիծեռնակը թռչուն լինելով, որ էդքան սիրում է իր բույնը, հապա մա՞րդը:

— Տասն անգամ ասել եմ, էլի ասում եմ, որ պապական հող, հայրենական օջախ, չգիտեմ էլ ինչ զիրթ ու զիբիլ, դրանք դատարկ բաներ են: Մարդու պապն էլ, հայրն էլ, օջախն էլ այնտեղ է, ինչ տեղ որ աշխատանք կա, փող կա: «Որտեղ հաց, այնտեղ կաց»: Շամախում հաց չկա, չկա ու չկա: Այստեղ փողը ձիավոր է դառել, մարդը ոտավոր, վազ տուր, հա՛, հա վազ տուր, որ չես կարող հասնե՛լ: Էլ մի՛ երկարացնի, ասածս ասած է, կարճ կապիր:

Այս խոսքերից հետո Սանամ խանումը այլևս չկարողացավ հակառակել Ռուստամին, ճանաչելով որդու բնավորությանը: Մի օր նա դառն արտասուքով ճանապարհի դրավ միակ զավակին օտարություն:

Եվ ահա երեք տարի էր, որ Ռուստամը Շամախուց հեռացել էր, և այս երեք տարվա ընթացքում Սանամը մի անգամ ևս չէր տեսել նրա երեսը: Ծանր և վշտալի էր նրա համար մենակությունը: Նա նամակ նամակի հետևից էր ուղարկում, աղաչում էր, խնդրում էր, որ գոնե մի անգամ, կարճ միջոցով, որդին գա մոր հետ տեսակցելու: Ռուստամը միշտ պատասխանում էր, թե այս ամսին կգա, մյուս ամսին կգա, այս գործը վերջացնի — իսկույն կուղևորվի, մյուսը վերջացնի — կգա: Եվ այսպես նա ամբողջ երեք տարի խոստանում էր ու չէր գալիս:

Վերջին ժամանակները Սանամը շատ ուրախ էր: Ռուստամից երկու ամիս առաջ մի ուրախալի նամակ էր ստացել: Այդ նամակով որդին հայտնում էր մորը, թե հերիք է ինչքան ինքն ազատ մնաց, հիմա տանտերվել է հարկավոր, «չունքի, փառք աստուծո, գործերս լավ են գնում» և այլն: Հետո նա խնդրում էր մորը, որ շուտով մի լավ աղջիկ գտնի Շամախում և գտնելուց հետո իսկույն գրի իրան, որ գա պսակվելու:

Ռուստամը հարսնացվի ընտրության բոլոր իրավունքնե-րը տալիս էր մորը:

Սանամը հենց մի այդպիսի պատվերի էր սպասում: Նա նամակը ստացած օրը, իսկույն, առանց ուշացնելու, «զարանգիզի» (հարսնախոս) Շըպպանիկին կանչեց և պատվիրեց, որ մի «լավ, գյոզալ, խելոք, բան անող, կարդացած, հայալու» աղջիկ ճարի Ռուստամի համար: Երկար մտածեց, երկար խորհրդակցեց Շըպպանիկի հետ: Քաղաքի բոլոր աղջկերանց անունները տվեց նա մի առ մի, բոլորին քննեց, քննադատեց: Մեկը գեղեցիկ էր, բայց շնորհ չուներ, մյուսը խելոք էր, բան անող, կարդացած, բայց տգեղ էր, երրորդը ամեն կողմից լավ էր, հարմար էր — դեռ պստիկ էր, չորրորդի քիթն էր ծուռ, հինգերորդի մազերն էին կարճ, ծնոտը «լախ» և այլն և այլն: Մի խոսքով, քաղաքում էլ աղջիկ չմնաց, որ Սանամը չի տնտղեր: Մի ամբողջ ամիս այս հարցով նա տանջեց յուր գլուխը, մինչև որ, վերջապես, երկար աշխատությունից հետո, վիճակն ընկավ Բարխուդարի աղջիկ Սուսանի վրա:

— Ի՛նչ աղջիկ է, ի՛նչ աղջիկ է, ի՛նչ բոյ ունի, ի՛նչ աչքեր ունի, — ասում էր Սանամը մի օր Շըպպանիկին Սուսանի մասին: Բարխուդարի կինը, Գյուլնազն էլ, մարալի պես գյոզալ է: Աղջիկն էլ մորն է եկել, ամա խելոքությունով, ես իմանում եմ, մորից տասնապատիկ խելոք է, չունքի, դե, կույսի ուսումնարանում է կարդացել: Առակին ես ծամումը բռնեցի, որ մի քիչ խոսացնեմ, խեղճն ամաչելուց կարմրեց, հոշնեց, լեզուն կարվեց, չկարողացավ խոսել: «Աֆարիմ աղջիկ», ասացի մտքումս: Շըպպանիկ, ջահթ արա բանը գլուխ բերելու, հետո ես եմ իմանում, թե քո պարտքից ինչպես դուրս կգամ:

Շըպպանիկը հենց այսպիսի բաներ ճրագով էր փնտրում: Այդ օրից սկսած նա այլևս հանգստություն չէր տալիս Բարխուդարի ընտանիքին: Շաբաթն երեք, չորս անգամ, «վախտ, բեվախտ», նա վազում էր Գյուլնազի գլխին խնամախոսության, բայց գլուխ չէր գալիս: Վերջին երկու շաբաթները Շըպպանիկն այլևս չէր երևում Բարխուդարանց կողմերում: Սանամի բարեկամները իմանալով, որ նա մտադիր է յուր որդու համար Քյոխանց Բարխուդարի աղջիկ Սուսանին ուզելու, մի օր հավաքվեցին նրա գլխին:

— Ախչի Սանամ, դա ի՞նչ ենք լսում, դո՞ւ որտեղ, Գյուլնազի հայասզ, կապը կտրած, չոլերն ընկած աղջի՞կը ո՛րտեղ: Ա կնիկ, չե՞ս լսել, նա ի՛նչ սոնկ է, ի՛նչ բաներ է արել կուժ ծախող Հայրապետի տղի հետ:

— Ի՞նչ է արել, — զարմացած հարցրեց Սանամը, որ առաջին անգամն էր լսում այդ լուրը:

— Վա՛յ վա՛յ, էլ ի՞նչ պիտի անի, մազս կտրվի, էլ բան է մնացել, որ չանի՞, — պատասխանեց Սանամի տալը, «քյանդուկ» Մանանը, որ ինքն իրան Շամախու ծանրաբարո կանանցից մեկն էր համարում: — Բան է մնացել, որ չանի, էլ գիշերները չոլերում սիլիկ-բիլիկ անել, պաչպչվել, դուչդուչվել:

— Հետո՞, հետո՞:

— Հետո, էլ ի՞նչ հետո, իմանում ես էլի, ջահիլ տղա, ջահիլ աղջիկ, այ հա՛յ, հայ:

Եվ «քյանդուկ» Մանանը խորհրդավոր կերպով շարժեց յուր գլուխն աջ ու ձախ:

— Վայ, տունս չքանդվի, լավ էր առել աստված խելքս:

— Բա՛ս, բա՛ս, սաղ քաղաքում մի մատը մեղր կշինեին քեզ էլ, տղիդ էլ, կլպզտեին հա կլպզտեին: Մի իստակ անուն ունիս, ուզում ես, որ կեղտոտե՞ս, խելքի եկ, խելքի...

Նույն օրը Սանամը Շըպպանիկին հրամայեց այլևս չգնալ Գյուլնազի մոտ և մինչև անգամ ոչ ոքի էլ չհայտնել, թե Քյոչարանց Սանամը կամեցել է Քյոխանց Գյուլնազի աղջկան յուր տղի համար ուզել: Այնուհետև, նա դարձյալ Շըպպանիկի օգնությամբ, սկսեց որոնել մի ուրիշ հարսնացու: Երկու շաբաթ էր, որ նրանք մտածում էին այդ մասին, բայց մի ուրիշ հարմար աղջիկ չէին գտնում:

Ահա հենց այդ մտքով էր զբաղված Սանամի ուղեղը և այժմ: Նա, մեջքը պատին տված, նստած էր պարսկական գորգերով զարդարված թախտի վրա, երեսը դեպի բակը և հմայում էր խաղաթղթերով: Ուղիղ մի ժամ էր, որ նա հմայությամբ էր պարապած և այդ մի ժամվա ընթացքում առնվազն տասն անգամ թղթերը դարսած և հավաքած կլիներ, բայց ոչ մի անգամ կամակոր թղթերը ցույց չտվին Սանամի ուզածին պես: Վերջապես, նրա ձեռները հոգնեցին թղթերը շատ դես ու դեն բաժանելուց, և նա բարկացած հենց նոր կամենում էր հավաքել և մի կողմ դնել թղթերը, երբ դրսից մի կանացի ձայն լսեց: Մեկը թուրքերեն լեզվով երգում էր և ծափահարում: Սանամն, առանց տեղից շարժվելու, նայեց դուրս, և նրա դեմքը մի առանձին զարմանք չարտահայտեց, երբ տեսավ երգեցող ծափահարողին:

— Այ բալամ, այ ջանըմ, դիլ դիդիլ, դահրի դադահ, դիլ, դի-դիլ, չըթ-չըթ, այ սաղոլ, այ սաղոլ, — ներս մտավ մի բարձրահասակ, նիհար կին, պարելով և ձեռները գլխի վերև աղեղնաձև պահած՝ երկայն ու բարակ մատներով «չըրթմա» տալով:

Դա «զարանգիզի» Շըպպանիկն էր:

— Դիլիլի, դիլդի՛լ, դիլիլիլի, դիլդիլ, պարով խանմիս, պարով նրա տուն ու տեղին, — սկսեց Շըպպանիկը մաքուր տեղական բարբառով, առանց որևէ խառնուրդի:

— Պարով, մին ալ պարով, — շարունակեց նա, — հազար պարով, ա բալամ, հի՞նչ ես անըմ, հի՞նչ ես շինիմ, հինչյա պյանի՞ ես: Քեֆըդ, հա՛լդ օվհալդ: Հը՞մ, դամաղդ չա՞ղ ա: Ասա, դե ալի, ախըր քանի՛ վախտ ա քու լուսերեսդ չամ տեսնըմ:

Սանամը ոչինչ չպատասխանեց, միայն մի քանի վայրկյան նայեց Շըպպանիկի երեսին, խաղաթղթերը դրեց մինդարի տակ և շորերի ծայրերը քաշեց ներքև, որ ծածկի աջ ոտի հաստ և մսալի սրունքը:

— Հըմ, խոսիր դե ալի, — դարձյալ սկսեց Շըպպանիկը շալը գլխիցը վերցնելով և մի կողմ շպրտելով:

Նա կանգնեց ուղիղ Սանամի դեմուդեմ և ձեռները դրավ կողքերին:

— Չե՞ս խոսելու, հի՞նչ կա, յարաբ, աչքունդ փայիզվան պես կախ էս քիցյալ, ալի էշիդ հով ա՞ կաղ ասալ:

— Թողնում ե՞ս, որ խոսեմ, կրակ բռնածի պես ներս ես մտել թե չէ, էլ լեզուդ բունը չի մտնում: Կարկուտի պես հենց թափում ես հա, — պատասխանեց, վերջապես, Սանամը, տեղից բարձրանալով: — Ախար մարդ ես, մարդու աղջիկ, եկել ես, քաղաքավարի նստիր ու հետո լեզվիդ զոռ տուր էլի:

— Չամ լալանալու, լալաբանդ իլիլա քի: Աստոծ մարդիս լեզու ա տվել, որ խոսի ալի: Չոփուռանց Նունիզը չամ քի, որ նստամ — քիթիվ անըմ:

— Հերիք է, նստիր ու պատմիր, տեսնեմ ի՛նչ խաբար ես բերել, աղջի՞կ ես, թե՞ տղա:

— Հալա մի լյավ զակուսկա շինի, որ քեֆս պյացվի, փորս վեց-վեց ա անամ, — ասաց Շըպպանիկը և յուր փորին խփեց երկու ձեռներով:

— Ուֆ, վարդ տրաքի, այ Շըպպանիկ, ո՜չ կշտանաս:

— Վալլահ, լյուցյունում ամ, լյուցյունյում, ալի հանց զուռդուռում է. «տուր, տուր, տուր»: Փոր չի քի, բաշի բալա յա գլխիս ալի՛: Անտեր մնա նա:

Սանամը գնաց մյուս սենյակը Շըպպանիկի համար «զակուսկա» պատրաստելու:

Շըպպանիկն երգելով և «չրթմա» խփելով հետևեց նրան:

II

Մոտ քառասուն տարեկան կին էր Շըպպանիկը թուխ դեմքով, մեծ բերանով, լայն ծնոտով, ուղղաձիգ քթով և խորամանկ աչքերով: Շաբաթը մեկ անգամ նա ձեռներն ու գլուխը հինայով ներկում էր:

Շամախու կանանց սովորության հակառակ, նա միշտ, ամառ թե ձմեռ, շրջում էր առանց չարշավի, մի հասարակ կիսամաշ բրդե շալով, որի տակից անկանոն կերպով միշտ ափռված էին ուսերի վրա նրա ոչ այնքան երկայն մազերը: Յուր արտաքին տեսքով նա նմանվում էր թափառական գնչուհու: Նրա անունը քաղաքում կնքել էին «ղարաչի Շըպպանիկ»: Սակայն «ղարաչի» մականունը նա ստացել էր ոչ այնքան յուր արտաքին տեսքի, որքան բնավորության համար:

Շըպպանիկն յուր ամուսնու և երկու զավակների հետ ապրում էր քաղաքի հետ ընկած փողոցներից մեկում, մի աղքատիկ տան մեջ, որ բաղկացած էր ընդամենը մի խղճուկ սենյակից, փոքրիկ խոհանոցից և հավաբնից: Նա ամուսինը — նիհար, կարճահասակ, նեղ ճակատով, ուռած ու կապտած թշերով, կարմրած և պլզված աչքերով — զուռնաչի Տատունը արբշիռ մեկն էր: Նա հարբում էր առավոտները, հարբում կեսօրներին, հարբում էր գիշերները, «վախտ բեվախտ» նրա համար միևնույնն էր, միայն թե փող ունենար: Որտեղ որ կորչեր Տատունը — կարող էին այս կամ այն գինետանը գտնել: Քսան տարեկան հասակից նա գինետանն էր անցկացրել յուր կյանքը և այստեղ էր գլխավորապես զուռնաչություն անում: Շատ քիչ էր պատահում, որ նրան հարսանիքատուն կամ մի ուրիշ զվարճատեղ տանեին, որովհետև նրա ձեռները կարողություն չունեին զուռնան բերանում ուղիղ պահելու: Եվ այդ ոչ թե այն պատճառով, որ նա միշտ հարբած էր լինում, այլ առհասարակ, արթուն ժամանակն էլ մի կարգին ածող չէր: Սակայն ինքը Տատունն էլ այդ մասին շատ չէր հոգում, երբեք չէր աշխատում, որ մեկը իրան հրավիրի հարսանիք: Նրա համար միևնույնն էր ուր որ փչեր զուռնան, միայն թե «փչեր» և մեկ էլ որ մի քանի շահի-բիստի ստանար արաղի ու գինու համար: Նա միշտ զուռնան գրպանում ուներ, որպեսզի հարկավոր եղած ժամանակ էլ նեղություն չքաշի տուն վազելու:

— Տատուն ապեր, մին փիչի՛, — բռնում էին նրան փողոցի ջահիլները:

— Բաշ յուստա, — պատասխանում էր նա և երկայն ու յուղաթաթախ արխալուղի գրպանից դուրս էր բերում դուդուկը:

Նա փառավոր կերպով ծալապատիկ նստում էր փողոցի մեջտեղում, չմուշկները հանում, առջևը դնում: Հետո գլխի ահագին փափախն ուղղում էր, ծռում էր այս կողմ այն կողմ, որ էհ, բան է, զուռնան փչելու ժամանակ չընկնի ու չխանգարի: Այնուհետև ծվանը դնում էր դուդուկի ծայրին, պնդացնում ու սկսում: Բայց վայ այն սկսելուն: Մինչև զուռնան դրստելը, մինչև բերանը դնելը, մինչև մատերով զուռնայի ծակերը գտնելը, անհամբեր ջահիլները նրա գլխին մի քանի փամփեր էին տալիս:

Վերջապես, Տատունը մի կերպ բոլորը պատրաստեց, և ահա նրա հոնքերը վեր քաշվեցին, ճակատը ծալերով ծածկվեցին, աչքերը չովեցին ու կարմրեցին, թշերն ուռան, կապտեցին, հը՛ը, սկսվեց մշտական «Միարի» եղանակը: Բայց, ավաղ, մեկ էլ տեսար, որ նրա վզակոթին «զըխկ» մի բռունցք հասավ, և զուռնան փափախի հետ միասին թռավ փողոցի մեջտեղը:

— Այ օլմիշ, անամոթ, անմեռուն, ալի հի՞նչ ես մահրաքա սարքալ, վե՛ր կաց տուն կորի, բղավում էր Շըպպանիկը և, յուր ամուսնու կռնից բռնելով, շպրտում մի կողմ ինչպես մի կեղտոտ լաթ:

— Ալի ալի, ալի, ա կնիկ, յանի, յանի... տեր մեղա, տեր... յանի հինչ ա՞մ անըմ, այ օձի ճուտ, չե՛ս թողնելու, որ քյասիբությունս անեմ, — երկյուղածությամբ փնթփնթում է Տատունը, փափախը թափ տալով:

Բայց Շըպպանիկը չի թողնում նրան երկար խոսելու: նա մի ձեռով բռնում է ամուսնու չուխայի փեշերից, իսկ մյուս ձեռում զուռնան բռնած, նրա գլխին տալով, քաշում է ուղիղ մինչև տուն:

Այստեղ սկսվում է մի ուրիշ տեսարան:

Շըպպանիկը սեղմում է Տատունին սենյակի մի անկյունում և, փափախը սեղմելով բերանին կարկտի պես թափում է նրա գլխին հարված հարվածի հետևից: Փոքրիկ մարդն ուզում էր գոռալ, օգնություն կանչել, բայց չէր կարողանում, որովհետև նրա բերանը փափախով սեղմված էր: Նա ուժ էր անում ազատվելու կնոջ ճանկերից, դարձյալ չէր կարողանում: Ճարահատյալ մի կերպ ձեռքն էր առնում Շըպպանիկի մազերը, ամբողջ մարմնով նա կախ էր ընկնում նրանց վրա և խեղդված ձայնով, շնչասպառ ասում էր. «աթա՛նց, աթա՛նց, հա՛լոո՛ղի, սիրտս էրվեց»:

— Բրա՛խ տուր, — գոռում էր Շըպպանիկը, գլուխը թափահարելով և ոտներով աքացի տալով Տատունի փորին:

— Դու բրախ տուր, ես ալ բրախ տամ, — պատասխանում է Տատունը, ավելի պինդ քաշելով կնոջ մազերը:

Եվ այսպես շարունակվում էր, մինչև որ երկուսն էլ հոգնում էին և իրարու ազատում: Երբ Շըպպանիկին հարցնում էին, թե ինչու է այդչափ անգութ վարվում յուր ամուսնու հետ, որին պիտի իսկապես ուրիշ կանանց պես հպատակվի, նա պատասխանում էր.

— Հինչ անամ, ա քյուր, ա մեր, գիշեր ցերեկ լակըմ ա, աշխատածը գինի-արաղի յա տամ, տուն մին կոպեկ չի պերըմ: Ես ալ բախտավար ախր կնիկ ամ, տուն ու տեղ ունամ, իմ աշխատածս ալ հերիք չի անըմ:

Նշանավոր դեր էր կատարում Շըպպանիկը քաղաքում: Նա հայտնի էր ամենքին, ծերունիներից սկսած մինչև ամենափոքր մանուկները: Առանց հարցնելու, համարձակորեն նա մտնում էր ամեն տուն, ամեն ընտանիք և, պիտի ասած, ոչ ոք, ծանոթ թե անծանոթ, նրան չէր արգելում:

Շըպպանիկը, ինչպես քաղաքի մեջ ամենահայտնի «զարանգիզի» (միջնորդ), ամենքին հարկավոր էր, և ամենքի համար որևէ բանով նա պիտանի էր: Մեկը տղա ունի նշանելու, մյուսը հասած աղջիկ, փեսացու է որոնում, երրորդը հարսանիք ունի, կանայք պիտի հրավիրի, չորրորդը կնունք ու հինգերորդը մեռելատեր է: Թե՛ ուրախության, թե՛ տխրության դեպքում Շըպպանիկը հարկավոր մարդ է: Ինքը Շըպպանիկը ամենից ավելի էր զգում յուր կարևորությունը և միշտ աշխատում էր, որ ուրիշներին ևս հասկացներ յուր արժանավորությունը: Նա ամենքի հետ անխտիր վարվում էր համարձակ, ոչ ոքից չէր վախենում, չէր ամաչում, ոչ ոքի առաջ չէր լռում: Իսկ եթե պատահում էր, որ վախենում էր, ամաչում էր կամ լռում էր, խորամանկությամբ էր անում այդ և անշուշտ, ոչ առանց նպատակի:

Բայց շատերն էին վախենում Շըպպանիկից, մանավանդ այնպիսիները, որոնք տանը չափահաս օրիորդներ ունեին: Այդպիսիների աչքում Շըպպանիկը կարծես մի տեսակ չաստվածուհի էր, որի գերբնական ուժը կարող էր յուր կամքի համեմատ ստորացնել կամ բարձրացնել քաղաքի աչքում աղջկերանց անունը: Եթե Շըպպանիկն ուզում էր մի աղջկա վարկը վայր գցել քաղաքում, նրա համար շատ դժվար չէր այդ անելու, թեկուզ աղջիկը լիներ անմեղ, անարատ:

«Ես նրան մին մատ արախութունան ամ ճընանչըմ, կապը կտրածն ա, որ թայը չկա: Սախկզի պես ա կըփչըմ մեծերի երեսին: Իրեսի մեռունը գեղաները լպստալ ան»:

Ահա ինչ խոսքերով էր Շըպպանիկը մրոտում խեղճ աղջկան: Դե՛հ, օրհորդի քարը ծովի հատակը գլորվեց, էլ ոչ մի տղա չի վստահանալ նրան մոտենալու, և աղջիկը ստիպված է երկար տարիներ ապրել յուր ծնողների մոտ կուսական կյանքով: Սրա հակառակ, եթե Շըպպանիկն ուզում էր մեկի վարկը բարձրացնել — թեկուզ աղջիկը լիներ հաշմանդամ, տգեղ — նա այնքան կգովեր նրա գեղեցկությունը, «շիրուշնորհքը», «բոյուբուսաթը», մինչև որ զոռով կբանար նրա համար բախտի դուռը: Մի խոսքով, Շըպպանիկի լեզուն մեծ նշանակություն ուներ քաղաքի աղջկերանց համար: Ահա ինչու նրան այդքան պատվում էին ընտանիքներում: Ահա ինչու, երբ նա մեկի դռներից ներս էր մտնում, տանտիկինը նախ և առաջ անհրաժեշտ էր համարում նախազգուշացնել յուր աղջկերանց, որ դրանք համեստ և զգույշ վարվեն Շըպպանիկի ներկայությամբ:

Սանամը նրա համար պատրաստեց ձվածեղ և ինքն էլ նստեց նրա հետ միասին ուտելու:

— Տղադ հի՞նչ ա գիրիմ, — հարցրեց Շըպպանիկը, ձվածեղի պատառներն ագահությամբ կլանելով:

— Սաղ սալամաթ է, ջանիդ դուա կանի:

— Հե՞փ ա գալու, նրան պսակենք, ա ես նրա չինար բոյին մեռնամ:

— Պիտի գրող լինի, որ գա, չէ՞:

— Հինչի՞ չես գիրիմ:

— Ի՞նչ երեսով գրեմ, սաղ քաղաքը չորացել է, մի աղջիկ չի ճարվում երեխիս համար:

Սանամը հետաքրքրությամբ նայեց Շըպպանիկի երեսին, մի բավարար լուրի սպասելով նրանից:

— Չի չորացել. — պատասխանեց Շըպպանիկը, հոնքերը վեր քաշելով և կրկին ցած գցելով:

— Էհ, — արտաասանեց Սանամը, հառաչելով:

Շըպպանիկը մի քանի պատառներ ևս կլանելով, անձեռոցիկով սրբեց բերանը ու հետ քաշվեց:

— Շնորհակալություն:

— Անուշ լինի:

— Դե՛հ, շյուտ արա, սյուֆրան հավաքիր, կողքիս նստիր, պան ունամ քեզ հետ, — ասաց Շըպպանիկը հրամայական եղանակով:

Սանամը իսկույն հավաքեց սեղանը, տարավ մյուս սենյակ, շուտով վերադարձավ ու նստեց Շըպպանիկի մոտ:

III

— Ասա տեսնեմ ի՞նչ բան է, խեր լինի, — ասաց Սանամը, հետաքրքրությամբ նայելով Շըպպանիկի երեսին:

Շըպպանիկը մազերը երեսից հեռացրեց, գլուխը քիչ թեքեց դեպի ուսը և, ուղիղ Սանամի երեսին ժպտալով, ասաց.

— Աղջիկը ճարվալ ա:

— Ղորթ ես ասո՞ւմ, Շըպպանիկ, ո՞վ է, ո՞ւմ աղջիկն է, — հարցրեց Սանամը, ուրախությունից ուսերը վեր քաշելով և յուր հաստ իրանը ծռելով դեպի Շըպպանիկը:

— Դունիա գոզալին, խաների-բեգերի թոռնը, սաղ քաղաքի աչքը, ջին-ջավահիր, մարալի պես գոկչակ, խանըմ խաթուն, օ՛ վդար...

— Ով է, ո՞վ է:

— Մի խեղճ, անըմով, պատվով հորումոր աղջիկ: Մի թաղլան դուշ մի գյոզալ, քիիի... ալ հինչ ասամ:

— Սիրտդ ճաքի, տրաքի, ա՛յ Շըպպանիկ: Ո՞վ է, ումի՞ աղջիկն է, անունն չունի՞:

— Բյուլբյուլ, բյուլբյուլ, բյուլբյուլ...

— Ո՛ւֆ, կրակ բռնես, հերիք է, — վերջապես համբերությունից դուրս գալով, բղավեց Սանամը, աջ ձեռը զարկելով Շըպպանիկի ուսին:

— Ասա՞ամ, — հարցրեց Շըպպանիկը, խորամանկորեն նայելով Սանամի երեսին:

— Ասա՛, ասա՛:

— Հի՞նչ կտաս:

— Ինչ որ խոստացել եմ:

— Ալի նա՛:

— Ո՞վ:

— Հայալու, աբըռոլու, Գյուլնազի աղջիկ...

— Սուսա՞նը, — ընդհատեց Սանամը:

— Հա՛, հանց Սուսանը:

— Հանաքներդ մի կողմ դիր, օղորմի հորդ, հանաքի ժամանակ չէ, Շըպպանիկ, ասա, տեսնեմ, ո՞վ է գոված աղջիկդ:

— Հանաք չամ անըմ, մինիկ տղիդ արևը վկա:

— Խելքդ տեղը չի, Շըպպանիկ:

— Քալաֆիդ ճոնդը կորցուրալ ես, պան ամ ասըմ, դու հանց էշըդ ես քշում: Իմ խելքս գլխըմս ա: Չիմ մացա, չիմին հարց ու փորձ արի, սուտ, սուտ, լափ սուտ:

— Սուտս ո՞րն է, սաղ քաղաքն է խոսում:

— Բարըբաղ իլի մեր քաղաքը, հինչպես քի հանց բարըբաղ ա իլիմ: Հախ միայն տերը քանդի դյուշմանի տունը, որ խեղճ աղջկան անըմը նախախտան կոտրալ ա:

— Ո՞վ է դուշմանը:

— Կուժ ծախողի տղան, ան մին վիժա բոյի տեր մեռածը: Սեյրանը, Սեյրանը, Սեյրանը: Ան դալուն տափին կպած Սեյրանն ա նախախ տեղան չով արալ սաղ քաղաքում, քիի «Բաբխուդարի աղջիկը իմ հարսնացուս ա, աթանց ա, անանց ա, ֆլան ա, բեշմաքան ա»:

— Նախախս ո՞րն է: Սուսանը Սեյրանի հարսնացուն է: Ասում են մի մատ երեխերք են եղել, որ ծնողները նշանել են:

— Դե, հենց պանն ալ տա յա ալի: Հենց Սեյրանի ցավն ալ տա յա, քիի առաջ բեշիգքյարթմանա ան արալ, հիմի չան տաամ, պրծավ քինաաց:

— Պատճառն ի՞նչ է, որ հիմա չեն տալիս:

— Հի՞նչ պիտի իլի: Սաբաբը նա յա, քի Հայրապետի տղան, ան մեռած Սեյրանը, հիմիկվանան, որ մին վիժա բոյ ունի, էնքան շառլատանացալ ա քի, որ — մեռալ ամ արարիչ ասսու բոյին — յա ինքը մինին կսպանի, Սիբիր կիքինա, յա ալ յուրան կսպանեն: Բարխուդարը, Գյուլնազը գի՞ժ ան, քի նրա պես հեյվարին աղջիկ տաա՞ն: Օխտը քաշալ աղջիկս իլի մինի մաղը նրան չեմ տալ ես, դու հի՞նչ ես խոսըմ, չամ մանըմ իսկի:

— Չեմ իմանում, էլի խելքս բան չի կտրում:

— Հի՞նչ խելքի պան ա, շատ պարզ, շատ աշկարա նաղլ ա: Մեկել օրը քիշերվա կեսին մտալ ա շիրաչիխանա, այնքան կոնծալ ա, որ ճանքալակուկուշ ա դառալ: Ետով ընկերների հետնան կռիվ ա արալ, գլոխ-մլոխը չախչախ ան արալ, հիմի տունումը ընկած տընքտընքըմ ա:

— Խե՛ղճ տղա, խեղճ հեր ու մեր:

— Խեղճ օձ կծի խեղճ տղին:

— Այ ախչի, այ ախչի, ինչպես ես դմիշ անում, որ հոր ու մոր մինիկ տղի համար անեծք ես անում:

— Հըմ, գյուլլախորով իլի նա, որ խեղճ աղջկան անըմը սաղ քաղաքի բերանն ա քիցալ: Նա յալ հի՞նչ աղջկան որ ասօրվա լյուսի պես լյուս ա, երկնքի հրեշտակի պես սուրբ ա:

— Ախար Հայրապետի տղան ի՞նչ միտք ունի, որ նախախ տեղից Բարխուդարի աղջկան խայտառակ է անում: Չէ՛, Շըպպանիկ, մեջ տեղ էլի մին փուտ կա:

— Աղջիկն իսկի փուտ չունի: Ասըմ ես, Սեյրանը հի՞նչ միտք ունի. միտքը նա յա իլալ, քի որ անմեղ աղջկան անըմը չով անի քաղաքում, հինչ ա, քի մին դանա տղա ջուլիաթ չանի նրան ուզիլ, որ վերջը յուրան վիզին մնա: Իմացա՞ր: Առա էէ՛, հիմի անկոջիդ քամակը թե տեսնես, Սուսանին ալ կտեսնես, առա է՛է՛, առ էյ...

Վերջին խոսքերն արտասանելու ժամանակ Շըպպանիկը երկու ձեռների մատերը չռեց և ճանզ արավ դեպի դուրս, Սեյրանին վերաբերելով:

— Հիմա ի՞նչ անենք, Շըպպանիկ, սուտ թե դորթ, էս ձայնը դուրս է եկել էն մարդու աղջկա վրա: Ես էլ, դրուստն ասեմ, իսկի ինքս չեմ էլ հավատում, որ էն հոր ու մոր աղջիկը վատ-վատ բաներ անի, ինչու որ նրան զնդանի մեջ են պահում: Տանից չեն դուրս բերում, որ աստուծո լույսն էլ է տեսնի, ինչպե՞ս կարող էր Սեյրանի երեսը տեսնել: Դրուստն ասեմ, Շըպպանիկ, դորթ է, ես նրանից ձեռ եմ վերցրել, բայց սիրտս իսկի չի կտրվում: Գիշեր ու ցերեկ նրա պատկերը հենց աչքիս առաջ կանգնած է: Ախար էն բոյ ու բոլսաթը, էն շիր ու շնորհքը, էն գեղեցկությունը ո՞ր աղջիկն ունի:

— Իսկ հո՞վ, իսկի հո՞վ, մին դանա յա, թայը չկա: Ես ալ հենց անդյուր ամ ասըմ քի ցեքա պաց չթողնանք ալի: Ախար, ասի տեսնամ, անանց աղջիկ հի՞նչ տեղան ես կարով քիթանալ, հո՞վ ունի: — Իսկի հով, իսկի հով: Սաղ քաղաքի աղջկերանց ճրնանչըմամ, մին-մին դընդըղալամ, ուզում ես չիմին մին-մին մատներովս համբըրամ: Առա՛, դա քեզ Շավալիի թոռը — թամբալ, այբեժառ, դա քեզ Եղյանց Խանմի աղջիկը — մեջքան դաթված, կարճ, որ հենց իմանաս հաջյուջ-մաջյուջներան իլի: Հաջյուջ-մաջյուջը նա յա, որ աշխարիքի վերչըմը պիտի կյա: Հա՛, դա քեզ Ագրիփաչանց Մամառի աղջիկ Սապանը — հի՞նչ ա, իսկի երեսին թիքիլի ալ չի: Ալ հո՞ր մինը ասամ, — առա՛, դա քեզ..,

Շըպպանիկն երկար ժամանակ մի առ մի թվեց Շամախու չափահաս աղջկերանց անունները առանձին-առանձին: Բանից դուրս եկավ, որ միակ բացառությունը կազմում էր Սուսանը:

— Ալի, ալի Սուսանը, ալի Գյուլնազի աղջիկը: Քաղաքը չորացալ ա, նրանից սվա ուրիշը չկա ու չկա: Ա կնիկ, ցեքա բաց մի թողնիլ, — կնքեց Շըպպանիկը յուր ատենաբանությունը, մի սպառնողական հայացք ձգելով Սանամի երեսին:

Այդ հայացքը նշանակում էր, թե եթե վերջինը հրաժարվի Սուսանին յուր որդու համար ուզելուց, հետո շատ ու շատ կափսոսի:

Սանամը գլուխը թեքեց կրծքին և ընկավ մտածողության մեջ: Շըպպանիկը լռեց և սկսեց աչքերի տակով խորամանկությամբ նայել նրա երեսին, կարծես կամենալով թափանցել նրա միտքը: Մի քանի րոպե շարունակվեց այդ լռությունը: Վերջապես, Սանամը գլուխը բարձրացրեց, ծռեց դեպի աջ ուսը, ձեռները իրարու վրա դարսեց և դրավ կրծքին:

— Չէ, Շըպպանիկ, ինչքան ֆիքր եմ անում, էլի տեսնում եմ, որ բանը գլուխ եկող չի, — ասաց նա խորհրդավոր կերպով:

— Սաբա՞բը, — հարցրեց Շըպպանիկն յուր դեմքի վրա խաղացնելով մի կեղծ զարմացական ժպիտ:

— Ես ինքս, ինչպես ասացի, չեմ հավատում, որ Գյուլնազի աղջիկն էս բաներն արած լինի Սեյրանի հետ: Բայց...

— Հը՛ը:

— Դժվար է աղջկա կոտրված անունը սաղացնել: Հախնախախ՝ Սուսանը ընկել է քաղաքի աչքում, ես թե որ ուզեմ նրան, խալխը աչքերս թքով կհանի: Դու գիտես, որ ազգականներ, բարեկամներ կան: Չէ՛, Շըպպանիկ, չեմ կարող ես էս վարսս նրանց ձեռքից ազատել, — վերջացրեց Սանամը, աջ ձեռով առաջ քաշելով զիսակներից մինը և ցույց տալով Շըպպանիկին:

— Ես ալ կասամ — հինչ ես ասիլյու: Ղեյիդդ կտրվի, ազգականներ, բարեկամներ, ֆլան-բեշմաքան: Քյանդյուկ-Մանանը չի՞ բարեկամիդ մինը: Հըմ, ես նրա բարեկամ աչքը հանամ, հալլա: Մի՛ ինջիմիշ իլիլ ինձանա, Սանամ խանըմ, որ բարեկամիդ աթանց ուշունց ամ տամ, չունքի ես իմանըմ ամ — հով ա բարեկամդ, հով ա չարակամդ:

— Թող Շըպպանիկի հոգին քառասուն հազար սատանաների փայ իլի, եթե նա քեզ մուխանաթություն ա ուզում անի :

— Թող լինի:

— Հառուր իզար սատանի զլուխ կըճըճեխամ, չամ թողնիլ, քի ձեր մատը փուշ մտնի: Դե, վեր կաց մին քիչ մրաբա բեր, որ բերանս քաղցրացունամ, ետով քինամ, բանը վերջացունամ:

— Ի՞նչ ես վռազում, մի քիչ համբերի, որ ֆիքր անեմ:

— Ալ ֆիքր անելի տեղը չի, քանի տաք-տաք ա, բանը վերջացրու քինա: Ես երեկ ասօր Բարխուդարանց տանումն ամ իլալ, դորթը ասամ, իսկի ինքը, Բարխուդարը, ռազի չէր իլիմ, որ տղիդ աղջիկ տա: Աղաչանք, պաղատանք արի, ախըրը մին թահար խոսկ առի...

— Ի՞նչ, աղաչել-պաղատելս ո՞րն է: Ասում է. «փուսոսնիկին դրին խալիի վրա, թող իլավ»: Հիմա ես Բարխուդարի աղջիկն ուզեցի, մնաց նրա նազ անելը, այ էրի հա՜:

— էրի հա չի, Սանամ խանըմ, մի՛ նեղանալ, դե Բարխուդարն ալ մարդ ա, ախըր չի ասիլյու, քի «հը՛, առա՛, վիզովդ ամ քիցիմ աղջկանս, տա՛ր»: Մին քիչ նազը-բազ կանի ալի, բաս հի՞նչ: Ամա դու արխային իլիր. ես թանը քութահ ամ արալ: Դյու հանց ասօր նշանի մատանիքը հազիր արա, մին ալ տղիդ գիր գրի, որ շուտով կյա, ալ չյետանա: Գիրի՛ր էէ, որ չյետանա, ասիր «իրեսդ թրջած ա, եկ իստեղ վեր արա»: Ամա լավ կանես, Սանամ խանըմ, որ նա հի՛նչ ա, ան զաhիրմարի անըմը, որ թելով քինյամ ա: Նա ալի, որ աս տարի ան շինալ:

— Տեպե՞շ:

— Հա, հա, ան սատանի քյարխանան, որ ասըմ ան մին սահաթըմ համխաբար ա տանըմ, համ բերըմ: Դե լա՛վ, ինչպես ուզում ես, անանց արա: Ամա հանց ասօր վերջացրու բանը հա: Դեհ, ախըր ասացի, վեր կաց մըրաբա բեր, որ բողազս քաղցրացունամ:

— Ո՛ւֆ, բողազդ որդնը դնի:

Սանամը բարձրացավ տեղից, գնաց մյուս սենյակը: Մի քանի րոպեից հետո նա վերադարձավ մատուցարանը ձեռին, որի վրա փոքրիկ ափսեներով դրված էին երկու տեսակ մուրաբաներ և մի բաժակ օղի:

— Աստոծ շաննո՛ր անի, դյուշմանի աչքը քոռանա, — բացականչեց Շըպպանիկը, դատարկելով օղիի բաժակը և իրարու հետևից մի քանի գդալ մուրաբա կուլ տալով:

— Ես ի՞նչ գիտեմ, տա աստված, որ վերջներս խեր լինի, — արտաասանեց Սանամը, հառաչելով:

— Դե՛հ, հալալիզա, մնաս բարով: Ես վազ տամ Գյուլնազի գլխին, որ նրա հետնան ալ բանը քյութահ անամ: Դյու, հինչպես ասացի, Սանամ խանըմ, մին կտոր գիր գրիր, ան ստանի թելով խըրկիր տղիդ, որ ալբա ալ յըղի ընկնի: Մնաս բարով:

Շըպպանիկը շալը ձգեց գլխին և դուրս եկավ: Սանամը մուրաբաները տարավ մյուս սենյակը, հետո եկավ թախտի վրա նստեց և մտածողության մեջ ընկավ:

IV

Այդ օրից ուղիղ հինգ շաբաթ էր անցել: Աշնանային մի ուշ երեկո էր: Հոկտեմբերի հորդառատ անձրևներից կիսախարխուլ Շամախու լայն, բայց կեղտոտ փողոցներում գոյացել էին անտանելի ցեխ և բազմաթիվ մանր ճահիճներ: Եղանակը բավական ցուրտ էր: Թանձր մառախուղը, հասնելով մինչև երկրի մակերևույթը, քաղաքը պատել էր անթափանցելի խավարով: Ամեն ինչ խաղաղ էր, բնակիչները արդեն վաղուց քնած էին: Փողոցներում տիրում էր լռություն, որ ընդհատվում էր գիշերային պահապանների քնաթաթախ ձայներով: Այդ ժամանակ քաղաքի կենտրոնում գտնվող գինետներից մեկում հավաքված էր երիտասարդական մի խումբ: Սրանք, թվով մինչև ութ հոգի, մի կիսամաշ և կեղտոտ սեղանի շուրջը նստած «քեֆ էին անում», այսինքն արաղ ու գինի էին խմում և խորոված ուտում: Տիրում էր մի այնպիսի խառնաշփոթ և խլացուցիչ աղմուկ, որ, կարծես, այստեղ մի ահագին բազմություն կար: Մեկը, բուխարու գդակը բերանին պահած, երգում էր ինչ-որ պարսկական երգ: Մյուսը երկու ձեռներով խփում էր սեղանին և բերանով շվացնում, իբրև թե երգեցողի հետ ներդաշնակություն պահելով: Երրորդը կարմրած դեմքով, վառված աչքերով, գինով լի բաժակը ձեռին, ոտքի կանգնած, գոռում էր ինչքան ձայնում ուժ կար, ինչ-որ «կենաց» առաջարկելով: Մի ուրիշը տաքացած վիճաբանում էր յուր մոտը նստած ընկերոջ հետ այնպիսի ձայնով, որ, կարծես, խոսակիցը կես վերստ հեռու լիներ:

Այս բոլոր խառնաշփոթ, անճոռնի և այլանդակ ձայները միանալով ծխախոտի և խորոված թանձր ծխով և ըմպելիքների շոգով տոգորված խոնավ մթնոլորտի մեջ, անախորժ ազդեցություն էին անում մարդու վրա: Իսկ միջահասակ, հաստափոր, աչքերը ճարպ կոխած գինեվաճառը մի առանձին զորություն էր տալիս այդ աղմուկին: Կեղտոտ գոգնոցը փորին կապած, նա գինետան մի անկյունում խորովածի շամփուրները պտտեցնում էր ճզվըզող կրակի վրա և հաստ ու խռպոտ ձայնով անդադար գոռում. «փահ, փա՛հ, ի՛նչ քյաբաբ ա, քեֆ արեք, մեռնեմ ձեզ պես ջահի՛լների դամաղին, հափ-հափ, աղա, հուռռա՛: Եվ գինեվաճառի զորեղ ձայնը, սրընթաց անցնելով գինետան կամարաձև առաստաղի տակով, ճնշում էր մյուս ձայները:

Այս ընդհանուր խառնաշփոթությանը չէր մասնակցում միայն մի երիտասարդ: Նա արմունկները սեղանի մի անկյունին հենած, գլուխը ձեռների ափերի մեջ դրած, անշարժ նստած էր: Գինետունը լուսավորվում էր առաստաղից քարշ արած մի կանթեղով, որ ծածկված էր հարյուրավոր ճանճերով: Կանթեղի դեղնագույն լույսը, հազիվ թափանցելով թանձր մթնոլորտը, երիտասարդի կոների արանքով ընկել էր նրա նիհար և դեղնած դեմքի վրա: Նա աչքերը սեղանին հառած՝ ինչ-որ մտածողության մեջ էր: Ընկերների աղմուկը, կարծես, նրա ականջներին չէր հասնում:

— Աղա, Ենգիբար, մի բաժակ գինի թափիր էդ նամարդի գլխին, ինչու է մռափըմ, էս գիշեր մեր քեֆը նա հարամ արավ, — գոռաց բեղերը ոլորած մի երիտասարդ, դառնալով դեպի մի ուրիշը:

— Բացվի՛ր, աղա, Սեյրան, բացվիր բահարվա վարդի պես, իսկի ֆիքր մի՛ անիլ, հորես նրանք կգան, մի քիչ կոնծիր, որ սիրտդ պնդանա, — ասելով դարձավ Ենգիբարը Սեյրանին և, բռնելով նրա գլխի մազերից, գլուխը վեր բարձրացրեց:

— Մի բաժակ գինի, մեծը, մեծը ածեցե՛ք, տվե՛ք Սեյրանին, ես, ինչպես թամադա, հրամայում եմ, — շարունակեց սրած բեղերով երիտասարդը, ինքն ևս յուր բաժակը նորից լցնելով:

Քանի մի վայրկյանում Սեյրանի առջև շարվեցին գինով լի մի քանի բաժակներ: Սեյրանը մտիկ տվավ նրանց և գլուխը շուռ տվեց:

— Խմի՛ր, ասում եմ, թե չէ գլխիդ ածել կտամ, — հրամայեց թամադան:

— Չեմ ուզում, — մրմնջաց Սեյրանը, բաժակները իրանից հեռու գնելով:

— Ինչո՞ւ:

— Միրտս խառնում է, — պատասխանեց նա թույլ ձայնով:

— Դատարկիր, ասում եմ, թե չէ ձեռքիցս չես պրծնիլ, հը՛մ:

Սեյրանը մի բաժակ դատարկեց:

— Աթանց, քամի՛ր, բաժակդ էլ թարս պարանի՛ր, ա՛յ ջան: Դա իմ կենացը, դե մինն էլ վե՛րցրու, ասում եմ քեզ, կուժը գլխիդ եկավ հա՛ա:

Սեյրանը երկրորդ բաժակը դատարկեց:

— Հա, էդպես, այ դոչաղ Սեյրան, տղամարդ ես, տղամարդ, հափ հափ, հուռռա՛:

Սեյրանը, բաժակները զզվանքով մի կողմ դնելով, դարձյալ գլուխը թեքեց կրծքին:

Նրա կարմրած աչքերի արագությամբ խաղացող բիբերից, ծռմռվող շրթունքներից, կակազող լեզվից երևում էր, որ գլուխը խիստ տաքացած է: Պակաս չէին հարբած և մյուսները: Բայց դրանք դեռ մեծ հաճությամբ շարունակում էին բաժակները զատարկել, այն ինչ՝ Սեյրանը վերջին բաժակը խմեց այնպիսի տհաճությամբ, յուր դեմքն այնպես թթվացրեց, որ, կարծես, քինաքինա էր խմում:

Աղմուկը քանի գնում այնքան զորեղանում էր: Ամենաչնչին պատճառներից սկսվում էին տաք վիճաբանություններ: Թամադան անդադար կենացներ էր առաջարկում և, միևնույն ժամանակ, աշխատում էր հանգստացնել վիճաբանողներին: Բայց ոչ ոք ուշադրություն չէր դարձնում նրա վրա, ամեն մեկը յուր ձայնն էր լսում և յուր համար խոսում: Գինետան դռները հանկարծ բացվեցին, և ներս մտավ մի բարձրահասակ երիտասարդ, որ բռնած էր աջ ձեռում մի երկայն փայտ: Նա գլխին դրած էր ձմերուկաձև, կարմրագույն մորթյա գդակ, որի ծայրը հասնում էր նրա փոքրիկ և խորամանկ աչքերին:

— Շուտ արեցե՛ք, աղա՛, — ներս մտավ թե չէ գոչեց երիտասարդը շնչասպառ ձայնով:

— Դուրս եկա՞ն, — հարցրին գրեթե միաբերան բոլոր հանդիսականները:

— Հա՛, հա՛, փետներդ վերցրեք, — պատասխանեց երիտասարդը, ձեռի փայտը անհամբերությամբ զարկելով գինետան հատակին:

Մի րոպե տիրեց լռություն: Ամենքը տարակուսությամբ նայում էին իրարու երեսին:

Սեյրանն արագությամբ վեր թռավ տեղից և, շուռ ու մուռ գալով, սրան ու նրան դիպչելով, դիմեց դեպի դռները: Լրաբեր երիտասարդը վազեց դռների առաջ, ձեռները աջ ու ձախ տարածեց և, կուրծքը դուրս ցցելով, կտրեց նրա ճանապարհը:

— Կանգնի՛ր:

— Հեռո՛ւ, — բացականչեց Սեյրանը, երկու ձեռներով հրելով երիտասարդի կրծքին:

— Մի՛ վռազիր:

— Բաց թո՛ղ:

— Համբերիր, միասին դուրս կգանք, — հակառակեց լրաբերը, յուր ուժեղ ձեռներով պահելով գինու զորությունից թուլացած Սեյրանին:

Սեյրանը շուռ եկավ և մի հայացք ձգեց յուր ընկերակիցների վրա: Ոչ ոք չէր շարժվում յուր տեղից: Լրաբերը կրկին փայտով զարկեց հատակին և գոռաց:

— Շուտ արեք դե, թե չէ տուն կհասնեն, հետո էլ բանը բանից անց կկենա:

Անցան մի քանի լուռ վայրկյաններ ևս: Վերջապես, թամադի դեր կատարող երիտասարդը բարձրացավ տեղից, վազեց գինետան մի անկյունը, վերցրեց մի երկայն փայտ և փափախը սեղմեց գլխին: Հետո նա կանգնեց գինետան մեջտեղում և հանդիսավոր եղանակով արտասանեց հետևյալ խոսքերը.

— Տղերք, դուք — ձեր նամուսը, ղոչաղ պահեցեք ձեզ, սրտներդ գայլի նման: Վայ էն նամարդի գլխին, որը երես շուռ կտա նրանցից. ասում եմ, փախչողի թափան-թիրիքը կթափեմ... տեսնում ե՛ք, դրանով հաա՛:

Այս ասելով, նա չուխայի փեշը հետ ծալեց, մեջքը շուռ տվավ երիտասարդներին և ցույց տվավ գոտիից քարշ արած դաշույնը:

— Դեհ, վերցրեք փետներդ, հայդա, — ավարտեց նա յուր խոսքը և գոռալով դուրս վազեց:

Բարձրացավ մի խառնաշփոթ աղմուկ: Ամենքը մի-մի փայտ խլեցին: Մի քանի րոպեում խումբը, շուռ ու մուռ գալով, իրարու դիպչելով, դուրս թափվեց: Գինետունը դատարկվեց:

Մեյրանն ամենից առաջ էր դուրս եկել:

V

Մառախուղն ավելի թանձրացել էր: Փողոցների անկյուններում ցցված լապտերների լույսը, հազիվ թափանցելով գիշերային խավարը, սփռվել էր ցեխոտ ճահիճների վրա և փայլեցնում էր նրանց կեղտոտ մակերևույթը:

Քաղաքի կենտրոնում գտնվող «հին ժամ» անվանված եկեղեցուց քիչ հեռու, փողոցի ծայրում երևցավ մի զորեղ լույս, լսվեցին զուռնայի և նաղարայի (թմբուկ) խլացուցիչ ձայներ: Այս լույսի և երաժշտության հետ միասին դիմում էր առաջ կանանց, տղամարդկանց և մանուկների մի բավական մեծ խումբ: Ժամանակ-ժամանակ զուռնայի ձայնը խլանում էր բարձրաձայն կրկնվող ուրախ բացականչումներով, շվոցներով և ծափահարությունով: Խումբն ընթանում էր առաջ ծանր և հանդիսավոր քայլերով:

Սուսանի հարսանիքի հանդեսն էր: Նորահարսը ոտից ցգլուխ փաթաթված էր մետաքսյա խայտաճամուկ չարշովի մեջ: Նրա երեսն ամբողջապես ծածկված էր թանձր քողով, տեղական սովորության համեմատ: Մոտ քսան ու հինգ տարեկան մի միջահասակ երիտասարդ գալիս էր նրա ձախ կողմով: Նա հագնված էր ո՛չ եվրոպական և ոչ ասիական եղանակով կամ պարզ ասած, նրա իրանն ասիացի էր, իսկ ոտներն ու գլուխը եվրոպացի: Մոխրագույն ատլասյա նորակար արխալուղ, ոսկյա բարակ գոտի, նուրբ սևագույն մահուդից կարած վենգերկա, մեծ ֆուրաշկա, նեղ անդրավարտիք և ճռճռան կոշիկներ, — այս էր նրա հագուստը: Նրա լայն թիկունքից, բարձր և բավական դուրս ցցված կրծքից հաստոսկոր երեսից, սուր այտերից, ամուր բազուկներից երևում էր ֆիզիկական ուժ և առողջություն: Իսկ արեգակի տաքությունից նրա այրված թուխ դեմքը, հաստ և քիչ տափակ քիթը, խորը խորշերի մեջ թաքնված մեխակագույն բոլորակ աչքերը և խոշոր սև ունքերը մի քիչ անախորժ և օտարոտի տպավորություն էին անում մարդու վրա: Նրա երեսը մաքուր սափրված էր, նորաբույս, բարակ սևագույն բեղերը խնամքով սրած: Առհասարակ տխուր, դաժան մարդու բավական տգեղ մի կերպարանք էր:

Սանամի որդի Ռուստամն էր, Սուսանի նշանածը: Երկար չենք պատմիլ, թե՛ ինչպես գլուխ եկավ Սուսանի և Ռուստամի նշանվելը և, վերջապես, հարսանիքը: Միայն այսքանը հարկավոր է ասել, որ այս բանում գլխավոր դեր կատարողը դարձյալ «զարան գիզի» Շըպպանիկն էր:

Կիսով չափ համոզելով Սանամին, որ սա յուր որդու համար Սուսանին ուզի, Շըպպանիկը հենց նույն օրից սկսեց գործ դնել բոլոր յուր հնարները, որպեսզի բանն անհապաղ վերջացնե: Նախ և առաջ նա գնաց Սանամի ազգականների և բարեկամների, «Թուխիկ-Մուխիկի» մոտ, որ ամենքի առաջ Սուսանին արդարացնի: Թեև Բարխուդարը նրան չէր խնդրել, որ այդքան աշխատի յուր աղջկա մասին և միայն կիսաբերան մի թեթև ակնարկություն էր արել, սակայն այսքանն էլ հերիք էր Շըպպանիկին: Նա շատ էր լսել, ինքն էլ անձամբ փոքր ինչ ծանոթ էր Բարխուդարի բնավորությանը և գիտեր, թե ինչ նշանակություն ունի մի թեթև ակնարկ Բարխուդարի պես մարդու կողմից: Այս պատճառով Շըպպանիկը հանգստություն չուներ, ամբողջ երեք շաբաթ այստեղ ու այնտեղ, սրա ու նրա մոտ վազեց, գործ դրեց ամբողջ խորամանկությունը, սպառեց բոլոր հնարագիտությունը, լեզվի բոլոր ուժերը, մինչև որ բանը հաջողացրեց: Մի քանի կողմնակի հանգամանքներ ևս քիչ չնպաստեցին Շըպպանիկին: Բանն այն է, որ այդ ժամանակները Շամախի եկել էր մի օտարաքաղաքացի երիտասարդ վաճառական: Հայտնի չէր ինչպես, Շըպպանիկի գլուխը մտել էր, որ իբր այդ երիտասարդը եկել է «Շամախու գյոզալներան մինին դափմիշ» անելու, այսինքն պսակվելու նպատակով և փնտրում է մի գեղեցիկ ու խելոք աղջիկ: Շըպպանիկը մի օր ձեռները հինայով ներկեց, մազերը կարգին սանրեց, երեսը Ղազանի սապոնով լվացավ, սնդուկից դուրս բերեց նոր շալը, ձգեց գլխին ու, հայդա, երիտասարդի մոտ:

Նա ծանոթացավ վերջինի հետ, մի քանի բաժակ թեյ խմեց նրա մոտ, զննեց, քննեց, հարց ու փորձ արավ նրան, թե ո՛վ է, ինչ տեղացի է, ինչ գործի է, որքան կարողություն ունի և այլն: Բանից երևեցավ, որ երիտասարդը զանձակեցի է, պարապում է մետաքսի առևտուրով և բավական կարողություն ունի: Թե նա Շամախի է եկել առևտրական գործերով և ոչ թե պսակվելու, թե ինքն արդեն պսակված է և երբեք մտադրության չի ունեցել երկրորդ կին ունենալու, «չունքի առաջին կնիկը կռիվ կանի, համ էլ, դեհ, հայ քրիստոնյայի օրենքով մի մարդ երկու կնիկ չի կարող պահել» և այլն, և այլն:

Տեղեկանալով այս բոլոր մանրամասնություններին, Շըպպանիկը քիթը քաշ, «քյոռ ու փոշման» դուրս եկավ երիտասարդի մոտից, բայց առ ժամանակ վճռեց ոչ մի մարդու չիայտնել, թե ինքը սխալված է եղել: Նա նպատակ ուներ: Անմիջապես Շըպպանիկը վազեց Սանամի գլխին և սուտ-սուտ, շունչը փորը գցելով, հաղորդեց նրան: — «Ա կնիկ, հանց աս սահաթին ան գենջեցի տղի մոտան ամ գամ: Փող, դովլաթ, սելի պես: Ինքն ալ մի գյոզալ ա, մին գյոզալ ա, մի բոյ բուսաթ ունի, քիհի որ դյու ալ, պառավ տեղովդ, տեսնես քեֆդ կգա, կսիրահարվես: Ինձի թափշուր արավ, որ մին լավ աղջիկ ճարեմ նրա համար: Հիթսուն դանա ջնգալի նիկոլայներ խոստացավ ինձ: Ես նրա մոտ Գյուլնազի աղջկան թարիֆ արի, խեղճ մարդու բերանը բաց մնաց, ասեց. «հենց նա ինքն ա իմ ուզած աղջիկը»: Հիմի, ա կնիկ, ալ ինձ խոսացնել չի իլիլ, ասիր, տեսնամ, ազյամ ուղում ես տղիդ հետի Սուսանին — ուզիր, ազյամ չես ուզում - ալ ան մարդու աղջկան բանդուվանի մի քիցիլ, թող քինամ ան տղի հետի քյութահ անամ, բանը քինա»:

Սանամը Շըպպանիկի խոսքերին հավատաց և մի օր ժամանակ խնդրեց, որ մտածի: Մյուս օրը Շըպպանիկը կրկին ներկայացավ նրան, և այս անգամ Սանամը վճռողաբար ասաց, որ ցանկանում է Սուսանին ուզել: Շըպպանիկը ոտք ու ձեռք ընկավ, երկու օրում նշանդրեքը գլուխ բերեց:

Սանամը հեռագրել տվավ, Ռուստամը երկու շաբաթից հետո հասավ Շամախի, և ահա արդեն նրա հարսանիքն էր այդ գիշեր կատարվում:

Սուսանի մյուս կողմով գալիս էր կնքահայրը — Ռուստամի վաճառական ընկերներից մեկը: Իսկ Ռուստամի կողքով գալիս էր Սմբատը, իբրև հարսեղբայր: Սրանց հետևից գալիս էին հանդիսականները, որոնց մեջ ամենից առաջ երևում էին Գյուլնազը և Սուսանի ընկերուհի Սուսամբարը:

Սուսամբարը Սուսանի համար ուղեցույցի դեր էր կատարում, որովհետև վերջինի երեսը ծածկված էր թանձր քողով: Հարսը ոչինչ չէր տեսնում կամ հազիվ կարողանում էր նշմարել: «Ախչի, գլուխդ այս կողմը պահիր, ախչի, կոներդ ծռիր, մեջքդ դրստիր, ախչի, չարշովդ հավաքիր», — քչփչում էր անդադար Սուսամբարը: Սուսանը հլու հնազանդությամբ կատարում էր նրա բոլոր պատվերները:

Սուսամբարը նորապսակի պարտականությունները անգիր գիտեր, որովհետև դեռ մի ամիս չկար, որ ինքն անցել էր այդ բովով: Թե ով էր Սուսամբարի նշանածը և ինչպես էր պատահել, որ պսակվել էր — այս մասին մանրամասն տեղեկություններ հայտնի չէին: Միայն մի առավոտ Սուսանը լսեց յուր մորից, որ վերջապես Սուսամբարին նշանել են և երկու օրից հետո պսակելու են մի օտար քաղաքացի մարդու վրա: Անչափ ուրախացավ Սուսանը յուր ընկերուհու այդ անսպասելի բախտավորության վրա, բայց նույնը չի կարելի ասել Սուսամբարի վերաբերմամբ: Երբ Սուսանը շտապեց շնորհավորելու Սուսամբարին, վերջինը, կրծքից մի խորը հառաչանք արձակելով, պատասխանեց. — «ինչ պսակվել է, չգիտեմ, ծնողներս կոնիցս բռնել են ու անտեր շորի պես շպրտում են մի անծանոթ ու անհայտ տղի շլնքին»: Այսպես թե այնպես, Սուսամբարը նորահարս էր:

Հանդեսը ծռվեց դեպի այն փողոցը, ուր գտնվում էր Ռուստամի տունը: Խլացուցիչ զուռնան անընդհատ փչում էր: «Նաղարաչին» երկու բարակ, տաշած, սրածայր փայտերով անդադար խփում էր կոնատակին բռնած նաղարայի չորացած կաշիին, թնդացնելով մառախուղը: Հանկարծ հանդիսականների հետևից լսվեց մի ինչ-որ գոռոց և միևնույն վայրկյանին ռումբի չափ մի քար թռավ հանդեսի մեջտեղը: Քարը դիպավ ջահ պահողի թևին, որի ձեռից ջահն իսկույն ընկավ և հանգավ:

Այդ անսպասելի դեպքը խառնաշփոթություն ձգեց հանդիսականների մեջ: Սկսվեց իրարանցում: Կանայք բարձրացրին ճիչ ու գոռոց, տղամարդիկ շվարվեցին: Ու անթափանցելի խավարի մեջ իրարու չտեսնելով, ոչ ոք չէր հասկանում, թե ինչ է կատարվում: Ամեն մեկը վախենալով մի որևէ հանկարծահաս վտանգից, պաշտպանողական դիրք բռնեց: Ընդհանուր խառնաշփոթության մեջ մանավանդ շփոթվել էին նորապսակները, Սմբատը, Սուսամբարն ու Գյուլնազը:

Աղմուկը շարունակվում էր, լսվում էին սպառնալի խոսքեր, անվայել հիշոցներ, և ոչ ոք չգիտեր ո՛վ է հայհոյողը և ում դեմ: Որոշվում էին մրայն մի երիտասարդի անկապ հիշոցները:

— Ջահը վառեցեք, — բացականչեց Ռուստամը յուր սուր, զորեղ և անհողդողդ ձայնով:

Ջահ պահողը, մի կողմում ընկած, տնքտնքում էր: Հանդիսականներից մեկը իսկույն մի լուցկի վառեց: Սև նավթի մեջ թաթախված ցնցոտիները բոցավառվելով, լուսավորեցին տեսարանը պղնձագույն և ծխախառն լույսով: Գյուլնազը, Սուսամբարը և Սմբատը չէին հեռացել նորապսակներից: Առաջին երկուսը Սուսանին կպած, պատրաստ էին իրանց մարմնով պաշտպանել նրան վտանգի դեպքում:

— Ինչո՞ւ եք փախչում, էյ, է՛յ, կանգնեցեք, էյ նամարդներ, էյ վախկոտներ, — գոռում էր մեկը հանդիսականների հետևում դեպի փողոցի մյուս կողմը, որտեղից լսվում էր մի խումբ փախչող մարդկանց ոտնաձայնը:

Հետո գոռացողը երեսը շուռ տվավ դեպի հանդիսականները և սկսեց դարձյալ հիշոցներ տալ: Այս անգամ նրա հիշոցները որոշվում էին: Նա հայհոյում էր առանձնապես Ռուստամին տասնյակ փողոցային կեղտոտ խոսքերով: Հայհոյողը մի երիտասարդ էր: Ջահի լուսո ճառագայթները լուսավորեցին նրան: Նա գունատ էր ինչպես դիակ: Հագուստը ոտից ցգլուխ շաղախված էր ցեխով, մազերը ցիր ու ցան, աչքերը վառված: Աջ ձեռին պահած էր մի երկայն փայտ, ձախ թևի վրա փաթաթած էր չերքեզկան: Նա կամենում էր առաջ շարժվել, բայց չէր կարողանում, ոտները չէին հնազանդվում: Նա սաստիկ հարբած էր, այնպես որ կանգնած տեղը ամբողջ մարմնով տատանվում էր, ինչպես մի լարախաղ պարանի վրա:

— Ոչինչ չկա, զուռնան փչեցեք, առաջ գնանք, — խոսեց բարձր ձայնով Սմբատը և ինքը շտապով վազեց դեպի հիշոցներ տվող երիտասարդը: Նա խլեց վերջինի ձեռքից փայտը, բռնեց նրա թևից և հեռացրեց հանդիսականներից:

— Այդ ի՞նչ պատահեց, ո՞վ էր այն տղան, ի՞նչ էր ուզում, — հարցնում էր անդադար Ռուստամը շրջապատողներին: Եվ ոչ ոք նրան մի որոշ պատասխան չէր տալիս:

— Է՜հ, դատարկ բան է, գիշերվա շառլատաններից մեկն էր, — ասում էին միայն:

— Բայց ո՞վ էր, կարելի է ես ճանաչում եմ. անու՜նը:

— Թուրք էր, — պատասխանեցին, աշխատելով անհայտության մեջ պահել երիտասարդի անունը:

— Ախ, տեր աստված, այդ ի՞նչ կրակ էր, ես ճանաչեցի. նա ինքն էր, — քչփչաց Սուսամբարը Սուսանի ականջին:

— Ո՞վ էր, — հարցրեց նորահարսը հազիվ լսելի ձայնով:

— Սեյրանը:

— Սեյրանը, — կրկնեց Սուսանը թույլ ձայնով և ուշաթափվեց:

— Սուսան, Սուսան, ուշքի եկ, — բացականչեց Գյուլնազը, գրկելով յուր աղջկան: — Ա՜յ ջամահաթ, բալաս վախեցավ, բալաս ձեռքիցս դուրս եկավ, օգնեցեք:

Այդ նոր, անսպասելի դիպվածը հանդիսականներին բոլորովին շփոթացրեց այս անգամ: Զուռնայի ձայնը կրկին ընդհատվեց, և ամենքը մոտեցան նորապսակներին:

— Ջուր, ջուր բերեք՝ երեսին սրսկելու, — գոռում էր Ռուստամը մի ձեռով նորահարսին գրկած:

Այն գինետանը, ուր մի փոքր առաջ Սեյրանն յուր ընկերակիցների հետ հարբել էր, դեռ ևս փակ չէր: Սմբատը, հեռվից նկատելով ճրագի լույսը, վազեց անմիջապես այնտեղ, որ ջուր բերի:

Սուսանի երեսից քողը քաշեցին: Ջահի բույսը լուսավորեց նրա գունաթափ դեմքը: Անցան առաջին վայրկյանները, և Սուսանը հանկարծ աչքերը բաց արավ: Նրա դողդոջուն շրթունքներից դուրս թռավ մի խոսք, և նա կրկին ուշաթափվեց: Հանդիսականներից ոչ ոք չլսեց այդ խոսքը, բացի Գյուլնազից ու Սուսամբարից: Սեյրանի անունն էր: Ռուստամը ևս լսեց այն, լսեց և Գյուլնազի ու Սուսամբարի վրա տարակուսական մի խորը հայացք ձգեց: Գյուլնազի և Սուսամբարի վրա այդ հայացքը սարսուռ ազդեց, և նրանք միաժամանակ գլուխները կրծքերին թեքեցին, իրանց դեմքերը Ռուստամի սրատես աչքերից թաքցնելու համար։

VI

Մինչ խավարի մեջ տեղի ուներ այդ տեսարանը, զինետնում կատարվում էր մի ուրիշը։ Ցուր արշավանքի անհաջող հետևանքից հուսահատված, Սեյրանը կրկին վերադարձավ այնտեղ։ Գիշերվա կիսին նա ուրիշ ապաստարան չգտնելով, թախանձանքով խնդրեց, աղաչեց գինեվաճառին, որ սա թույլ տա իրան գինետանը գիշերելու։

Թուլացած մարմնով, վշտացած հոգով և փշրված սրտով, Սեյրանը քաշվել էր մի անկյուն և այնտեղ, մի կտոր կեղտոտ շորի պես շնթոված մտածում էր։ Ի՞նչ էր մտածում նա։ — Ոչինչ։ Ըմպելիքների շոգու մեջ խաշված ուղեղն ի՛նչ կարող էր գործել այդ ժամանակ մի հոգնած գլխում։ Այն տեսարանը, որ մի քանի րոպե առաջ կատարվեց փողոցում և որտեղ ինքը գլխավոր դերակատարն էր, այժմ նրան երազ էր թվում։ Նա չէր կարողանում պարզ հասկանալ կամ երևակայել, ինչ էր պատահել և ի՛նչու համար ինքը կրկին գինետանն է գտնվում։ Ընկերների խաբեբայությունը և անազնվությամբ դավաճանելով փախչելը, անվայել ու կեղտոտ հիշոցները, որ ինքն ուղղեց նորապսակներին, Ռուստամի հաղթությունը, Սուսանի գլուխը խոնարհած յուր ճակատագրին հնազանդվելը, — այս բոլորը, իրարու խառնվելով, անթափանցելի քաոս էին գոյացրել անարգված և ստորացած պատանու գլխում։ Ճնշված, հաղթված, ոչնչացած այդ մտքերի ծանրության տակ նա թավալվել էր և ուժ չուներ յուր տեղից շարժվելու, ինչպես յուր շուրջը ընկած դատարկ գինետկերից մեկը։

Այդ դրության մեջ էր Սեյրանը, երբ գինետան դռները բացվեցին, ներս թռավ Սմբատը։ Նա բարձրացրեց աչքերի ծանրացած կոպերը։

Սմբատը թախանձանքով խնդրեց գինեվաճառին մի փոքր ջուր։ Գինեվաճառը շտապեց կատարելու նրա խնդիրը։ Երբ Սեյրանի հայացքն ընկավ Սմբատի երեսին, կարծես էլեկտրական թելի ծայր կպավ նրա մարմնին: Մի վայրկյանում նա ուժի գալով, բարձրացավ տեղից: Սմբատն էլ յուր կողմից նկատեց նրան: Մի քանի վայրկյան երկու նախկին ընկերները իրարու երեսին մտիկ արին, ամեն մեկը, կարծես, սպասելով ինչ պիտի ասե մյուսը:

— Էէ՜յ... շշո՛ւուն... շ... — սկսեց Սեյրանը, բայց, չկարողանալով արտասանել ուզած խոսքերը, գլուխը կրծքին թեքեց և բերանից դուրս թափեց գինու փրփուրը:

Սմբատի դեմքով սահեց մի ժպիտ, որ արտահայտում էր կես զզվանք, կես խղճահարություն դեպի յուր ընկած ընկերը:

— Ա՛ դդա, գլուխդ կփշրեմ, — դարձյալ թոթովեց Սեյրանը և, աջ ձեռի բռունցքը սեղմելով, կամեցավ առաջ շարժվել, չկարողացավ:

Սմբատն այս շարժումից հասկացավ նրա միտքը: Սակայն ինքը տեղից անգամ չշարժվեց: Սեյրանը կրկին մի քանի վայրկյան թոթովեց, և այս անգամ նրան հաջողվեց արտասանել մի ինչ-որ անվայել խոսք: Սմբատը պարզ լսեց նրա բերանից թռած այդ անվայել խոսքը, որ սաստիկ վիրավորական էր նրա համար: Մի վայրկյանում նրա ականջները կարմրեցին, պռոշները սփրթնելով սկսեցին ցնցողաբար դողալ: Նա մի կողմ դնելով գինեվաճառից ստացած ջրով լի կալան, սեղմեց յուր բռունցքները և, կարծես, պատրաստվում էր հարձակվել Սեյրանի վրա: Գինեվաճառը զարմացավ: Նա մի քանի վայրկյան, բերանը բացած և կարմրած աչքերը չռած, նայում էր մերթ Սեյրանին, մերթ Սմբատին, ձգտելով երկու պատանիների այդ տարօրինակ զաղտնիքը թափանցելու: Սեյրանը, մի ձեռը սեղանին հենած, մյուսը ամուր սեղմած, աչքերը Սմբատի կրծքին հառած, անդադար տատանվում էր, երբեմն արտասանելով ին-որ անհասկանալի խոսքեր:

— Ամաչիր, ամաչի՛ր, Սեյրան, տես ինչ օրն ես ընկել քո հիմուրությունով, — խոսեց, վերջապես Սմբատը և նույն վայրկյանին մտաբերելով յուր քրոջ դրությունը, վերցրեց ջրի կուլան, երեսը շուռ տվավ, որ դուրս գնա:

Սեյրանը մի քանի քայլ հետևեց նրան և կրկին կանգ առնելով, գոռաց բարձր ձայնով, որքան ուժ ուներ.

— Կանգնի՛ր... ես չեմ ուզում...

Սմբատը կանգնեց և հետ նայեց:

— Հա՛, չեմ ուզում կեղտոտ շորը, չեմ ուզում լպստած պատառը, տարեք ու շների առաջը գցեք, — արտասանեց Սեյրանը այս անգամ բավական պարզ:

— Երդվում եմ, Սեյրան, այս գիշերվա սուրբ պսակով, որ ոտներիս տակ քեզ շանսատակ կանեմ, եթե այդ աղտոտ լեզուդ փորդ չես քաշի, — պատասխանեց Սմբատը, ատամները կրճտելով և նորաբույս բեղերը կրծոտելով, որ զսպի յուր կատաղությունը:

— Սուրբ... սուրբ, հը՜մ, չէ, կեղտոտ, ինչպես, այ տե՛ս, ըմպողդ... կեր...

Այս անգամ Սմբատի համբերությունը սպառվեց: Նա ջրի կուլան կրկին սեղանի վրա դրավ, հարձակվեց, բռնեց Սեյրանի կոկորդից և սկսեց խեղդել:

Գինեվաճառը բղավելով մեջ ընկավ, որ նրանց բաժանի: Սեյրանը Սմբատի ճանկերում նման էր քաղցած կատվի թաթերում ընկած չնչին մկան: Նա շնչասպառ, մեջքից ծռվեց և թուլացած երկու ձեռներով քարշ ընկավ Սմբատի մազերից:

— Հետ լզիր թքածդ, ասա — մեղա աստուծո, թե չէ, Քրիստոսը վկա, հոգիդ այս բոպեին սատանաներին կշպրտեմ, — գոռում էր Սմբատը, մատներով Սեյրանի վիզը շղթայած և անդադար թափահարելով նրա գլուխը:

Սեյրանում խոսելու ուժ չէր մնացել: Նրա լեզուն դուրս էր ընկել, կարմրած աչքերը չռվել էին, կարծես, քիչ էր մնում, որ դուրս պրծնեին:

— Այ աղբեր, դա ինչ կրակ էր, որի մեջ զցեցիր ինձ: Ձեռ քաշիր, աստված սիրես, ինչ ես սպանում խեղճ տղին, — բացականչում էր գինեվաճառը, աշխատելով Սմբատի ձեռները հեռացնել Սեյրանի կոկորդից:

— Բաց եմ թողնում, գնա՛, ազատում եմ, առանց այդ ևս դու փչացել ես, թող զուր ձեռներս չկեղտոտեմ, — ասաց Սմբատը և, բաց թողնելով Սեյրանին, երկու ձեռներով հետ հրեց նրան:

Սեյրանը հետ ու հետ գնալով թավալվեց պատի տակ, ինչպես ուժեղ ձեռքից արձակված մի բրդյա գնդակ: Նա կրկին կամեցավ բարձրանալ, բայց այս անգամ Սմբատն ուշադրություն չդարձրավ նրա վրա, և ջրի կուլան վերցնելով, շտապով դուրս գնաց:

VII

Մինչ Սմբատի հասնելը, Սուսանին արդեն ուշքի էին բերել:

Զուռնան կրկին սկսեց փչել, և հանդեսը առաջվա կարգով շարժվեց առաջ: Քառորդ ժամից հետո հասան Ռուստամի տուն և ծանր քայլերով մտան բակը: Այստեղ նորապսակների դեմ դուրս թափվեց կանանց և տղամարդկանց մի ուրիշ խումբ, որի գլխին կանգնած էր Սանամը մետաքսյա հագուստով զուգված ու զարդարված:

Սանամի դեմքի վրա խաղում էր զվարթ ժպիտ: Նրա՝ երիտասարդական կենդանությունից վաղուց զրկված՝ աչքերը փայլում էին ներքին գոհունակությամբ: Արդարև նրա ուրախությունն անսահման էր: Չէ՞ որ նրա իղձը կատարվում էր և, վերջապես, նրա միակ ու սիրելի որդին պսակվում էր: Նրա մայրական սիրտը զարկում էր միայն և միայն յուր որդու բախտավորությամբ: Եթե կար մի ուրիշ անձնավորություն, որ թեև ուրիշ զգացմունքներից դրդված, բայց նույնչափ այդ գիշեր ուրախ էր, որչափ Սանամը — այդ Շըպպանիկն էր: Այս անգամ նա ձեռները մինչև բազուկները և գլխի կարճլիկ մազերը ներկել էր հինայով մի առանձին հոգացողությամբ: Երբ հարսանիքի հանդե՛սը ներս մտավ, Շըպպանիկը իսկույն դուրս ընկավ նորապսակների դեմ և, երկայն բազուկները վեր քաշելով, սկսեց պարել զուռնայի եղանակով:

— Աստոծ շաննոր անի, այ օղուլ, Շըպպանիկը չինար բոյիդ մատաղ, — բացականչեց նա, ընկնելով Ռուստամի վզովը և մի քանի անգամ համբուրելով նրա ճակատն ու թշերը:

Հետո, բաժանվելով Ռուստամից, շարունակեց պարելը:

— Ղայթաղի ածեցեք, աղա՛, — հրամայեց նա զուռնաչիներին և կռնատակից հանելով մի ափսե, պահեց յուր գլխից վեր, պարը շարունակելով:

Սանամը ծոցից քսակը հանեց և մի բուռն արծաթադրամ թափեց բաժակակալի մեջ: Չորս կողմերից հանդիսականները հետևեցին նրան, և մի քանի րոպեում Շըպպանիկի ափսեն լեցվեց պղնձե, արծաթե և թղթե դրամներով: Երաժիշտների վառված աչքերը ագահությամբ ճանապարհ դրին այդ փողերը մինչև Շըպպանիկի գրպանը, որտեղից վերջինի աջ ձեռը հեռանալով, մի վիրավորական նշան արավ զուռնաչիներին: Վերջապես, Շըպպանիկը ասպարեզից դուրս եկավ, յուր հնձով բավականացած, և նրա տեղը մեջ մտավ պառավ Սանամը: Երաժիշտները իրարու աչքով արին և ավելի սաստկացրին զուռնաների ծվծվոցը: Սանամը յուր հաստլիկ մարմինը լխլխացնելով և մինթանայի փեշերը փռռացնելով, սկսեց պար գալ: Ռուստամը հնգանոց թղթադրամի ծայրը թքով թրջեց և խփեց յուր մոր ճակատին: Սուսանն յուր լղարած, դողդոջուն ձեռով հանեց մի կապույտ թղթադրամ, ամոթխածությամբ դրավ յուր սկեսրոջ ափի մեջ: Հանդիսականները ոգևորվեցին, և ամեն մեկը շտապեց յուր լուման ասպարեզ հանել: Սանամը հավաքված փողերը հանձնեց զուռնաչիներին և դուրս նկավ ասպարեզից: Այնուհետև հանդիսականներից մեկը մի մեծ ափսե բռնեց նորապսակների գլխին, և ներկա եղողները մի առ մի հերթով ձգեցին իրանց նվերները: Որը ձգեց թուղթ փող, որը ոսկի, որը մի որևէ ոսկեղեն կամ արծաթեղեն, որը մի որևէ հագստացու և այլն: Վերջապես, զուռնան դադարեց և հանդիսականները ներս մտան ընթրելու:

Սուսանին տարան կանանց բաժինը, որ Սանամի հարևանի տանն է, իսկ Ռուստամը մնաց տղամարդկանց բաժնում:

Իբրև նորահարս, Սուսանը, քաղաքի ավանդության համաձայն, պարտավոր էր ամբողջ ընթրիքի ժամանակ ոտքի վրա կանգնած մնալ: Բայց այս անգամ այդ ավանդության դեմ մեղանչեցին: Հանդիսականներից մի քանիսը, որոնք ներկա էին այս գիշերվա անսպասելի անցքին և Սուսանի ուշագնացության ականատես, համոզեցին վերջինին և նստացրին սենյակի ծայրում, հատուկ յուր համար պատրաստած փափուկ մետաքսյա մինդարի վրա: Գյուլնազն և Սուսամբարը նստեցին նրա կողքին, մեկը — աջ, մյուսը — ձախ: Ընթրիքի ժամանակ Սուսամբարը անդադար քչփչում էր Սուսանի հետ թաքուն, այնպես որ ոչ ոք նրանց լսել չէր կարող, մանավանդ որ բոլորը զբաղված էին ավելի ուտելով, քան նորահարսով:

— Խեղճս գալիս է նրա ծնողներին, հիմա ես գիտեմ ինչ օրումն են նրանք, — ասում էր Սուսամբարը:

— Չեմ իմանում, թե այսքան մեղքերիս համար ինչ պատասխան պիտի տամ ահեղ դատաստանի առաջ, — քչփչաց Սուսանը:

— Դո՞ւ ինչ մեղավոր ես:

— Չ՛է, Սուսամբար, մեղավորն ես եմ, հորս տանջողն էլ ես եմ: էհ, երկնային թագավոր, փառք քո զորությունին, փա՛ռք, ինչ պիտի անեմ:

— Ինքդ քեզ մի տանջիր, առանց այդ էլ վրեդ մի ոսկոր է մնացել ու մի կաշի:

— Երանի կլիներ, որ այն էլ շուտով հողի տակ փտեր, ես էլ կհանգստանայի, կհանգստանային ուրիշներն էլ: Մտիկ արա, Սուսամբար, կողքիս նստած մորս, մտիկ արա նրա երեսին, տես, թե նա ինչ օրն է ընկել: Տես, խեղճ կնիկը կոները ծոցում ծալած մոտս այնպես է նստել, որ, կարծես, իմ թաղման հանդեսն է կատարվում այստեղ: Ուրիշները ուտում են, խմում, ուրախանում, բայց նա, կարծես մյուս աշխարհ է թռել: Ախ ծնողներ, ծնողներ, սպանեցի ես ձեզ իմ հիմարությամբ:

Այս խոսքերն արտասանելիս Սուսանի աչքերից դուրս թափվեցին արտասուքի առատ կաթիլներ և ողողեցին նրա մաշված ու գունասպառ երեսը: Նա արտասուքը խեղդեց, նրա կուրծքը ծանր շնչառությունից սկսեց բարձրանալ ու ցածրանալ այնպես, որ կարծես թշվառ նորահարսը մահվան մահիճում լիներ: Հանդիսականներն այդ չնկատեցին, բացի Սուսամբարից: Չէր նկատում նույնպես և Գյուլնազը, որ, աչքերը սեղանի մեջտեղին հառած, արձանացած, նստած էր: Նրա աչքերը կորցրել էին իրանց նախկին կրակոտ փայլը, և կենդանության մի թույլ նշան էր մնացել նրանց մեջ: Նրա պշկած երեսը տեղ-տեղ ծածկվել էր կնճիռներով, և մի խորը գիծ նրա ոսկորացած ճակատի մեջտեղով ուղղագիծ անցնելով, բաժանում էր կուչկուչված հոնքերը իրարուց:

— Սուսամբա՛ր, — շշնջաց կրկին Սուսանը:

— Հըմ, խոսիր, հոգիս, ի՛նչ ես ուզում, — հարցրեց Սուսամբարը, թեքվելով դեպի նրա ականջը:

— Մի բան որ հարցնեմ, ճշմարիտը կպատասխանե՞ս:

— Սուսամբարը ե՛րբ է քեզ սուտ ասել, որ հիմա ասի, — պատասխանեց Սուսամբարը խորը հանդիմանական եղանակով:

— Ճշմարի՛տ է, որ ասում են, թե աստված ինքնասպանի հոգին առանց դատաստանի է հանձնում սատանաներին:

— Այդպիսի բաների վրա խոսելու ժամանակ չէ, հարսանիքդ է: Մեղք է, Սուսան, մի՛ խոսիր:

— Չէ՛, Սուսամբար, թե ինձ սիրում ես — պատասխանիր:

— Դատարկ-դատարկ քիչ խոսիր, քեզանից կխռովեմ:

— Աստծուդ սիրես, դու — քո միակ եղբորդ արևը:

— Ո՛ւֆ, դե իհարկե այդպես է:

— Ի՞նչպես, ինքնասպանները դժո՞խքն են ընկնում:

— Հա՛:

— Թե մեղք էլ չունենան, արդար լինե՞ն:

— Էլ արդա՞րս որն է: Սպանությունից հետո էլ ինչ արդարություն մնաց:

— Ուրիշի չի սպանում հո, իրան է սպանում էլի:

— Հապա ինքը մարդ չի՞:

— Բայց ինչո՞ւ առանց դատաստանի:

— Հերիք է:

— Ասա՛, եթե ինձ սիրում ես:

— Ինքնասպանի համար դատաստան չկա: Մենք արարիչ աստուծո պատկերով ենք ստեղծված: Մարդասպանը աստուծո պատկերն է սպանում ու նրա դատաստանով է դժոխք գնում: Բայց երբ որ մարդ ինքն իրան է սպանում, նա գիտե՞ս ինչ է ասում աստծուն:

— Ի՞նչ:

— Տես, ասում է, ով աստված, քեզանից այնքան ամաչում եմ, որ քո պատկերովդ ինքս էլ չեմ ուզում ապրել:

— Մեղա, մեղա քեզ, տեր աստված, դու չարը խափանես, — շշնջաց Սուսանը հառաչելով և երեք անգամ երեսին խաչակնքելով:

— Ինչո՞ւ համար էիր հարցնում:

— Հենց այնպես:

— Տեսնում ես, որ մեր տերտերներն էլ ինքնասպանին օրենքով չեն թաղում: Հիմա դու ասա՛. որ մի մեռել առանց «համբիսկի» թաղվի, էլ նա ի՛նչ երեսով պիտի ահեղ դատաստանի առաջ կանգնի:

— Փառք քեզ, աստված, դու բարին առաջես, — ասաց կրկին Սուսանը և հետո ընկավ մտատանջության մեջ:

Մինչդեռ կանանց բաժանման մեջ նորահարսը յուր ընկերուհու հետ զբաղված էր այս մռայլ խոսակցությամբ, տղամարդկանց բաժնում նորափեսային ուրիշ միտք էր տանջում:

Ինչո՞ւ համար էին այն մարդիկ հարձակվում նորապսակների վրա: Ո՞վ էր այն տղան, որ հիշոցներ էր տալիս: Սեյրան... Սեյրան, այդ ի՞նչ անուն է, որ Սուսանի բերանից լսեց Ռուստամը: Երևի, Սուսանի բարեկամներից մեկն էր, որ հարսանիքատանը հարբել էր, Սուսանի ծնողների հետ կռվել ու եկել, որ ճանապարհին ոխը նորապսակներից հանի: Չէ, այդպես չէ, այստեղ մի բան կա, որ ոչ ոք, ոչ ոք չի ուզում ասել Ռուստամին: «Թուրք էր, շառլատանների մեկն էր», ասում են, փիե՛, նա հայերեն էր խոսում, ի՞նչպես թե թուրք էր: Չէ, անպատճառ մի թաքուն բան կա, Ռուստամի սիրտն էլ վկայում է այդ: Չէ, Ռուստամը անպատճառ պիտի իմանա, թե չէ՛ — սիրտը կտրաքի:

Այդպես էր մտածում նորափեսան սեղանի շուրջը պտույտ գալով և հանդիսականներին զանազան ծառայություններ անելով: Նա յուր կասկածանքով լի հայացքը ձգում էր հերթով հանդիսականներից ամեն մեկի վրա և խորը նայում, կարծես, կամենալով կարդալ նրանց դեմքերի վրա գաղտնիքը: Բայց հանդիսականների դեմքերը ոչինչ չէին արտահայտում, բացի ուրախ տրամադրությունից գինու ու արաղի ազդեցությամբ: Ռուստամը մանավանդ ստեպ-ստեպ նայում էր Սմբատին, որ, գլուխը կրծքին թեքած, ընթրիքին չէր մասնակցում: Երբ Ռուստամը նայում էր, Սմբատը խույս էր տալիս նորափեսայի զննող հայացքներից: Ռուստամի սուր աչքերը այդ նկատում էին, նկատում և կրկնապատկում նրա կասկածը: — «Նա ինչո՞ւ հաց չի ուտում, հը՞ըմ, ինչի՞ վրա է մտածում: Նա երեխիս էլ չի ուզում մտիկ անել, տե՛ս, տե՛ս, ինչպես է աչքերի տակով մտիկ անում: Տեսեք, տեսեք, պստիկ-պստիկ պատառներ է դնում բերանը ու ծամում, իբրև թե ուտում է: Չէ՛, մի բան կա, որ հացը բողազովդ ներս չի գնում: Հը՛մ, ի՞նչ բան է, բա ես չկարողանամ իմանա՞լ: — Չէ՛, ես պիտի իմանամ, պիտի իմանամ...»

Մինչդեռ այդ կասկածավոր մտածմունքները չարչարում էին Ռուստամին, խնջույքը հետզհետե կենդանանում էր: Սկսվեցին կենացներ: Թամադան մի կարճահասակ, նիհար, կարմրադեմ, հաստ և շեկ բեղերով մի մարդ էր: Դա մի հին գրագիր էր, որ երկար տարիներ քաշքշվել էր պետական հիմնարկություններում: Ինչպես Շըպպանիկն էր Շամախում հայտնի և նշանավոր որպես «զարանգիզի», այդպես և այս հին չինովնիկն էր հայտնի իբրև թամադա: Ո՛ր հանդիսում, ո՛ր հարսանիքում, վերջապես, ի՛նչ ուրախության տեղերում որ լիներ, նա միշտ թամադա էր ընտրվում, և այս պատճառով քաղաքում նրան կոչում էին ո՛չ յուր անունով, այլ — «թամադա-Կըճի»: «Թամադա-Կըճին» նախ և առաջ հրամայեց խմել նորապսակների կենացը:

— Թագավոր-թագուհիի կենացը, հուռա՛, — գոռաց նա, բաժակը բարձրացնելով:

— Հափ հափ, հուռա՛, — կրկնեցին հանդիսականները, բաժակները պարպելով:

Հետո «թամադա-Կըճին» հրամայեց կրկին լցնել բաժակները:
— «Կնքահայր-Սոլդուշի» կենացը, — դարձյալ գոռաց նա:
— Հուռա՛:
— Մեկ էլ լցրեք բաժակներդ:
Հանդիսականները լցրին իրենց բաժակները:
— Ղոսպոդա, — սկսեց թամադան, — էքստըրըննի օբշիյ կանպանիի կենացը:
— էքստըրըննի, էքստըրըննի, հափ-հափ հուռա՛, — բացականչեցին միաբերան բոլոր հանդիսականները և կրկին դատարկեցին իրանց բաժակները:
Այնուհետև թամադա-Կըճին մեկ էլ լցրեց բաժակը, բարձրացավ ոտքի, ձախ ձեռը դրավ կողքին և կարճլիկ իրանը դուրս ցցեց: Հանդիսականները հետևեցին նրա օրինակին:
— Ղոսպոդա՛, զա՛, — սկսեց թամադան մի առանձին շեշտադրությամբ:
— Զա՛, — կրկնեցին բոլոր հանդիսականները:
— Զդարովիե, — շարունակեց թամադան:
— Զդարովիե, — կրկնեցին բոլորը:
— Նաշեղո:
— Նաշեղո:
— Սմբա՛տա:
— Սմբա՛տա:
— Բարխուդա՛րիչա:
— Բարխուդա՛րիչա:
— Վի՛պիոմ:
— Պի՛պիոմ:
— Հափ-հափ հուռռա՛, — ավարտեց թամադա-Կըճին:
— Հուռռա՛, — կրկնեցին հանդիսականները:
Եվ այսպես, հանդեսը կենդանացավ, երաժիշտները ոգևորվեցին: Թառի լարերը պարսիկ նվագողի թանձր հինայով ներկած բարակ մատների տակ լեզու ստացած, մի առանձին ոգևորությամբ էին արտահայտում արևելյան Մուսայի հառաչանքները: Շիրազի երգեցողի լայն կոկորդից ինքնուրույն ներդաշնակությամբ դուրս էին հեղվում անմահ Հաֆըսի սիրահարական խոսքերը: Փոքրիկ զանգակներով զարդարված դահիրան անդադար պտույտ էր գալիս երգեցողի ձեռում:
Վերջապես, ընթրիքն ավարտվեց, և հարբած

հանդիսականները չուռ ու մուռ գալով վեր կացան և սկսեցին հերթով պարել: Չպարողները և պարով չհետաքրքրվողները քաշվեցին դահլիճի այս ու այն անկյունը և խումբ-խումբ հավաքված սկսեցին խոսել ու զվարճանալ: Ամենքն ուրախ էին, ամենքի դեմքերի վրա փայլում էր բերկրություն, բացի երկուսից — Սմբատից և Ռուստամից:

Սմբատը մեն-մենակ հեռացած դահլիճի մի անկյունը, ծխում էր: Ռուստամը գիժ ոչխարի պես անհանգստությամբ պտտում էր դահլիճի չորս անկյունները: Կասկածը հետզհետե նրա մեջ զորեղանում էր անսպասելի կերպով, չնայելով, որ ընդամենը մի քանի ժամ էր, որ նրա մեջ ծագել էր այն: Նա կասկածում էր ամենքին և ամեն բանի, կասկածում էր Սմբատին, կասկածում էր հանդիսականների ամեն մի առանձնախոսությանը, կասկածում էր մինչև անգամ երաժշտության այս ու այն եղանակը: Երբ նա տեսնում էր, որ հյուրերից երկուսը առանձնացած խոսում են, իսկույն մտածում էր. — «Անպատճառ ինձ վրա են խոսում, ախ, եթե իմանայի ի՛նչ են խոսում»: Եվ նա զգուշությամբ մոտենում էր խոսողներին, և, երեսը նրանցից դարձնելով, թաքուն ականջ էր դնում: Բայց երբ լսում էր, որ խոսակցությունը բոլորովին մի ուրիշ առարկայի մասին է, նույն զգուշությամբ հեռանում էր, ինքն իրան ասելով. «գիտեմ ինձ վրա էին խոսում, բայց, երևի, ինձ տեսան, խոսքը փոխեցին»:

Մի անկյունում նրա ականջին հասավ մի խոսք, և նա մնաց մեխված տեղն ու տեղը: Այս անգամ խոսողները երկու երիտասարդներ էին, որ գինու ազդեցությունից հազիվ կարողանում էին ոտքի վրա կանգնել: Ռուստամը կանգնած էր նրանց հետևում, այնպես որ չէր նկատվում:

— Քեզ ասում եմ մինչև կոկորդը, այ մինչև այստեղ, — ասում էր խոսողներից մեկը, ձեռով ցույց տալով յուր կոկորդը:

— Ա՛ քիշի, չէ՞, ցըը՛ ցըը՛:

— Դու մեռնես, եթե սուտ ասեմ:

— Հապա նրան թողած, ինչի՞ դրան եկավ:

— Փահ, երեխա ե՞ս, հապա հե՞րը:

— Զուզե՞ց:

— Չէ՛:

— Խեղճ աղջիկ, հիմա ով է իմանում, սիրտը բլթբլթըմ է:

— Հը՛մ, իսկի խոսք կա՞, չտեսար ինչպես սիրտը գնաց:

— Տեսա, ինչպես չէ, նրան էլ տեսա:

— Տղի՞ն: Ամա նամարդ ընկերները լավ փախան հաա:

— Ես էլ չեմ հավատում, որ աղջիկը...

— Դու իսկի ջահիլություն չես արե՞լ: Աղա՛, ջահիլ աղջիկ, ջահիլ տղա, հըմ, — ասաց երիտասարդը, գլուխը խորհրդավոր կերպով շարժելով:

— Աստված մի արասցե, Ռուստամը իմանա հա՛:

Երաժիշտները կրկին պարելու եղանակ հնչեցին, և խոսողները շտապեցին պարի հանդեսը:

Ռուստամի դեմքը թղթի գույն ստացավ, աչքերը վառվեցին, շրթունքները կապտեցին, ծնկները թուլացան, և քիչ մնաց թավալվեր դահլիճի հատակի վրա:

— Ի՞նչ եմ անում, տղամարդ չեմ, ի՞նչ է, — ասաց նա ինքն իրան, աշխատելով անտարբեր ձևանալ:

Նա բեղերը և շրթունքները կրծոտելով, մի քանի վայրկյան մնաց անշարժ:

— Չէ՞, էլի համբերություն է հարկավոր, կարելի է սուտ է, — ասաց նա կրկին ինքն իրան, — կարելի է այս մարդիկ նրանց թշնամիներն են: Համբերություն, յոթանասուն և երկու Ժամ համբերություն: Տեր աստված, տուր ինձ կարողություն համբերելու:

Այս ասելով, Ռուստամը շտապեց դեպի հանդիսականները:

VIII

Հարսանիքի չորրորդ օրն էր և առավոտ: Գյուլնազն և Բարխուդարը վաղուց արդեն զարթնել էին քնից: Իսկ Սմբատը մյուս սենյակում դեռ ևս քնած էր: Սովորականից դուրս այսօր նրան երկար միջոց չէին զարթեցնում քնից, թեև խանութ գնալու ժամանակն արդեն անցել էր:

Բարխուդարն, յուր մշտական ընկեր չիբուխը բերանը դրած, շարունակ ծխում էր, սենյակում հետ ու առաջ քայլելով: Գյուլնազը պատուհանի դեմ նստած, նայում էր դեպի փողոց: Երկու ամուսինների դեմքերն ևս արտահայտում էին խորին անհանգստություն: Բարխուդարն ամեն անգամ ծխի քուլաները բերանից բաց թողնելուց հետո, դուրս էր թողնում կրծքից մի խուլ հառաչանք, որից հետո նա մի քանի վայրկյան կանգնում էր և յուր անորոշ հայացքը ձգում դեպի սենյակի առաստաղը: Գյուլնազը ստեպ-ստեպ երեսը բոլորովին կպցնում էր լուսամուտի երկաթե վանդակի փեղկերին, կարծես, աշխատելով որքան կարելի է հեռու ու հեռու նայել: Երբեմն Բարխուդարը մոտենում էր լուսամուտին և նույնպես անհամբերությամբ դեպի փողոց նայում:

— Չի՞ երևում, — հարցնում էր նա Գյուլնազին անդադար հազիվ լսելի ձայնով:

— Համբերի՛ր, համբերիր, այ մարդ, ինչ՛ է սիրտդ բերանդ ընկել... ո՛ւֆ, — խոսեց վերջապես Գյուլնազը: — Շատ զարմանալի մարդ ես, ինքդ ասում ես. «չեմ հավատո՛ւմ», էլի հենց չես հանգստանում: Եկավ չեկավ մեկ չէ՞, ի՞նչ ես ոտքի ու ձեռքի ընկել:

— Քեզ ու ինձ համար մեկ է՛, բա խալխը՞, բա ինչո՞վ կկապես նրա բերանը:

— Տունը քանդվի էս աղաթը դնողի, տունը քանդվի հաա: Տանջվիր, չարչարվիր, աչքդ ջուր արա, թե ինչ է մի պոչը կտրված Շըպպանիկ պիտի գա ու քեզ աչքալուսի բերի: Բաս մեր աչքե՞րը, բաս մեր սի՞րտը, մենք չե՞նք ճանաչում մեր երեխին: Ո՞ւմ տանն է մեծացել նա, խալխի՞, թե մեր աչքի առաջ: Չէ՛, պիտի Շըպպանիկը մեջտեղ լինի, չէ, նրա մատը հենց խառն պիտի լինի: Վա՛յ մեզ, վայ մեզ: Հերիք է մի հուշտ, մի սխալ, հերիք է մի օր բանը ուշանա, մեկ էլ տեսար տղան կատաղեց: Մեկ էլ տեսար տղի հոր ու մոր, բարեկամների, ազգականների լեզուն փորներն ընկավ, սառան, քարացան, կապտեցին ու հարայ դալմաղալ գցեցին. «ձեր տված աղջիկը էդպես է, հա էնպես»: Տեր, տեր արարիչ աստված, տեր մեղա քո զորութենին, դու դատիր, երկնային ահեղ թագավոր: Դատի՛ր տե՛ս մեր բախտը, երեխիս բախտը, ում ձեռքումն է:

— Հերիք է, հերիք է, ինձ համբերությունից մի հանիր: Մտիկ արա դուրս, տես գալիս է, թե չէ:

Գյալնազն երեսը կրկին կպցրեց պատուհանի վանդակին:

— Ոտդ կոտրվի, վիզդ կոտրվի, Շըպպանիկ կնիկ, դե ե՛կ էլի:

— Սիրտս ասում է, որ էլի մի բան կա, այ կնիկ, թեպետ էս լույս ցերեկվա պես պարզ իմանում եմ ու հավատում, որ իսկի բան չկա:

— Համբերի՛ր. անհամբերությունից միտքդ էլ, սիրտդ էլ մոլորվում են: Իզուր տեղից վատ-վատ բաներ ֆիքր մի անիլ, այ մարդ, հոգի ունես տալու ահեղ դատաստանի առաջ:

— Հըմ, հոգի ունիմ: Հոգիս, Գյուլնազ, սատանաների բաժին կլինի, եթե... եթե երկու սհաթ էլ Շըպպանիկն ուշանա:

— Երեսիդ խաչակնքի՛ր, մեղա եկ աստծուն, չարը մտքիցդ հանիր: Ուֆ, աչքդ դուրս գա, Շըպպանիկ:

— Մտիկ տուր, մտիկ տուր, Գյուլնազ:

Բարխուդարի խոսակցությունն ու շարժվածքը վերին աստիճանի տխուր և հուսահատական էին:

— Ախ, գալիս է, — բացականչեց հանկարծ Գյուլնազը, վեր թռչելով:

— Թող գա: Չա՞ր թե՞ բարի, խայտառակությո՞ւն, թե՞ պատիվ:

Գյուլնազը շտապով դուրս գնաց:

— Դիլ դիլդիլ, ա՛յ ջան, ա՛յ շորոշ, — լսվեց դրսից Շըպպանիկի սուր ձայնը:

Բարխուդարը մի հառաչանք արձակեց կրծքից:

— Նե՛րս վազ տուր, ա կնիկ, աչքդ լյուսի, խալաթս, ա կնիկ, ա մարդ, Շըպպանիկի գլխին մին թազա շալ, յա չարշով, յա թոռ, յա աբրուշումի քյալայաղի:

Այդպես բացականչելով և պարելով ներս վազեց Շըպպանիկը:

Բարխուդարի մռայլ դեմքի վրա մի քանի վայրկյան փայլեց ուրախության մի ժպիտ այնպես, ինչպես երբեմն ձմեռային մռայլ երկնքում արեգակն է ամպերի տակից փայլում:

— Խալաթը գլխիդ է, — բացականչեց Գյուլնազը, մի նոր և նուրբ բրդյա շալ ձգելով Շըպպանիկի գլխին:

— Արևի լուսի պես պարզ: Ասսու հարաշտարակի պես սուրբ. առա, դա Սանամն ա խրկալ ձեզ աչքալույսի:

Շըպպանիկը գրպանից հանեց և Գյուլնազին տվավ մի մեծ կարմրափայլ նուռ, որ զարդարված էր ոսկյա թերթիկներով և վրան մի քանի մեխակներ ցցած: Բացի դրանից նա թաքուն Գյուլնազի ձեռը դրեց և՛ մի ճերմակ լաթի կտոր, որի վրա Գյուլնազը, մի խորհրդավոր հայացք ձգելով, իսկույն թաքցրեց փեշի տակ:

— Աս շալը կնկանդ խալաթը, բաս քո՛ւնը, ա մարդ, — դարձավ Շըպպանիկը Բարխուդարին, համարձակորեն երկու ձեռներով բռնելով նրա օձիքից:

Բարխուդարը ձեռը տարավ յուր գրպանը, հանեց մի հինգ մանեթանոց թղթադրամ և խփեց Շըպպանիկի ճակատին, մի խորը հառաչանք արձակելով կրծքից: Այդ վայրկյանին, կարծես, վշտացյալ հոր կրծքից վայր ընկավ մի ահագին ժայռ, և նրա նիհար ու դալկացած ծերունական դեմքը փայլեց քաղցր ժպիտով:

— Տեսնում ե՛ս, Բարխուդար, ե՛ս քեզ ասում էի, որ իմ երեխան հրեշտակի պես անմեղ է, — ասաց Գյուլնազը, ուրախությունից դողալով:

— Բարխուդարը քեզանից լավ էր իմանում, որ անմեղ է, թող մարդկանց լեզուները չորանան: Օրես դեն էլ ես պարզերես եմ աշխարհում, — բացականչեց Բարխուդարը և սկսեց ծխախոտի չոր տերևները ափերի մեջ տրորել, որ չիբուխը նորից լցնի:

— Կուժ ծախողանց Սեյրանի բիբիկը ջուր իլի, թո՛ղ հիմի դյուշմանները ճաքեն, տրաքեն, — բղավեց Շըպպանիկը, կրծքին երկու ձեռներով խփելով:

— Դեհ, Շըպպանիկ, գնանք, — հրավիրեց Գյուլնազը:

— Քինա՛նք, քինանք, հա՛նց աս մընութիս քինա՛նք, խնամիանք քեզ ան սպասըմ:

Գյուլնազն անցավ մյուս սենյակը, հագուստը փոխեց և Շըպպանիկի հետ շտապով գնաց Սանամանց տուն:

Բարխուդարը մնաց միայնակ: Նա մոտեցավ մյուս սենյակի դռներին, բաց արավ, նայեց ներս և կրկին փակեց: Հետո նա հետ դարձավ, արխալուղի թևի միջից դուրս հանեց մի բավական երկայն պարան, որը շատ սապոնված լինելուց փայլում էր: Հետո գդակը գլխից վերցրեց, դրավ մի կողմ և պարանը ձգեց հատակի վրա յուր ոտների տակ: Նայելով աջ ու ձախ, Բարխուդարը չոքեց պարանի առաջ, երեսը դեպի արևելք, ձեռները խաչաձև դարսեց կրծքին և, գլուխը քիչ թեքելով դեպի աջ ուսը, աչքերը հառեց սենյակի առաստաղին: Նա աղոթում էր: — «Տեր, ամենակարող աստված, տեր ամենակարող աստված, շնորհակալ եմ, հազար անգամ շնորհակալ եմ, որ դու քո կարող զորությունով ազատեցիր ինձ էս չար մտքից: Փառք քեզ, մեծ է քո զորությունը: Դու չթողիր, որ իմ մեղավոր հոգին սատանաների բաժին լինի: Բաշխիր, տեր աստված, բաշխիր, չար սաթայելը ինձ մոլորեցրել էր, աչքերս սևացրել էր, ես քեզ մոռացել էի: Երեխաս անմեղ էր, անմեղ էր, ես էլ հավատում էի մտքումս, բայց էլի չարը ինձ մի քանի սհաթ համբերությունից հանեց, մոլորեցրեց: Ումուդ եմ, ողորմած աստված, որ հիմա կբաշխես, մեղա եմ գալիս, առաջիդ չոքած աղոթք եմ անում, ոտներդ լիզում եմ»:

Բարխուդարը գլուխը թեքեց կրծքին և արխալուղի թևով սրբեց

աչքի արտասուքը: Այնուհետև նա կրկին գլուխը բարձրացրեց և մի րոպե ևս փնթփնթաց քթի տակ և, գդակը ծածկելով, բարձրացավ տեղից: Նրա դեմքն այժմ խաղաղ և հանգիստ էր: Նա պարանը շպրտեց մի անկյուն:

IX

Նորապսակների տանը հյուրերն արդեն հավաքվել էին: Դրանք Ռուստամի ամենամոտիկ բարեկամներն ու ազգականներն էին, որոնք Սանամի հրավերով եկել էին հարսանիքն ավարտելու: Չնայելով որ առավոտյան դեռ տասնումեկ ժամն էր, սեղանն արդեն պատրաստ էր, և հյուրերը շարվել էին նրա շուրջը: Ռուստամն այժմ ևս ոտքի վրա ծառայում էր հյուրերին: Իսկ Սուսանը մյուս սենյակումն էր, ուր ժողոված էին կանայք:

Գյուլնազը Շըպպանիկի հետ մտավ կանանց բաժանմունքը. Սուսանն երեսն հաստ քողով ծածկած նստած էր սենյակի մի ծայրում, հանդիսականներից բավական հեռու: Նրա մոտ նստած էր Սուսամբարը: Երբ Գյուլնազը ներս մտավ, Սուսամբարը քչփչաց Սուսանի ականջին, և վերջինն յուր հագուստն ուղղելով, հանդիսավոր կերպով ոտքի կանգնեց: Ուրախ ժպիտն երեսին, Գյուլնազը մոտեցավ նրան և մի ջերմ համբույր դրոշմեց յուր սիրելի աղջկա ճակատին:

— Շաննոոր իլի, շաննոոր իլի, ուրախութենով ապրեն, աճեն, բազմանան, — բացականչեցին հանդիսականները գրեթե միաբերան:

— Շոբո՛շ, այ շոբոշ, դյուշմանն գյոզի քյոռ օլսուն1, — մեջ մտավ Շըպպանիկը, որ յուր դերը երբեք չէր մոռանում:

Գյուլնազը մի թղթադրամ խփեց Շըպպանիկի ճակատին, հանդիսականները հետևեցին նրա օրինակին:

Ներս մտավ Ռուստամը: Գյուլնազը դիմավորեց և նրա ճակատը նույնպես համբուրեց: Ռուստամն ամաչելով և կարմրելով թեքեց յուր գլուխը և հարգանքով համբուրեց Գյուլնազի աջ ձեռը: Դա մի հանդիսավոր րոպե էր, որ անցավ խորհրդավոր լռությամբ: Շըպպանիկն էր, որ յուր սովորական երգով ընդհատեց այդ լռությունը:

Սկսեցին ճաշել: Ռուստամն անցավ տղամարդկանց բաժանմունքը: Այժմ նա ուրախ էր, նրա երեսին այլևս չէր նշմարվում անհանգիստ մռայլությունը, ինչպես հարսանիքի գիշերը: — «Ախ, չար լեզուներ, չար մարդիկ, ինչ բաներ էիք հնարում մի անմեղ արարածի անունը կեղտոտելու համար», — կրկնում էր նա ինքն իրան:

Շըպպանիկի ուրախությունն անսահման էր: Նա իրան համարում էր օրվա հերոսուհի, որովհետև խիղճը հանգիստ էր: Անդադար մոտենում էր Սանամին և ուրախ-ուրախ քչփչում: Ինչ էին խոսում նրանք, — այդ միայն իրանք գիտեին: Սակայն Սանամի հարաբերության մեջ նշմարվում էր խորին շնորհակալություն դեպի Շըպպանիկը: Հանգիստ էր նույնպես և Գյուլնազը: Նա մի առանձին քնքշությամբ էր նայում Սուսանին:

Բայց ամենից ուրախ, գոնե ըստ երևույթին, էր Սուսամբարը: Նա անընդհատ ծիծաղում էր, երբեմն ծափահարում, զանազան սրախոսություններ անում և հանդիսականներից սրան ու նրան ծաղրում: Իսկ մանավանդ նա ակնարկում էր Շըպպանիկին, որ չէր կարողանում, ինչպես ինքն էր ասում, «լպստածի օֆտից գալ»:

— Շըպպանիկը որ կա, մի մեռել լվանող ժամհար է, — ասում էր Սուսամբարը, — ինչ մեռել որ ասեք, լողացնում է: Մեռելն արքայություն կգնա, թե դժոխք, այդ նրա գործը չէ, միայն թե մեռելահախը ստանա: Չէ՞, Շըպպանիկ:

— Լվացած մեռալներս չիմ արքայություն ան քինամ, — պատասխանեց Շըպպանիկը:

— Ինչպես չէ, հըմ, հիմա այնքան աներեսն ես, որ կասես թե Սուսամբարին էլ արքայություն ես ուղարկել:

— Հանց միջումն ես նստած քի, ա բախտավար: Հիչ ա իլալ, մարդդ էլ փող, էլ դոլվաթ, էլ տուն, էլ տեղ, շիր ու շնորհք, ի՞նչն ա պակաս յարաբ:

— Մարդս հարուստ է, բայց մի կտոր բան կա, որ չի կարողանում առնել: Դրան ի՞նչ կասես:

— Յարաբ նա հի՞նչ բան ա:

— Այ, այստեղ որ կա:

Սուսամբարն այդ ասելով, աջ ձեռը դրավ յուր ձախ կրծքին:

— Սիրտը՞դ:

— Հա, մի կտոր միս, որ մարդս չի կարողանում առնել ինձանից:

— Հալբաթ շատ թանկ ես ծախում:

— Էժան, բայց մարդս շատ ժլատ մարդ է: Նա օրական տասն անգամ բարկանալուց և ամեն առավոտ քացախած երեսը վրաս ծռելուց ավելի ոչինչ չի տալիս: Շատ էժան չի՞, Շըպպանիկ: Քո իմանալով, քանիսի՞ն ուղարկած կլինես այդ արքայությունը:

Սուսամբարի այդ խոսքը հանդիսականների մեջ ձգեց մի փոքրիկ աղմուկ: Այս ու այն կողմից սկսեցին ծաղրել, ծիծաղել, բարկանալ և հանդիմանել Սուսամբարին:

— Նոր-նոր հավեր են դուրս եկել, երկաթի ձվեր են ածում, — ասաց մեկը:

— Ով է տեսել ինչրյու օրս, որ կնիկը մարդին ուրիշների մոտ բամբասի, — ավելացրեց մի ուրիշը:

— Ախար դե կարդացած ա, բաս շնորիքը շանց չտա՞, վիշշ, երեսիդ մեռունը թափվի, հալլա, — մեջ մտավ երրորդը, քիթ ու պռունգը մի կողմ շուռ տալով:

Դա Սանամի տալոջ աղջիկն էր, մի բավական չափահաս կին:

— Ես դրուստն եմ ասում, — շարունակեց Սուսամբարը: — Դուք ձեր ցավերը ինչքան ուզում եք թաքցրեք ձեր կրծքի տակ, որ այնտեղ սիրտներդ մըղմըղ ուտի հա ուտի: Դու էլ, խնամի — դարձավ նա Սանամի տալոջ աղջկան, — դու էլ Շըպպանիկի լվացած մեռելներից ես, ասա՛ տեսնենք, օրական քանի՞ անգամ է ազրահիլը մեջքիդ վրա փլավ ուտում: Մի վախենար, ես շատ լավ եմ իմանում, գլխիդ մազերի չափ մարմնիդ վրա ճիպոտի կապույտ զոլեր կան: Բայց դու հենց էլի դրան ու նրան ասա — չէ: Ումը որ հավատացնես, ինձ հո չես կարող:

— Ես իմ մարդիս ապրանքն ամ, դուլն ամ, նա իմ գլխիս տերն ա, հինչ որ ուզում ա, անըմ ա, քեզ հի՞նչ զոռ ա հասնըմ: Թե որ նա ինձ թակըմ ալ ա, սիրելուցն ա թակըմ:

— Խոսք չկա, սիրելուցն է թակում, բա՛ս: Հըմ, թքեմ էն սերի վրա, որ ճպոտի լեզվովն է խոսում. տար, տար այդ սերը, քեզ լինի ոտքով ու գլխով, խնամի ջան: Կնոջ ապրուստը, օրը ինչ է, որ յուր մարդու աչքում մին ձիու պատիվ էլ չունի: Մարդդ ձիուն օրական այնքան թումարում է, խոշբեշ անում, ճակատից ու աչքերից պաչում, ինչքան որ ճիպոտն է քո մեջքդ պաչում: Թաքցրու, թաքցրու ինչքան ուզում ես, էլի ճոթը դրսումն է:

— Հը՛մ, խրատողիդ երեսին կպչես հալլա, ախր ղարափալթար կույսից ի՛նչ էիր սովորելու: Առա էէ՛:

Այս ասելով Սանամի տալոջ աղջիկը բարկացած, աջ ձեռքի հինգ մատները չռեց և Սուսամբարին ճանգ արավ: Հայտնի չէր ինչպես կվերջանար այս վիճաբանությունը, գուցե կռիվ դառնար, եթե Շըպպանիկը չընդհատեր:

— Լավ ա, ա կնանիք, լյուզյուներդ փորներդ քաշեցեք, ձեզի չան կանչալ, քի մարդի ուրախությունը հարամ անեք, — ասաց Շըպպանիկը և, դահիրան վերցնելով, սկսեցածել ու երգել. Սուսամբարն այժմ թեքվեց դեպի Սուսանի ականջը և սկսեց քչփչալ.

— Հիմա դրանք կասեն, թե դու էլ բախտավոր կնիկ ես: Չեն իմանում, որ սիրտդ ու հոգիդ նրա մոտն է, մարմինդ են տվել Ռուստամին, որ չարչարվես ու տանջվես:

— Խոցոտված սրտիս աղ մի՛ շաղ տուր, Սուսամբար:

— Սիրտս կսկծալուց եմ ասում, մի՛ վախենար: Է՛հ, հինչ պիտի արած, ճարդ կտրված պիտի վիզդ ծռես ու տանես ինչ որ ճակատիդ գրած է, հո աստուծո հետ չես կարող կռիվ անել:

— Ուզո՞ւմ ես դրուստն ասեմ, Սուսամբար:

— Ասա:

— Ես է՛լ առաջվա պես չեմ տանջվում: — Ճարդ ինչ, պիտի սովորես էլի:

— Չեմ սովորիլ, բայց որ ասում եմ չեմ տանջվում, ինձ համար չեմ ասում, իմ բանը պրծած է:

— Ո՞ւմ համար ես ուրախ:

— Ծնողներիս համար, հենց որ նրանց ազատեցի, էլ, կարծես, ես ցավ չունիմ: Տեսնում ես, մայրս այսօր ինչպես ուրախ է, տես, հենց նրա ուրախ լինելն է ինձ հանգստացնում: Խեղճ կնիկ, մի տարի էր, որ հալված ու պշկած երեսդ ծիծաղ չէր տեսնում:

Այս խոսքերն արտասանելու միջոցին Սուսանի աչքերից կրկին ընկան արտասուքի մի քանի կաթիլներ և թրջեցին նրա այտերը: Նա հանեց արխալուղի գրպանից մետաքսյա թաշկինակը և սրբեց երեսն ու աչքերը: Թեպետ նա արտասվում էր, բայց չէր հեկեկում, և նրա մաշված կուրծքը չէր բարձրանում ու ցածրանում, ինչպես հարսանիքի երեկո:

— Հերիք է, Սուսան, արտասուքիդ կաթիլները ասեղների պես ծակոտում են կոտրված սիրտս: Օրես դեն լացդ անօգուտ է, հիմա զոռով քեզ համար պիտի ուրախություն ստեղծես:

— Սուսամբար, մի բան խնդրեմ:

— Հրամայիր:

— Շաբաթը մի քանի անգամ կգնաս մեր տուն, որ մորս ժամանակը ուրախ անց կենա:

— Այքիս վրա:

— Հորս մասին էլ տեղեկություններ կբերես ինձ:

— Լավ:

— Մի բան էլ եմ ուզում ասել, քաշվում եմ:

— Ինձ հետ էլ ես նազ ու բազ անո՞ւմ, Սուսան:

— Լավ, կասեմ: Հարսանիքի գիշեր, որ ես ուշաթափվեցի, Սմբատը վազ է տալիս մի մոտիկ գինետուն ինձ համար ջուր բերելու: Այնտեղ նա պատահում է Սեյրանին, կռվում են, Սմբատը թակում է Սեյրանին: Այս բանն երեկ ինքը, Սմբատը պատմեց ինձ: Սուսամբար, եթե ինձ սիրում ես, հենց այսօր գնա նրանց տուն ու Սեյրանի մասին ինձ համար տեղեկություն բեր: Սեյրանին թաքուն տես, ինձանից բարևիր և ասա, որ ես էլի առաջվա Սուսանն եմ: Աշխատիր սիրտ տալ, կարելի է մոռանա ինձ և մի կերպ ճանապարհի գա, թեպետ խելքս չի կտրում, որ նա փոխվի: Ասա, թող ինձ ների, որ ես այսքան չարչարեցի իրան: Իմացա՞ր: Այս իմ վերջին խնդիրն է, Սուսամբար:

Սուսանը թեև շշնջալով, բայց յուր խոսքերը արտասանում էր ծանր ու անհողդողդ եղանակով, ամեն մի բառ առանձին շեշտելով և երբեմն խոր հառաչելով: Եվ թեպետ արտաքուստ խաղաղ էր, սակայն նրա աչքերի մեջ երևում էր խորին հուսահատություն: Նա թաշկինակը տարավ դեպի աչքերը և սրբեց տամուկ թերթերունքները: Հանդիսականները չէին նկատում, թե Սուսանի երեսքողի տակ ինչ է կատարվում: Նրանք զբաղված էին ճաշով:

— Դեհ, Սուսամբար, էլ ուրիշ խոսք չունիմ, — շարունակեց Սուսանը, — ինչ որ խնդրեցի — կկատարես, աղաչում եմ: Հիմա մի քիչ կերակուր տուր, որ մորս մոտ ուտեմ:

Սուսամբարը վեր կացավ տեղից և ոտնավորին հրամայեց մի ափսե փլավ բերելու: Սուսանը քողի տակ սկսեց ճաշել:

Վերջապես, ճաշն ավարտվեց: Հանդիսականները վերջին անգամ շնորհավորեցին նորապսակներին և հարյուր տեսակ աղոթքներով մաղթեցին նրանց բախտավորություն ու ցրվեցին իրանց տները:

Մեղրամիսն անցավ, Ռուստամը ճանապարհ ընկավ Թեյմուր-խան-Շուրա յուր առևտրական գործերով:

X

Ձմեռն էր, հյուսիսային քամին կատաղությամբ ձյունի խոշոր ու չորթ քուլաները սրահից հավաքելով, զարնում էր Հայրապետանց տան դռներին ու պատուհաններին: Երեկո էր: Մարիամ բաջին մինչև մեջքը քրսինի տակ խրված, առջևը մի սկուտեղ դրած, բրինձ էր մաքրում: Նա ընթրիքի համար պիտի փլավ պատրաստեր, որ դեռ առավոտյան բազար գնալիս պատվիրել էր Հայրապետը: Չնայելով, որ օրը բավական մթնել էր, Մարիամ բաջին ճրագը վառել չէր: Նա ուզում էր բրինձը ընտրել, վերջացնել ու հետո տեղից վեր կենալ: Սենյակում բացի նրանից ոչ ոք չկար: Դռան ճեղքերից ձյունի կարկտանման հատիկները, ներս սրնթալով, կիտվում էին կիսամաշ կարպետներով և փսիաթներով ծածկված հատակի վրա: Երբեմն-երբեմն քամին այնպես սաստկանում էր, որ վզզալով, կարծես, ուզում էր սենյակի դռները դուրս հանել կրունկից:

Վերջին ամիսները Մարիամ բաջին բավական փոխվել էր: Ծերությունը այդ կարճ ժամանակում նրան միանգամայն հաղթել էր: Նրա նիհար բազուկները հալվել էին ու կպել կողքերին, երեսի գունասպառ կաշին խորշոմել, կուչ-կուչվել էր աչքերի տակ, պնչերի շուրջը և ծնոտի վրա:

Մի տարուց ավելի էր, որ նա դադարել էր գլուխը հինայով ներկելուց: Նրա գլխի մազերը այժմ երկու գույն ունեին — արմատից սկսած մի մատնաչափ՝ ճերմակ, իսկ այս տեղից մինչև ծայրը՝ կարմիր: Այդ մի տեսակ դաժանություն էր տալիս նրա դեմքին: Նա մտածում էր յուր միակ զավակի մասին, մտածում էր, և նրա սիրտը կսկծում, որովհետև երկար մտածողությունից հետո ոչ մի ուրախալի եզրակացության չէր հասնում:

— Էսօր դրուստ վեց շաբաթ է, որ նա գլուխ է վերցրել ու գնացել դարիբություն, — ասում էր ինքն իրան Մարիամ բաջին հառաչելով: — Ո՞րտեղ է գնացել, — ոչ ես գիտեմ, ոչ Հայրապետը, ոչ էլ մի ուրիշը: Սեյրան, Սեյրան, թարթափիլ անեն բախտավոր մերերը, նրանք էլ տղա ունեն դարիբ տեղերում, ես էլ ասում եմ, որ ունիմ: Է՛է, կյանքս մաշվել է, մի մազ դառել, էսօր էգուց նա էլ կկտրվի: Երկնային թագավոր, արևս մայր է մտնում, էլի դու ինձ չես խնայում: Ի՞նչ անեմ, էլի փառք քո զորութենին, էլի թող քո կամքը լինի:

Մարիամ բաջին մի հայացք ձգեց սենյակի առաստաղին և երեսին խաչակնքեց: Հետո նա մի քիչ իրանից հեռացրեց բրինձի սկուտեղը, ձեռները ծալեց, դրավ քրսինի ծայրում և գլուխը դրեց կռների վրա: Անցավ մի րոպե, նա գլուխը բարձրացրեց, սկուտեղը առաջ քաշեց և դարձյալ սկսեց ինքն իրան խոսել:

— Տերևը ծառից, մազը մարդու գլխից առանց քո հրամանի չի ընկնում, տեր աստված: Ինչ լինում է, քո կամքովն է լինում, օրհնյալ լինիս դու և օրհնյալ լինի քո կամքը: Ամենքին էլ բախտավորեցրիր, ամենքի բանն էլ դրստեցիր, ինչո՞ւ, յարաբ, ես ի՞նչ մեղավոր էի, որ դու ինձ էս օրին հասցրիր: Ինչո՞ւ համար՝ յարաբ աստված, իմ տղին հեռացրիր ինձանից, զցեցիր չոլերը, քամ բախտացրիր: Ասա, ո՞րտեղ է նա, ի՞նչ գործի է: Ինքն ասաց, թե մի տղի հետ ընկերացել է ու նրա հետ գնում է Ղուբա, որ լազզու շալեր առնի ու բերի էստեղ ծախելու: Ի՞նչով է առնելու: Հայրապետը փող չի տվել նրան, ինքն էլ տափ դատարկ էր, մին սև դրուշ էլ մոտը չուներ: Ինչքան ֆիքր եմ անում — բան չեմ հասկանում: Ինքն ասում էր, որ Ղուբա է գնում, հիմա մեկն ասում է, Դերբենդումն է, մյուսը՝ Շուրումն է, մի ուրիշը՝ Պետրովսկումն է, էլ չգիտեմ ինչ: Յարաբ, ումի՞ց կարող եմ մի դրուստ խաբար իմանալ, ո՞վ կասի ինձ: Հայրապետին խոսեցնել չի լինում, Սեյրանի անունը տալիս նրա ջիները հավաքվում են: Էհ, յարադան աստված, էլի դու, էլի քո փեշիցն եմ բռնում, դու հախը նահախին չես տալ: Իմ երեխաս մեղավոր չէր, նրանք փչացրին, խելքից հանեցին: Սաբաբի տունը քանդվի յուր գլխին հա՛, քանդվի Սաբաբի տուն ու տեղը:

Եվ Մարիամ բաջին վերջին խոսքերն արտասանելու ժամանակ գլուխը կրկին բարձրացրեց, նայեց առաստաղին և աջ ձեռով մի քանի անգամ կրծքին զարկեց: Այդ րոպեին նրա աչքերը, դեմքն ու առհասարակ բոլոր շարժվածքը լցված էին խորին սրտմտությամբ: Քանի որ Սեյրանը Շամախումն էր, քանի որ նա Մարիամ բաջու աչքի առաջն էր — Մարիամ բաջին սակավ անգամ էր դժթախտության հանցանքը ուրիշների վրա ձգում: Նա մեղադրում էր յուր որդուն, նրան էր համարում բոլոր անցքերի գլխավոր պատճառը: Իսկ եթե պատահում էր, որ Մարիամ բաջին մի ուրիշին մեղադրեր, այդ լինում էր այն ժամանակ, երբ Սեյրանին հանդիպած էր լինում մի նոր դժբախտություն, ինչպես այն առավոտ, երբ Սեյրանը գիշերով գինետանը թակվել էր: Այժմ, երբ Սեյրանն օտարության մեջ էր, այժմ Մարիամ բաջին յուր որդուն անմեղ էր համարում և գրեթե անպայման անմեղ: Այժմ նա հավատացած էր, որ Սեյրանը անբախտացել է ոչ յուր «գժությունների», այլ ուրիշների պատճառով:

— Ուֆ, Բարխուդար, — շարունակեց Մարիամ բաջին, կրծքին խփելով, — Բարխուդար, էս ժամաժամքին կուրծք եմ թակում ու աստված կանչում, որ նա քո հախին գա: Հա, Բարխուդար, կնիկդ օրս ընկնի: Հա, տափը փուշ դառնա, դու ոտաբաց լինես, ինչտեղ ոտ կոխես, քեզ ծակծակի: Հա, կսկծալի հարայդ, դադ ու բիդադդ, աման ալլահդ երկինք բարձրանա, աստծու ականթին չհասնի: Դու, դու, քյաֆթառ, դու էս օրին հասցրիր բալիս: Հըմ, հիմա ի՛նչ ցավ է կպել քեզ: Իսկի: Հիմա բախտավոր աներ ես, փեսա ունես, կնիկդ պապար-պապար է անում առաջիդ, աղջիկդ զառ զառբոֆի, ոսկր ու արծաթի մեջ է ապրում: Աղջկադ մի ձեռը եղում, մյուսը՝ մեղրումն է, էսօր էգուց էլ մինը կըցգնի, բաներդ էլ լավ կդրստվին:

Ավարտելով այս մենախոսությունը, Մարիամ բաջին կրկին լռեց և խորասուզվեց մտածողության մեջ: Այդ ժամանակ քամին ավելի սաստկացավ, պատուհանի ապակիները սկսեցին շարժվել իրանց տեղերում: Դռները բացվեցին և ուժգին թափով փակվեցին, ներս թողնելով ձյունի ալիքները:

— Ուֆ, աշխարհը քարուքանդ իլավ: Երկնքի փարդան ճղվել է, աստծու բարկությունը գլխներս է թափվում: Ի՞նչ տեղ մնաց էս մարդն, յարաբ: Կիրակի գիշեր է, երնի ժամ է գնացել աղոթք անելու: Յարաբ ո՞ւմ համար ես աղոթք անում: Անխղճմտանք մարդ, սիրտդ խաշխաշ հարելու քարի պես պնդացել է ու սև սևացել, չի ցավում մինիկ երեխիդ համար:

Մարիամ բաջին մի քանի վայրկյան ևս լռեց:

— Երեկ երեկոյան Սուսամբարը էստեղ էր: Լավ կնիկ է, խեղճը ինքն էլ լաց իլավ: Նա ինձ սիրտ էր տալիս, բայց ինչքան հարցրի, նա էլ մի դրուստ խաբար չկարողացավ ասել Սեյրանիս մասին: Ի՞նչ կպատահի, յարաբ, եթե Սեյրանը Շուրայումն է: Հակառակի պես, էն գյուլլախորով Ռուստամն էլ է Շուրայում:

Յարաբ, Մեյրանս ինչ կասի նրան, էն մեռածն էլ, թիկնամեջը տափին կպածն էլ ինչ կանի: Մեյրանս տաքարյուն տղա, Ռուստամն էլ հյուրսաթափ ազրահիլի ճուտ է, ով է իմանում, դարիբ քաղաքում երեխիս գլխին ինչ օյին կբերի:

Մարիամ բաջին բրինձը վերջացրեց, սկուտեղը մի փոքրը իրանից հեռացրեց և քրսինի երեսը ձեռով մաքրեց բրնձի հատիկներից: Հետո նա մի ձեռը սենյակի հատակին, մյուսը քրսինի ծայրին հենելով, ուզում էր բարձրանալ, երբ դուռը հանկարծ բացվեց և զգուշությամբ ներս մտավ ձյունով սպիտակացած չարշովի մեջ փաթաթված մի բարձրահասակ կին:

— Օղորմի աստված:

Մարիամ բաջին զարմացած հետ նայեց և կրկին նստեց տեղը: Ներս մտնողը Գյուլնազն էր: Մի քանի վայրկյան երկու բարեկամները նայեցին միմյանց, թեև մութը թույլ չէր տալիս պարզ որոշելու իրարու դեմքը: Մարիամ բաջին ճանաչեց Գյուլնազին:

— Օղորմի աստված, — կրկնեց Գյուլնազը, չարշովը գլխից հանեց և ձյունը թափ տվավ:

Մարիամ բաջին զարմացական հայացքով նայեց նրան ոտից ցգլուխ և կոպիտ ձայնով պատասխանեց.

— Ոչ — օղորմի ծնողացդ:

Այս ասելով, նա բրնձի սկուտեղեր առաջ քաշեց և ինքն իրան տմտմաց, «յարաբ, ո՞ր քամին է աներեսին էս կողմ քշել»:

— Մի զարմանար, Մարիամ բաջի, քույրդ եկել է քեզանից հալ-օվհալ իմանալու, — շարունակեց Գյուլնազը ուշադրություն չդարձնելով Մարիամ բաջու կոպիտ պատասխանի վրա:

Նա չարշովը մի կողմ ձգեց և, առանց հրավիրվելու, նստեց քրսինի ծայրին:

— Տափին դիպչեն յարաբ քույր ունեցողները, ես քույր չունեմ, — ասաց Մարիամ բաջին, երեսը Գյուլնազից շուռ տալով և մազերն ուղղելով:

— Մի հուրսուտվիլ, վեր կաց, ճրագը վառիր, որ երեսդ տեսնեմ, քանի Ժամանակ է կարոտել եմ:

— Դուրս եկ, բանիդ գնա, ես բայղուշ եմ, սիրում եմ մեն-մենակ խավար տեղում նստել: Խավարած սրտիս, սևացած օրիս ճրագի լույսից ինչ ճար: Թող ճրագը ջուխտ — ջուխտ վառի նա, որի սիրտն էլ ճրագի պես վառ է, իմը շտուց է խավարվել:

— Մարիամ բաջի, դու լինիս — մինիկ Աեյրանիդ արևը, կծված մի խոսիր: Լսիր, մտիկ տուր ինձ, տես իմ սիրտը ուրախ է, հետո ինձ նախատիր:

— Ցարաբ ա՞ղդ է պակաս, թե մա՞ղդ: Ինչ կա, եկել ես գլխիս, չեմ իմանում, մի տարուց հետո ի՞նչպես իլավ, որ միտդ ընկանք:

— Ոչ աղս է պակաս, ոչ մաղս, ինձ պակաս է քո բարեկամությունը, — պատասխանեց Գյուլնազը, ավելի ու ավելի մեղմ եղանակով: — Աստծուն է հայտնի, էս քամբախտ տարին ինձ ինչ է նստել: Մարիամ բաջի, ասելն ավելորդ է, առանց քեզ ոչ կերածս եմ իմացել, ոչ խմածս: Քունս աղի ու լեղի է իլել, գիշեր ու ցերեկս ախուվախով եմ անցկացրել:

— Իմացանք, կարճ կտրիր:

— Ես եկել եմ, Մարիամ բաջի, աղաչելու քեզ, որ դու նահլաթ տաս չար սատանին ու ինձ հետ հաշտվես:

— Ի՛նչ, իրես վազ կտամ:

— Իմանում եմ, դու շատ նեղացած ես, Մարիամ բաջի, բայց...

— Ձեռ քաշիր, աստված սիրես, ձեռ քաշիր: Չեմ իմանում, էլ Մարիամի ինչն է մնացել, որ դու նրա հետ բարեկամություն անես: Գնա մտիր աղջկադ ծոցը ու բախտավոր ապրի, ինչ գործ ունես մեզ պես աստծու ու մարդու աչքից ընկածների հետ:

— Դուշմանս չլինի էնպես բախտավոր, ինչպես որ իմ աղջիկն է: Հըմ, ցավերս չես իմանում: Աղջիկս օրեցօր մոմի պես հալվում է, վախս նա է, որ շուտով ձեռքիցս դուրս գա:

— Մի վախիր, չի մեռնիլ աղջիկդ, հալա շատ ու շատ կապրի, տիզ կլինի ու պատին կկպչի, — պատասխանեց Մարիամ բաջին դառն հեգնությամբ: — Կարելի է նշանածի ֆիքրն է անում. գրել տուր, որ գա, աղջկադ քեֆը կբացվի, — ավարտեց նա արհամարհական եղանակով:

— Հերիք է, Մարիամ բաջի, էդ խոսքերովդ էրված սրտիս աղ ես շաղ տալիս: Խնայիր ինձ, ես իմանում եմ, որ դու կսկծալուց ես էդպես խոսում, բայց մեր օվհալն էլ իմացիր:

Գյուլղնազն այս խոսքերն արտասանեց այնպիսի դառն և խղճալի ձայնով և այնպիսի վշտալի հառաչանք արձակեց, որ Մարիամ բաջու խիղճը մի վայրկյան արթնացավ:

Մարիամ բաջին ճրագը վառեց և մեջտեղ դրավ: Մոմի աղոտ լույսը լուսավորեց Գյուլնազի ոսկրացած երեսը, սփրթնած այտերը, ցրտից կապտած շրթունքները և նիհարությունից ավելի ներս թաղված աչքերը: Մարիամ բաջին մի քանի վայրկյան նայեց նրա երեսին, լուռ ու մունջ վերցրեց բրնձի սկուտեղը և գնաց խոհանոց: Շատ չքաշեց, նա կրկին վերադարձավ, նստեց յուր առաջվա տեղը:

— Երեք օր է Սուսանս ինձ տանջում է յուր աղաչանք ու պաղատանքով, — սկսեց դարձյալ Գյուլնազը, — խնդրում է, որ քեզ մոտ գամ: Մարիամ բաջի, երեսս չէր պատում, քաշվում էի: Երեխաս ասում է. «Թող բաշխի ինձ Մարիամ բաջին, որ ես նրան էդքան չարչարանք եմ տվել: Էհ, չեմ իմանում, ինչ երեսով պիտի աստծու առաջ դուրս գամ»: Տեսնում ե՞ս, Մարիամ բաջի, հիմակվանից էն կյանքի համար է ֆիքր անում երեխաս, այս բախտավոր լինել է՞:

— Էրված սրտիս էդ էր պակաս: Գնա, էդ խոսքերը ասա էն մարդուն, որի սիրտը փիհ է կոխած, իմը շտուց է հալվել, ես ի՜նչ կարող եմ անել աղջկադ համար:

— Մարիամ բաջի, դու շատ բան կարող ես անել երեխիս համար: Հենց որ նրա աչքն ընկնի աչքիդ, հենց որ դու առաջվա պես նրա երեսին մի ուրախ ծիծաղեցիր, իմացիր, որ վարդի պես կբացվի ու ծտի պես փար վազ կանի: Երեք օր է, ինքը հենց քեզ վրա է խոսում, քեզ է ցանկանում տեսնել:

— Ասի՞լդ:

— Ասիլս, որ նահլաթ տաս չար սատանին, չարշով զցես ու ինձ հետ միասին...

— Նրա դուլլուղին վազ տամ, հա՞: Լավ աչքիս վրա, հրես էս սհաթիս, ըմ, ամաչես վարսիցդ, ամաչե՛ս, — ասաց Մարիամ բաջին կես հեգնորեն և կես բարկացած:

— Գու լինես Սեյրանիդ արևը, երեխիս մի՛ սպանիր:

— Ինչ ես դատարկ-դատարկ դուրս տալիս, ես հո երեխիդ ազրաիիլը չեմ, վա՛յ, կրակ-ալովի մեջ ընկա էլի, տեե՛ր աստված:

— Դու ու քո աստվածը, Մարիամ բաջի, հենց մի սհաթով գնանք:

— Ձեռ քաշիր, դու — էս ժամաժամքը:

— Օրհնյալ լինի քո ողորմությունը, աստված, — բացականչեց Գյուլնազը, մի աղերսող հայացք ձգելով Մարիամ բաջու երեսին:

Այդ ժամանակ դռները կրկին բացվեցին, և ներս մտավ Հայրապետը ձյունի մեջ կորած:

— Բարի երեկո, օղորմի աստված, — ասաց նա, Գյուլնազին չնկատելով և փափախը գլխից հանելով, որ ձյունը թափ տա:

Գյուլնազը շալը քաշեց բերանին, վեր կացավ և հարգանքով գլուխ տվավ Հայրապետին:

— Օղորմի ծնողացդ, — պատասխանեց Մարիամ բաջին և նույնպես ոտքի կանգնեց:

Հայրապետն, աչքերը կուչ բերելով, նայեց Գյուլնազին:

— Բարով, ա կնիկ, լույսը քեզ տեսնողին, — ասաց նա մի այնպիսի բարեկամական եղանակով, որ, կարծես, ոչինչ չէր անցել նրանց միջով:

Գյուլնազը գլուխը շարժեց ի նշան շնորհակալության:

— Նստիր, նստիր, տեսնենք: Էհ, փառք քեզ աստված: Քեչան գյունա-գյուն չաթմազ, ջալասոն գյուն գյունա: (Անցած օրին օր չի հասնի, եթե օրերը իրարու կապես):

— Հըմ, էդ ո՞ր աստծուց է, որ մեզ միտդ ես գցել, Գյուլնազ խանում, — շարունակեց նա, նստելով քրսինի կողքին և Գյուլնազին նույնպես հրավիրելով, որ նստի:

— Հըմ, ասա տեսնենք, ի՞նչպես է եղել, որ մեզ միտդ ես գցել, — կրկնեց Հայրապետը:

— Մենք ձեզ իսկի մտքներիցս չենք հանել, որ մեկ էլ նորից միտք գցենք, — համարձակվեց շշնջալ Գյուլնազը:

Հետո նա շալը քաշեց երեսին, մի ծնկան վրա նստեց քրսինի մյուս անկյունում:

— Բաս էդպես, — ասաց Հայրապետը և արխալուղի գրպանից հանեց թամբաքոլի քիսան, գոտիից դուրս քաշելով չիբուխը, որ լցնի:

— Օրհնյալ լինի աստված: Գյուլնազ ջան, անցավ գնաց մեր առաջվա բարեկամությունը, այ հայ, հայ: Հիմա էլ որ միտս է ընկնում, ծուխը քթիցս է դուրս գալիս:

— Արխային կաց, եկել է, որ բարեկամություն հաստատի նորից: Չէ, էլ անցածն անցավ, կոտրված շուշան սաղացնել չի լինի, — մեջ մտավ Մարիամ բաջին:

— Դրո՞ւստ ես ասում, Մարիամ, բայց էլի մարդու սրտին հովություն է ժամանակ-ժամանակ հին բարեկամներին տեսնելը: Ինչ անեմ, թուրքի խոսքը օրինավոր է, ասում է. «աթանն բիր օղլի, օղա քյոռ օղլի»... (հորը միակ տղան, այն էլ փուչ): Մեյրանն իրան էլ փչացրեց, ձեր անունն էլ սաղ քաղաքով չով արավ զուր տեղը, մեզ էլ, հո տեսնում ես, Գյուլնազ, ինչ օրի գցեց:

— Օղուլը իսկի մեղավոր չէ, աստված Սաքաբի գլխին քար գցի:

— Քո բանը չէ, Մարիամ, դու լեզուդ կծած պահիր: Հերիք է, հերիք է, ինչքան ինձ փչացրիր, այ կնիկ:

— Մարիամ բաջին դրուստ է ասում, — մեջ մտավ Գյուլնազը, — մեղավորը Մեյրանը չէ, մենք ենք: էհ, դե անցած բան է, մոռացեք, բաշխեցեք:

— Ոչ դուք եք մեղավոր, ոչ էլ մենք: Աստված էդպես էր ուզում ու էդպես էլ արավ, հիմա բանը բանից անցել է, բախտավոր լինեք: Թող Սուսանդ զարնան ծառի պես ծաղկի, կանաչի:

— Շնորհակալ եմ, բարով Մեյրանիդ էլ պսակենք: էգուց թող Մարիամ բաջուն հետս տանեմ աղջկաս մոտ:

— Աչքիս վրա, ուզում ես — ես էլ կգամ, — համաձայնվեց Հայրապետը:

— Ըհ, առըղզի տղա առըղզ, — բացականչեց Մարիամ բաջին, աչքերը չռելով և մի սպառնական հայացք ձգելով յուր ամուսնու վրա:

— Արյունս մի պղտորիլ, քեզ ասում եմ, այ կնիկ, թե չէ, նահլաթ չար սատանին հա: — Գյուլնազ ջան, ինձանից բարևիր Բարխուդարին ու ասա, որ ես էլի նրան բարեկամս եմ համարում:

— Սմբատիս արևը վկա, որ հենց ինքն էլ ձեր ֆիքրն է քաշում: Վերջին ժամանակները խեղճ մարդը ձեր հոգսից ոտքի վրա չորացել է:

— Իմանում եմ, իմանում եմ, ինչպես չէ, օօ՛օ, Բարխուդարին ես լավ եմ ճանաչում, նրա սիրտը շատ բարի է:

Տեսնում ե՞ս, Մարիամ կնիկ, ես քեզ ասում էի, որ նա կակուղ մարդ է, հենց դու հակառակվում էիր, թե չէ, չէ, չէ:

Հայրապետն ոգևորվեց:

— Գյուլնազ ջան, ասա Բարխուդարին, որ հենց էգուց մեր տուն շնորհի բերի: Թող գա, որ մեր հին մեղքերը քավենք:

— Յարաբ, աստված, էս մարգի խելքը ինչո՞ւ քամուն տվիր, կրկին մեշ մտավ Մարիամ բաջին, երեսը դեպի առաստաղը դարձնելով.

— Յաղի է գլխիս էլի, յաղի. մին էս լեզուդ ներս քաշես, այ իժ օձի զավակ. մեղա քեզ, սատանան ասում է, ոտներիդ տակը զցիր ու շանսատակ արա էլի:

— Թեկուզ մորթես, էլի սուս չեմ անելու:

— Լեզուդ տակռիկից կհանեմ:

— Հանի՛ր, բայց քանի որ բերանումս է, խոսելու եմ: Բաս ես

սուս անեմ, էլ ով պիտի խոսի, այ մարդ, հը՞մ: Տունս քանդեցին, բալիս չոլերը գցեցին, ավարա արին վաթանից, մեզ էլ էս օրին հասցրին: Հիմա չարշով է գցել ու եկել գլխներիս, կեղծավորություն է անում, բաս ես սուս անե՞մ: Չէ, ես էդպես բարեկամներին չեմ ուզում: Գնա՛, գնա ինքդ էլի առաջվա պես Բարխուդարի ոտները ջուր արա ու խմիր: Գնա, էլի մի բաժակ արաղով խաբվիր: Ինչ ուզում ես արա, ես երես չեմ դարձնիլ նրանց, թե որ վզիցս էլ քաշեն:

Մաքիամ բաջու դառն ու կծու խոսքերն այս անգամ Հայրապետին բոլորովին համբերությունից հանեցին: Նա փափախը գլխից վերցրեց, մի կողմ գրավ, վեր կացավ կանգնեց, սփրթնեց, կապտեց, ատամները կրճտեց և, բռունցքները սեղմելով, ուզում էր հարձակվել կնոջ վրա, բայց այդ վայրկյանին մի դեպք պատահեց: Քամին կատաղի զորությամբ գրսից զարկելով, բացեց սենյակի դռները: Կրկին ներս թավվեցին ձյունի բուռն ալիքներ, ճրագը հանգավ և խավարը տիրեց սենյակում: Մարիամ բաջին և Գյոլլնազը մի թեթև ճիչ արձակեցին: Հայրապետր տեղն ու տեղը մնաց անշարժ: Մի քանի վայրկյան բոլորը լուռ էին: Վերջապես, Հայրապետը դռները ծածկեց:

— Աղաճաք — լեղապատառ լինես, այ քամի, — ասաց Մարիամ բաջին և մոմը վառեց:

— Տեսնում ես, աստված էլ է բարկանում գլխիդ քո էդ չար լեզվի համար, — գոչեց Հայրապետը:

— Դու քո աստվածը, մի՛ նեղանար, — սկսեց հորդորել Գյուլնազը Հայրապետին: — Ինչ անենք, որ ասում է, սիրտը կծկծում է, թող սրտի աղուն թափի, հանգստանա:

— Դուրս եկ, կորիր, քեզ հետ էլ բան ու գործ չունիմ, — գոչեց Մարիամ բաջին խեղդված ձայնով և շտապով գնաց խոհանոց:

— Սատանի ծնունդ է էլի, էհ ես քեզ բերողին ինչ ասեմ հա, — գոռաց նրա հետնից Հայրապետը և նստեց յուր տեղը:

Գյուլնազը չարշովը վերցրեց, որ գնա:

— Իսկի չնեղանաս, Գյուլնազ ջան, ես նրա քիթուպռունգը ջարդ ու փշուր կանեմ, շատ է կատաղել: Ասա Բարխուդարին, որ ես էլի պատրաստ եմ նրա հետ բարեկամություն անելու:

— Շնորհակալ ենք: Բայց Մարիամ բաջու քեֆին չդիպչես, խեղճ է, սիրտը ցավում է: Տե՛ս, թե որ կարող ես, խելքի բեր, որ միասին ինձ հետ գա աղջկաս մոտ:

— Աչքիս վրա, արխային կաց:

Գյունազը մի քանի անգամ համեստությամբ և խորին հարգանքով գլուխ տվավ Հայրապետին ու դուրս գնաց: Հայրապետը չիբուխը նորից լցրեց, վառեց ճրագից և սկսեց ծխելով շրջել սենյակում հետ ու առաջ:

XI

Փետրվար ամսի սկիզբն էր, ձմեռվա ամենաասատիկ ժամանակամիջոցը Թեյմուր-խան-Շուրայում: Մի խիստ երեկո էր: Երկնքից իջնող ձյունը, հյուսիսային Դաղստանի բարձրագագաթ սարերից փչող մրրիկից հալածվելով, խավար մթնոլորտի մեջ պտտում էր կատաղի ալիքների պես:

Շուրայի արևելյան կողմում կար մի կեղտոտ քարվանսարա: Այդ քարվանսարայի օթևաններից մեկում նստած էր մի երիտասարդ: Օթևանն ուներ մի փոքրիկ դուռ ու մի փոքրիկ պատուհան և լուսավորվում էր հասարակ թիթեղյա կանթեղով, որ դրած էր փսիաթներով ծածկված խոնավ հատակի վրա: Դրսից կարկուտանման ձյունը սարսափելի քամու զորությունից օթևանի դռան և պատուհանի ճեղքերից ներս մտնելով, զարկում էր երիտասարդի կերպարանքին: Օթևանում սաստիկ ցուրտ էր: Բացի կանթեղի թույլ ջերմությունից, չկար ուրիշ վառելիք, որ մեղմացներ այդ ցուրտը: Այս պատճառով երիտասարդը ոտից ցգլուխ փաթաթված էր սև յափունջիի մեջ: Ներս թափվող ձյունը հավաքվել էր յափունջիի վրա և ծածկել սպիտակ սավանով: Ֆոտոգենի դեղնագույն լույսը, հազիվհազ կանթեղի մրոտ ապակու միջով թափանցելով, սփռվել էր երիտասարդի դեմքի վրա: Հոգեկան դառն տանջանքի, ծանր վշտերի խոր կնիք էր դրոշմված այդ դեմքի վրա: Սեյրանն էր:

Ինչո՞ւ համար է եկել նա Շուրա, ի՞նչ մտադրություն ունի: Սեյրանը մեն-մենակ նստած սառն օթևանում, թաղված էր խորը մտածողության մեջ: Նա քրքրում էր յուր մոտիկ անցյալը, քննում, քննադատում էր այն բոլոր փորձանքները, որ վերջին ժամանակները անցան նրա գլխով: Եվ երբեմն-երբեմն սկսում էր ինքն իրան խոսել մի այնպիսի բարձր ձայնով, որ եթե օթևանում մեկը լիներ, կարող էր լսել նրա խոսքերը:

— Որքան մտածում եմ, որքան գլուխս տրաքացնում եմ, միևնույնը, միևնույնը, միևնույնը, — մտածում էր Սեյրանը: — Սուսան, Սուսան, քարացած խղճմտանքով արարած, լավ խաբեցիր ինձ, լավ գլխատակիս բարձ դրիր: Հա, շատ լավ, շատ լավ խաբեցիր: Բայց չէ, սպասիր, սպասիր, շատ երկար չի քաշիլ, ես, հըմ, ես ի՞նչ...

Սեյրանը ձեռը դրեց ճակատին և մի քանի րոպե լռեց:

— Ապրիր, ապրիր փառավոր, — շարունակեց նա ձեռը ճակատից հեռացնելով: — Պարծենում ես, հա՞: Պարծեցիր, բայց այն էլ իմացիր, որ ինչ էլ լինի, էլի հոգիդ իմ ձեռքումն է. ես եթե ուզենամ, կարող եմ հենց վաղը, հենց այս գիշեր փոխել քո բախտը: Դու իմ ծնողների կյանքը թունավորեցիր, մորս զրկեցիր յուր միակ զավակի երեսից, ինձ չոլերը բաց թողեցիր, որ դու այսօր հանգիստ տանդ նստե՞ս: Չէ, դու քո հոր նամուսն էիր ուզում պահե՞լ: Իրավունք ունես: Բայց ի՞նչ ես մտածում: Մի՞թե կարծում ես, որ ես նամուս չունեմ: Մի՞թե կարծում ես, որ ես այնքան փչացած եմ, որ չեմ կարող պատիվս պաշտպանել: Երեխա ես, խեղճ, չես ճանաչում Սեյրանին... «Ապրիր, սպասիր և կտեսնես, թե Սուսանը քեզ ինչպես է սիրում և ինչպես նա կզոհվի քեզ համար»: Այդ քո բերանից դուրս եկած խոսքերն են: Հապա ինչու այդպես շուտ մոռացար ինձ: Ռուստամի հարստությունը, տուն ու տեղը, ոսկի, արծաթը, զառ ու զառբոֆը քեզ շլացրին, հա՞: Լավ, ինձ էիր խաբում, հա՞: — Սպասիր, համբերիր, շատ էլ խաբվող մարդ չիմանաս Սեյրանին: Դու ուզում էիր քո և քո ծնողների իբրե թե ընկած անունը ուրիշների աչքում բարձրացնել, նրանց նամուսը մաքրել և այդ պատճառով էլ ինձ թողիր ու գնացիր Ռուստամին: Լավ, բաս Սեյրա՞նը, նրա՞ նամուսը: Չլինի թե կարծում ես, որ նա ոչինչ չի հասկանում: Ինքդ քո անունը ուրիշների բերանից ազատեցիր, իսկ իմ անունը կեղտոտելով, գցեցիր սաղ քաղաքի բերանը: Խեղճ ողորմելի, կարծում ես, որ այսքանն էլ հասկանալու խելք չունի Սեյրանը, հա՞: Տեր աստված, տեր աստված, մի՞թե ես այնքան փչացել եմ, ընկել եմ, որ էլ ոտքի կանգնելու կարողություն չունիմ:

Սեյրանը գլուխը քիչ թեքեց դեպի մեջքը և յուր անորոշ հայացքը մի քանի րոպե հառեց օթևանի առաստաղին, որի փտած ու սևացած կոճերը կտուրի ծանրությունից ծովել էին ու ճաքճքել: Նա մտածում էր, թե ինչպես ինքը խայտառակվել է յուր ընկերների առաջ, թե ինչպես այդ ընկերները ամեն անգամ յուր երեսին կրկնում էին Շամախում. «վախկոտ ես, անազնիվ ես, նամուս չունես, որ աչքերդ բաց հարսնացվիդ քեզանից խլեցին, ուրիշին տվին» և այլն, և այլն:

— Ղարդուշանց Էմիրը, Էմիրը, տես ինչքան ընկել եմ, որ նա էլ է ինձ ծաղրում: Նա էլ մինչև անգամ ինձ վրա լեզու է բանեցնում, փահ, փափախդ ցեխի մեջ ընկնի, Սեյրան ջահիլ հա, — ասաց նա, երկու ձեռներով մի ուժգին հարված տալով գլխին, որ ծածկված էր Դաղստանի մոխրագույն երկարամազ «շուլլահիով»:

— Հարցնող լինի, թե էլ այսուհետև ի՞նչ երեսով եմ ապրում: Ծնողներիս աչքից ընկած, Շամախու մեջ խայտառակված, ընկերներիս մոտ ծաղրի ու ծիծաղի առարկա դարձած, էլ ի՞նչ երեսով եմ մտիկ անում ուրիշներին: Շամախում չկարողացա ապրել, դուրս եկա, Ղուբա գնացի: Խեղճ մայր, դու հիմա հավատացած ես, որ առուտուր է անում: Խեղճ պառավ, խեղճ պառավ, ծնվեցի թե չէ, որդ սևացավ:

Սեյրանը բարձրացավ տեղից և սկսեց փոքրիկ ու նեղ օթևանի երկայնությամբ շրջել հետ ու առաջ:

Տեր աստված, տեր աստված, ինչեր են խոսում հիմա ջահիլները Շամախում: Ինչ պիտի խոսեն, ամեն անգամ Սեյրանի անունը տալիս երեսները ծռում են ու թքում. օհ, ճակատը ամոթից քրտնում է, երբ մտաբերում է նրանց: Հիմա ամենքը, հավաքված գինետներից մեկում, խմում են: Մինը ուզում է նրա կենացը խմել, մյուսը չի ուզում խմել, «չունքի նա նամարդ, բենամուս է, մեր դաստի անունը բեաբուռ արավ սաղ քաղաքում»: Ճշմարիտ է, իրավունք ունեք ասելու. նա խայտառակ արավ ձեր դաստի անունը: Բայց սպասեցեք, Սեյրանը շատ էլ բենամուս ջահիլ չէ, սպասեցեք և կտեսնեք:

Դրսում քամին շարունակ փչում էր: Սեյրանը մոտեցավ պատուհանին և սկսեց նայել դուրս, դեպի քարվանսարայի բակը: Մի քանի րոպե շարունակ նա մտիկ արավ, թեև նրա աչքերը պատուհանի սառցապատ ապակիների միջով ոչինչ չէին կարողանում որոշել դրսում: Հետո նա երեսը շուռ տվեց և կրկին սկսեց շրջել հետ ու առաջ, այս անգամ բավական հաստատ և կանոնավոր քայլերով:

— Երեկ ես բազարում տեսա քո մարդուն, Ռուստամին, — շարունակեց մտածել նա, — տեսա, արյունս գլխովս տվավ: Ես ուզում էի մոտենալ, խանչալս փորը կոխել, փորոտիքը դուրս թափել: Ուզում էի փողոցի սպիտակ ձյունը ներկել նրա կարմիր արյունով, որ սիրտս հովանար: Բայց ես այդ չարի: Չկարծես, որ վախեցա նրանից, Սուսան, չէ, չարի, որովհետև հիմա մտածում եմ, որ նա այնքան մեղավոր չէ, ինչքան որ դու ես մեղավոր, Սուսան: Եթե ես վրեժ եմ ուզում հանել, լավն է ձեր երկուսից հանեմ, թե չէ միայն Ռուստամի արյունը ինձ չի հովացնի: Հըմ, իմանում եմ, Սուսան, դու ինձ այնքան մոռացել ես, որ սրան ու նրան էլ հավատացրել ես, թե Սեյրանին իսկի երեխայությունից չես ճանաչել: Այդ ես գիտեմ, որ ասել ես, հենց ընկերներս էլ այդ պատճառով են ինձ այդքան ծաղրում: Շըպպանիկին ծնողներդ գցել են քաղաք, որ այստեղ ու այնտեղ ասի, թե «կուժ ծախողանց Սեյրանը զուր տեղն է դրան ու նրան ասել, թե Սուսանը նրա հարսնացուն է եղել, այդ է արել, այն է արել» և այլն, և այլն: Առաջինը ես ոչ ոքի չեմ ասել իմ բերանով այն բաները, ինչ որ խոսում են քաղաքում: Երկրորդը՝ թե որ խոսում են, սո՞ւտ են խոսում, Սուսան: Սո՞ւտ է, որ դու իմ հարսնացուն ես եղել երեխայությունից, սո՞ւտ է, որ ես քեզ հետ խոսել եմ, տեսնվել եմ: Ամեն ցավերից ազատվել ես, հանգիստ ապրում ես, հիմա ուզում ես Սեյրանին սուտ դուրս բերել հա՞ա: Լավ, շատ լավ, Սեյրանն էլ խելք ունի, հիմար չէ: Թող չհավատան, թող ծաղրեն, ինչքան ուզում են, բայց ես շուտով, շատ շուտով ամենքին ցույց կտամ, կհաստատեմ, թե ես սուտ չեմ ասել, թե ինչ որ խոսում են, գոնե նրա կեսը, կիսի կեսը ճշմարիտ է: Թող մարդդ, Ռուստամը, որ հավատացած է, թե ես շառլատան եմ, թող տեսնի, ով է շառլատան:

Սեյրանը կրկին նստեց, քառորդ ժամի չափ գլուխը ձեռքերին հենած, մնաց անշարժ: Հետո նա դարձյալ վեր կացավ տեղից և կրկին սկսեց շրջել հետ ու առաջ, այս անգամ ավելի արագ և ավելի ամուր քայլերով:

— Արյունս գլխովս է տալիս, աչքերս մթնում են, երբ մտածում եմ, թե ինչեր են խոսում ինձ վրա ընկերներս: Չէ, անպատճառ ես պիտի վրեժ առնեմ: Էլ ո՞ր օրվա ջահիլն եմ, որ այսօրվա օրն էլ իմ նամուսը չկարողանամ ցույց տալ: Հա՛, վճռված է: Ես դեռ Շամախումն եմ մտածել այս բանը, թե չէ՝ էլ ինչո՞ւ համար եմ չոլերն ընկել, ինչո՞ւ համար եմ Շուրա եկել: Բայց, տեր աստված, տեր աստված, ի՞նչպես հանեմ վրեժս, ի՞նչպես հաստատեմ, որ ես, որ ես...

Սեյրանը կրկին կանգնեց պատուհանի առաջ և սկսեց նորից դեպի դուրս նայել: Հետո նա երեսը շուռ տվեց և մի քանի վայրկյան անթարթ աչքերով նայեց աղոտալույս կանթեղին:

— Հա՛, ինչպես հաստատեմ, որ ես... որ ես... նաիլաթ քեզ, չար սատանա, — ասաց նա ճակատին մի ուժգին հարված տալով և հետո անգիտակցաբար նայեց մեջքին կապած դաշույնի կոթին, — ինչպես հաստատեմ, որ ես Սուսանի հետ սիրահարական կապ եմ ունեցել, ի՞նչպես...

Մի քանի անգամ նա ինքն իրան կրկնելով «ի՞նչպես, ի՞նչպես», կանգնեց օթևանի մեջտեղում և, աջ ձեռը դաշույնի կոթի վրա դնելով, իսկ ձախը — ճակատին, թաղվեց մտածողության մեջ: Դարձյալ մի քանի րոպե էլ նա այդ դրության մեջ մնաց:

Երբեմն նա ձախ ձեռը ևս հեռացնելով ճակատից, դնում էր դաշույնի կոթի վրա և աչքերը հառում օթևանի առաստաղին: Այդ ժամանակ նա, շրթունքները կրծոտելով, ստեպ-ստեպ արտասանում էր հատ ու կտոր խոսքեր, օրինակ — «աչքերը», «ուսը», «սև մազ», «կուրծքը» և այլն, և այլն:

Հանկարծ գլուխը քարշ ձգեց, ձեռները հեռացրեց դաշույնից և սառն օդի մեջ կրծքից արձակեց մի ծանր հառաչանք: Կարծես, նրա ուսերից այդ հառաչանքի հետ միաժամանակ ընկավ մի ճնշող ծանրություն: Հետո նա զարմանալի արագությամբ մոտեցավ օթևանի անկյունին, վերցրեց այդ տեղից մի ինչ-որ բան և շտապով կոխեց երկայն արխալուղի գրպանը: Այդ վայրկյանին նրա թթված դեմքի վրա սահեց կիսով չափ անախորժ և կիսով չափ խորամանկ մի ժպիտ, նրա շրթունքները դողացին, ճակատի կնճիռը բացվեց և աչքերը փայլեցին չարախնդիր կայծերով:

Քամին շարունակում էր փչել անասելի զորությամբ. օթևանի պատուհանը և դռները փոքր էր մնում, որ խորտակվեին:

— Հենց այս րոպեին, ուշացնել հարկավոր չէ: Եթե մի քիչ ուշանա, էլի, էլի կսառչեմ: Հա հա՛ հա՛, կարծում ես որ ազատվեցի՞ր, պրծա՞ր, հապա տեսնենք:

Սեյրանը շուլլահին պինդ սեղմեց գլխին, դաշույնը մեջքի վրա ուղղեց և մի քանի անգամ շոշափեց գրպանը ու դիմեց դեպի դռները:

— Թող ինձ ճանաչեն, որ ես չեմ կարող այս անպատվությունը տանել: Ես նրա խանութը ճանաչում եմ, այստեղից շատ հեռու չէ: Նա իմ երեսը չի տեսել, ինձ չի ճանաչում, անպատճառ ինձ կընդունի, կհյուրասիրի: Նա գինի ու արաղ էլ է ծախում, ես կխմեմ, կհարբեմ նրա գինով և հետո, հետո, իհարկե, գինու փողերը կվճարեմ, հա՛ հա՛ հա՛...

Այս ասելով, Սեյրանը օթևանի դռները բաց արավ և շտապով դուրս գնաց: Նա անցավ քարվանսարայի բակը, դուրս եկավ փողոց և անհետացավ ձյունի խառն ալիքների մեջ, որ կատաղի զորությամբ կռվում էին մթնոլորտի մեջ:

XII

Քարվանսարան գտնվում է մի բավական ընդարձակ հրապարակի վրա: Այդ հրապարակից քառորդ վերստաչափ հեռու, մի բավական ընդարձակ փողոցի ծայրում, կար մի խանութ, որ երեք դռներ ուներ: Ռուստամի առևտրական խանութն էր: Ինչպես արդեն մեզ հայտնի է, Ռուստամը Շուրայում մի քանի տարի էր պարապում էր վաճառականությամբ: Երկու տեսակ ապրանքներ էր նա ծախում: Առաջինը հագուստեղեն, այն է մահուդ, չիթ, կտավ և ուրիշ սույնանման կտորներ, երկրորդը՝ ուտելիք և ըմպելիք, այն է օղի, գինի, յուղ, բրինձ և ուրիշ զանազան տեսակի խմիչքներ և մանր-մունր պարագաներ: Խանութը բաժանված էր նույնպես երկու մասերի մի տախտակյա պատով ներսի կողմից:

Նույն ժամին, երբ Սեյրանը յուր օթևանից դուրս վազեց, Ռուստամի խանութի երեք դռներից մեկը կիսով չափ բաց էր: Այդ ըմպելիքների բաժինն էր: Այդտեղ Ռուստամը մի քանի շամախեցիների հետ ընթրում էր: Սեղանի գլխում նստած էր ինքը Ռուստամը: Նրա աջ ու ձախ կողմերում նստած էին երկու առևտրական ընկերներ, որոնցից մեկը մի միրքավոր երիտասարդ էր լեզգու հագուստով, մյուսը՝ առանց միրուքի միջին տարիքով մի մարդ էր Շամախու հագուստով: Սրանց մոտ նստած էին երկու ուրիշ հյուրեր, որոնք Շամախուց նոր էին Շուրա եկել: Դրանցից մեկը առողջակազմ և հաստ երեսով մի երիտասարդ էր մոտ երեսուն տարեկան, մյուսը մի պատանի — կես-ասիական ու կես-եվրոպական հագուստով:

Ռուստամի ընթրիքն այդ երեկո սովորականից մի քիչ ճոխ էր:

Նա հյուրասիրում էր յուր նորեկ համաքաղաքացիներին: Թե Ռուստամի և թե հյուրերի գլուխները բավական տաքացած էին գինով: Ռուստամի ընկերները ոգևորված խոսում էին նորեկների հետ, հարց ու փորձ էին անում դրանց իրանց հայրենիքի, ընտանիքի, ազգականների և ուրիշ բաների մասին: Յուր բնավորության համեմատ, Ռուստամը ամենից սակավ էր խոսում: Միայն երբեմն նա ևս հատ ու կտոր հարցեր էր տալիս նորեկներին և հատ ու կտոր պատասխաններ ստանալով, կրկին լռում էր:

— Ասում են, որ կուժ ծախողանո Սեյրանն էլ է այստեղ, ճշմարի՞տ է, — հարցնում էր նորեկ պատանին:

— Ես երեկ լեզգի բազարում տեսա նրան, խանչալ էր առնում, — պատասխանեց Ռուստամի ընկերներից մեկը:

Ռուստամը լսելով «Սեյրան» անունը, աչքունքը թթվեցրեց և մի հարցական հայացք ձգեց նորեկ պատանու վրա: Վերջինն այս չնկատեց:

— Ուզում եմ նրան տեսնել, — կրկին խոսեց պատանին:

— Ի՞նչ գործ ունես նրա հետ, — հարցրեց միրքավոր և լեզգու հագուստով երիտասարդը, աչքի տակով նայելով Ռուստամի երեսին:

— Նրա մայրը ինձ խնդրել է, որ մի քանի խոսք ասեմ նրան:

— էգուց կարող ես լեզգի բազարում տեսնել, կարծեմ միշտ այնտեղ է լինում:

— Չեմ իմանում: Երեկ ես իրանից հարցրի, ոչինչ չասաց, աչքունքը ծռեց և հեռացավ:

— Շատ է հպարտացել, կասես, ոսկու մաղան է գտել, բայց ինքը քաղցած զկռտում է, հագին հալավ չունի, — վելացրեց անմիրուք առևտրականը:

— Ասում են շալ առնելու է եկել, — մեջ մտավ Հաստերեսանի նորեկը:

— Ցավերո՞վդ:

— Հայրը փող տված կլինի էլի:

— Հոր մոտ նրա անունը տալ չի լինում, ի՞նչ փող, — մեջ մտավ պատանին: — Ես դուրս գալու օրը հարցրի, ասում եմ. Հայրապետ ապեր, Սեյրանին որ տեսնեմ Դաղստանում, ի՞նչ ասեմ: Նա երեսիս ծուռ մտիկ արավ ու ասաց. «կասես, որ այնտեղից էլ դենը կորչի, որ անունը չլսվի»:

— Լավ փչացավ այդ տղեն, — կրկին մեջ մտավ անմիրուքը:

— Փչացավ, — կրկնեց հաստ երեսանին:

Ռուստամը գլուխը թեքեց կրծքին և ձեռը ճակատին գրավ: Անմիրուք առևտրականը նայեց նրա վրա և դարձավ խոսողներին:

— Խալխի ցավը մեզ չեն տվել, թողե՛ք Սեյրանին, քեֆ արեք, տեսնենք:

— Ռուստամ ջան, այս էլ քո կենացը, — ասաց նա մի բաժակ գինի ձեռին:

— Քո կենացը, — կրկնեցին ամենքը միաբերան և բաժակները դատարկեցին:

Դրսից մեկը երկու անգամ դռներին զարկեց:

— Ո՞վ ես, — հարցրեց Ռուստամը, մոտենալով դռներին:

— Աստուծո հյուրը:

Դռները բացվեցին, և Սեյրանը երես առ երես հանդիպեց յուր ոխերիմ թշնամուն, Ռուստամին: Սեյրանը Ռուստամին շատ անգամ էր տեսել, այնինչ՝ վերջինը Սեյրանին թեև Շամախում տեսել էր, բայց չէր ճանաչում, չգիտեր, որ նա է յուր հակառակորդը:

Առաջիս վայրկյանին Սեյրանը շփոթվեց, տեսնելով յուր սրտին ամենաատելի կերպարանքը: Բայց նա կարողացավ իրան զսպել:

— Ո՞վ ես, — կրկին հարցրեց Ռուստամը, միևնույն ժամանակ չկտրելով անկոչ հյուրի ճանապարհը:

— Ար դարիբ տղա, — պատասխանեց Սեյրանը, հայացքը ձգելով խանութում նստողների վրա:

— Աչքիս վրա տեղ ունի ամեն մի դարիբ, — ասաց բարեկամաբար Ռուստամը, Սեյրանին ներս թողեց և դռները կրկին ծածկեց:

— Օհո՛, Սեյրան ջահիլ, դո՞ւ որտեղ, այստե՞ղ որտեղ, — բացականչեց լեզգու հաղուստովը:

— Սեյրան, — կրկնեց Ռուստամը անգիտակցաբար և հայացքը բևեռեց այդ անունը կրողի վրա:

— Ռուստամ, ի՞նչ ես սառել, չե՞ս ճանաչում: Դա մեր շամախեցի կուժ ծախող Հայրապետի տղեն է, համեցեք արա՛, ի՛նչ ես կանգնել, — շարունակեց լեզգու հագուստովը:

Ռուստամը տեղից չշարժվեց: Նա զարմացած նայում էր հերթով բոլորի երեսներին: Սեյրանը ձյունի մեջ կորած յափունջին մի կողմ շպրտեց, համարձակ քայլերով շարժվեց առաջ և, առանց

Ռուստամից հրավիրվելու, մոտեցավ սեղանին և նստեց նստարանի վրա: Պատանին մոտեցավ նրան և, ձեռը մեկնելով, ասաց.

— Շամախուց նոր եմ եկել, — մայրդ շատ բարև արաց և ասաց, որ...

— Շնորհակալ եմ, — ընդհատեց Սեյրանը, անփույթ կերպով սեղմելով պատանու ձեռը և երեսը մի կողմ շուռ տվավ այնպես, որ վերջինը ստիպվեց լռելու:

Վերջապես, Ռուստամը ուշքի եկավ և ընդունելով իր նախկին դիրքը, սառնասրտությամբ նստեց սեղանի առաջ:

— Այ տղա, Համբարձում, նոր գինի, Սեյրանը մրսած կլինի, թող քիչ տաքացնենք նրան, — հրամայեց լեզգու հագուստով միրքավորը:

— Հա՛, գինի տվեք, ես շատ եմ ծարավ, — ասաց Սեյրանը, գլխից ձյունաթաթախ շուլլահին վերցնելով և մի կողմ ձգելով:

Խանութի փոքրիկ և աշխույժ գործակատար Համբարձումը մի րոպեում մեջտեղ դրավ երկու լիք շշեր, չնայելով որ սեղանը լիքն էր կիսատ շշերով:

— Կոնծի՛ր, ներսդ տաքացրու, որ դուրսդ էլ տաքանա:

Սեյրանը, կարծես, հենց մի՛ այդպիսի առաջարկության էր սպասում: Նա վերցրեց բաժակը, դատարկեց, վերցրեց երկրորդը, նույնպես դատարկեց և դրեց սեղանի վրա:

Ռուստամը յուր հայացքը նրանից չէր հեռացնում: Մյուսները նույնպես զարմացած նայում էին նրան: Միրքավոր երիտասարդը, այդ նկատելով, բարձրացավ տեղից և հայտնեց.

— Ով որ չի ճանաչում, թող ճանաչի: Դա մեր շամախեցի կուժ ծախող Հայրապետի տղեն է, մի քեֆ անող ջահիլ: Դրա նման տղերք քիչ կան, Ռուստամ, ես երկու տարի առաջ Շամախում մի լավ քեֆումն եմ ճանաչել:

Ռուստամը կրկին նայեց Սեյրանին և լռեց: Իսկ Սեյրանը, նստողների վրա ուշադրություն չդարձնելով, կրկին համարձակորեն լցրեց երկու բաժակ և դատարկեց:

— Այ ապրես, ապրես, Սեյրան ջահիլ, տղա ես, որ առանց նազի բանդ շինում ես, — բացականչեց միրքավոր երիտասարդը: Հետո նա աչքով արավ հանդիսականներին, և սրանք, մի-մի բաժակ լցնելով, սովորական խոսքերով շնորհավորեցին Սեյրանի գալուստը և դատարկեցին:

Խնջույքը տաքացավ, և ամենքը սկսեցին իրարու հետևից բաժակները լցնել և դատարկել, բացի Ռուստամից, որը Սեյրանի ներս մտնելուց հետո լուռ էր և ոչնչի ձեռք չէր տալիս:

— Հայրապետ ապորը ես ճանաչում եմ, ի՛նչպես չէ. նա հորս հետ լավ բարեկամ է, մեր տուն զատիկ, ջրօրհնեք շնորհավորելու էր գալիս, — մեջ մտավ հաստ երեսով երիտասարդը, որ Շամախուց նոր էր եկել: — Տղերք, մի լավ կոնծենք Սեյրանի կենացը:

— Իրան երկու-երկու խմեցրեք, որ մեր չափին հասնի, — ավելացրեց միրքավոր երիտասարդը:

Բացի Ռուստամից, ամենքը Սեյրանի կենացը խմեցին: Սեյրանը երեք բաժակ գինի իրարու հետևից դատարկեց իբրև ի նշան խորին շնորհակալության:

Քառորդ ժամից հետո խնջույքը բոլորովին տաքացավ: Միրքավոր երիտասարդը սկսեց անկարգ-անկանոն պարսկերեն երգել, կամ, ուղիղն ասած, գոռալ խիստ անախորժ ձայնով: Մյուսները սկսեցին խոսել, վիճաբանել, բացի Ռուստամից, որ լուռ ու մունջ երբեմն գինու բաժակը մոտեցնում էր շրթունքներին ու դարձյալ հետ դնում չխմած:

Սեյրանը նույնպես լուռ էր, սակայն նրա գլուխը տաքացել էր, աչքերի բիբերը արդեն փայլում էին:

Ռուստամը, որի առնական բիրտ դեմքը պատել էր սովորական մռայլություն, արմունկները դրավ սեղանի ծայրին, գլուխը հենեց ձեռների ափերին և մնաց անշարժ: Նա մտածում էր.

«Դա նա է: Սիրտս վկայում է, որ այստեղ մի բան կա: Բայց ի՞նչ բան պիտի լինի: Նա հո սուտ էր, սուտ էր: Հը՛մ: — Չէ՛, անցյալ օրը Գյամազանց Մուրադը մի ակնարկ արավ խոսելու ժամանակ. «Սեյրանը եկել է, սոված շունը կատաղած է լինում, մուղայիթ կաց հա՞, ասաց նա»: Սեյրանը իմ կնկա առաջվա փեսացուն է: Այդ ես անցյալ շաբաթ եմ իմացել: Սուսանի ծնողները նրան Սեյրանից կտրել ու ինձ են տվել: Մեր քաղաքի ադաթն է, մեկի վրա նշանել ու հետո ուրիշին տալ: Այստեղ զարմանալի բան չկա: Բայց սիրտս, չգիտեմ ինչու, էլի ասում է, թե անպատճառ մի բան պիտի լինի: Ի՞նչու համար է նա գիշերվա կիսին եկել: Ո՛չ բարեկամներ ենք, ո՛չ ազգականներ և ոչ էլ իրարու ճանաչում ենք: Մեկ էլ որ նա իմանում է, թե ես ո՛վ եմ: Տեր աստված, չեմ հասկանում, չեմ հասկանում: Եկել է, սուս ու փուս նստել ու խմում է: Կասես, տասը տարի ինձ հետ ընկերություն է արել: Ի՛նչ լրբություն, ի՛նչ աներեսություն, հը՛մ, թե՞ վեր կենամ, կռնից բռնեմ — դուրս ձգեմ: Տես ինչպես է ճակատի տակից, աչքերը պլզած, մտիկ անում ինձ: Մարդ կարողանա իմանալ, թե ինչ է մտածում: Տեր աստված, շան պես է լակում: Հարբել է, աչքերը պլպլում են: Ինչո՞ւ է այդքան խմում: Ինչո՞ւ է ընկերներիս դեմքը փոխվել, ինչո՞ւ են կասկածանքով մտիկ անում ինձ ու նրան: Համբերեմ, երևի, բանը շուտով կպարզվի, զուր չէ եկել նա այստեղ: Էլի սիրտս օձ կծեց, էլի հարսանիքի գիշերվա տանջանքը...»:

Այսպես մտածելով, Ռուստամը մատների արանքով մտիկ էր անում հերթով մերթ Սեյրանին, մերթ մյուսներին:

Վերջապես, միրքավոր երիտասարդը ոտքի կանգնեց և ասաց.

— Տղերք, գիշերը անցնում է, ժամանակ է տուն գնալու, բաժակներդ լցրեք, որ մեր թանկագին Ռուստամի կենացը մեկ էլ խմենք, շնորհակալություն ասենք ու ցրվենք:

Ամենքն անհապաղ կատարեցին միրքավոր երիտասարդի առաջարկությունը, մի-մի բաժակ լցնելով և ոտքի ելնելով:

Սեյրանն անշարժ էր:

— Ռուստամ, աստված մինըդ հազար անի, — ասաց բարձր ձայնով և հանդիսավոր եղանակով նույն միրքավոր երիտասարդը: — Տղերք, միաբերան աստծուց խնդրենք, որ նա շուտով Ռուստամին մի լավ դոչ տղա պարգևի:

— Ամեն, ամեն, տեր աստված, — կրկնեցին միաբերան բոլորը:

Սեյրանը լուռ էր:

— Սեյրան, վեր կաց, ի՞նչ ես թմրել, — գոչեց միրքավորը:

Սեյրանը թուլացած իրանն ուղղեց և բարձրացավ տեղից: Միրքավորը մի բաժակ գինի լցրեց և առաջարկեց նրան:

— Առ՛, խմիր և աստծուց խնդրի, որ նա մի լավ որդի

բաշխի Ռուստամին: Հը, շուտ արա, ի՞նչ ես պառավ կնկա պես թուլացել:

Սեյրանը բաժակը վերցրեց և մի հայացք ձգեց բոլորի վրա: Նա կազդուրեց իրան և գլուխը հպարտ բարձրացրեց վեր: Հետո նա աջ ձեռքը դրավ դաշույնի կոթի վրա և ձախ ձեռով բաժակը գլխից վեր բարձրացնելով, արտասանեց.

— Աղա թամադա, ինչպես հրամայեցիր, ես էլ ցանկանում եմ պարոն Ռուստամին երկար կյանք, առողջություն, հարստություն, տուն տեղ, ձեզ պես ընկերներ, ինձ պես հյուր... հուռռա՛:

— Հուռռա՛, — կրկնեցին միայն Շամախուց եկածները:

— Այ ղոչաղ, լավ ճառ ասել գիտես հա՛, բարեկամ, — բացականչեց միրքավորը:

Ռուստամն յուր աչքերը չէր հեռացնում Սեյրանի երեսից: Սեյրանը շարունակեց:

— Աղա թամադա, ինչպես հրամայեցիր, ես էլ խնդրում եմ աստծուց, որ նա Ռուստամին պարգևի մի լավ ղոչաղ տղա զավակ: Մաղթում եմ, որ այդ տղան լինի յուր նման շնորհքով, աշխատող և... քաջ...

— Ամեն, ամեն, տեր աստված, — կրկին բացականչեցին Շամախուց նոր եկածները:

— Վարդապետի լեզու ունի, — մեջ մտավ անմորուս առնտրականը, որ ամենից քիչ էր խոսում:

— Սարգիս վարպետի աշակերտ կասեն դրան հա, լավ ճանաչեցեք, — ավելացրեց միրքավոր երիտասարդը: — Հըմ, Սեյրան, էլ ասելիք ունի՞ս, ասա:

Սեյրանը շրթունքները կրծոտեց և ձեռը ավելի ամուր սեղմեց դաշույնի կոթին:

Ռուստամի զննող հայացքը բևեռված էր նրա վրա:

— Տա աստված, որ Ռուստամի տղան աչքունքով էլ, երեսով էլ իրան պես լինի, որովհետև...

— Հը՛մ, — բացականչեց անհամբերությամբ միրքավորը:

— Հը՛մ, — արտասանեց անգիտակցաբար Ռուստամը:

— Որովհետև... որովհետև... նախլաթ քեզ, չար սատանա:

— Որովհետև գինին շատ զոռ է անում գլխիդ, — միջամտեց կրկին անմիրուք առնտրականը:

— Թողեք, թողեք, վերջացնի, — հրամայեց միրքավորը:

— Որովհետև ես գիտեմ, որ Ռուստամի տղան, հաստատ գիտեմ, որ նա... նախլաթ չար սատանին:

— Հը՛մ, — շեշտեց միրքավորը:

— Հը՛մ, — կրկին արտասանեց Ռուստամը:

— Կարճ կապիր, — ավելացրեց միրքավորը:

— Որ Ռուստամի տղան կամ աղջիկը (այդ աստված է իմանում), որ պիտի շուտով ծնվի...

— Չէ՛, շատ է երկարացնում:

— Որ պիտի շուտով ծնվի, չէ թե իրան՝ Ռուստամին կնմանի, չէ, երես-մերեսով, աչքունքով կնմանի կուժ ծախող Հայրապետի տղա Սեյրանին, ինձ, ինձ...

Վերջին խոսքերն արտասանելով, Սեյրանը բաժակը առանց դատարկելու շպրտեց հատակի վրա: Գինու շիթերը ընկան հանդիսականների երեսին, ի միջի այլոց և մի կաթիլ Ռուստամի ճակատի վրա:

Հանդիսականները զարմացած նայեցին Սեյրանի երեսին:

Ռուստամը ինչպես կար կանգնած, նույնպես և մնաց, միայն նրա դեմքը մի վայրկյանում փոխվեց, կտավի պես սփրթնելով:

Քառորդ րոպեի չափ տիրեց լռություն: Ո՛չ ոք չհասկացավ Սեյրանի խոսքերի միտքը:

— Բաժակը ի՞նչ էր արել քեզ, — ընդհատեց խորհրդավոր լռությունը անմիրուք առնտրականը:

— Բաժակը՞: Ես բաժակը փշրելով, փրշում եմ այն մարդու պատիվը, որին դուք այդքան պատվում եք և որն այդ բաժակի տերն է:

Ռուստամը մի քայլ առաջ շարժվեց դեպի Սեյրանը, բայց կրկին կանգնեց և աջ ձեռը առաջ տարածելով, շնչասպառ ձայնով ասաց.

— Պարոն Սեյրան, ես քեզ չեմ ճանաչում, առաջին անգամն եմ տեսնում երեսդ: Ասա՛, ինչո՞ւ ես եկել իմ խանութը և ինչո՞ւ ես այդ անպատիվ խոսքերն ասում:

— Անպատիվ մարդը անպատիվ խոսքերի է արժանի: Ես եկել եմ, որ քեզ ճանաչեցնեմ այստեղ եղողներին (նա մատնացույց արավ հանդիսականներին): Բենամուս ջահիլ, ես քեզ խոսք ասացի, դու նրա միտքը չհասկացար: Եթե ուզում ես, կարող եմ պարզ ասել...

— Սեյրան, ի՞նչ ես դուրս տալիս, գինին քեզ գժվեցրել է, — ընդհատեց միրքավոր երիտասարդը:

— Այդ քո բանը չի, քաշվիր: Ես որքան էլ որ հարբած լինեմ, գիտեմ ինչ եմ խոսում:

— Դուրս եկ, կորիր, թե չէ, աստված գիտե, արյունս գլխովս է տալիս, — գոռաց Ռուստամը այնպիսի կատաղի ձայնով, որ հանդիսականները սարսեցին:

— Թող կորչի այն մարդը, որի նամուսը աղբի մեջ է թաղված: Ռուստամ, աչքերդ բաց արա, ես Սեյրանն եմ, այն Սեյրանը, որ քո ընտանիքում երկրորդ հայր կլինի շուտով: Գնա՛, գնա՛, քաշիր չոլերը ընկած կնոջդ կապը և հետո սիրտ արա ինձ հետ խոսելու:

Ռուստամը վազեց դեպի խանութի պատը: Մի վայրկյանում

նա խլեց երկայն դաշույնը, մերկացնելով հարձակվեց Սեյրանի վրա:

Հանդիսականները շփոթվեցին, բարձրացավ խառնաշփոթ աղմուկ: Միրքավոր երիտասարդը մեջ ընկավ և քաջությամբ կտրեց Ռուստամի առաջը:

— Թող թիքա-թիքա անեմ շուն շան լակոտին, թո՛ղ, ասում եմ, — գոռաց Ռուստամը, աշխատելով դուրս պրծնել անմիրուքի գրկից:

— Կնիկը պիտի մի մարդ ունենա, թող մեզանից մեկը մնա, — ասաց Սեյրանը, նույնպես մերկացնելով յուր դաշույնը:

— Կծիր լեզուդ, թե չէ ես էլ համբերությունից դուրս եկա, — գոռաց նրա վրա անմիրուք երիտասարդը:

Շամախուց նոր եկածները Սեյրանին բռնեցին:

— Թո՛ղ, ասում եմ, թե չէ փորդ կխրեմ, — բղավեց կրկին Ռուստամը:

Սեյրանը դաշույնը դրեց պատյանի մեջ, մոտեցավ խանութի անկյունին, վերցրեց յափունջին, ձգեց թևին և դուրս վազեց, բացականչելով.

— Եթե չես հավատում, գնա՛, գնա՛, բաց արա կնոջդ կուրծքը և մտիկ տար սև խալին, սև խալին, սև խալին...

— Տղաքեց սիրտս, բա՛ց թողեք ասում եմ, խալը, խալը, կրծքի սև խալը, ո՛ւֆ...

Ռուստամը թուլացավ միրքավորի գրկում, դաշույնը ընկավ նրա ձեռքից:

— Բռնեցե՛ք, մի թողնեք փախչի, ես նրան կտոր-կտոր պիտի անեմ, — գոռաց միրքավորը: Նա հանեց յուր դաշույնը և դիմեց դեպի դռները:

— Իզուր է, նա կորավ, գնաց, — բռնեցին նրան նորեկները:

— Ջուր, ջուր բերեք, խեղճ տղան մեռնում է, — բացականչեցին չորս կողմից, Ռուստամին շրջապատելով:

— Չեմ մեռնում, փոքր ջուր, սիրտս այրվեց, — փշրված ձայնով արտասանեց Ռուստամը, գլուխը բարձրացնելով:

— Ուշքի եկ, Ռուստամ, կորավ այն լակոտը, — ասավ միրքավորը, բռնելով Ռուստամի թևից:

— Ո՛չ ոք չի հավատում նրա կեղտոտ խոսքերին, — մեջ տավ հաստերես երիտասարդը:

— Նա ինքն անպատիվ է եղել սաղ քաղաքում, ուզում է վրեժը քեզանից հանի, — ավելացրեց պատանին:

— Սավադ, — դարձավ Ռուստամը միրքավոր երիտասարդին ոտքի կանգնելով և աշխատելով զսպել յուր վրդովմունքը: — Սավադ, վազ տուր, հենց այս րոպեին մի ձի վարձիր, ա՛ռ փողը, ահա: Նա հանեց գրպանից փողի քսակը և մեկնեց Սավադին:

— Ի՞նչ ես անում, — հարցրեց զարմացած վերջինը, քսակը չընդունելով:

— Լավ խաբեցին, լավ քանդեցին տունս: Ես աննամուս եմ, ախ մայր, մայր, մեղավորը դու ես, կեղտոտեցիր անունս: Կրծքի խալը, հըմ, Սուսան, այդպե՞ս, հաա՛, դու անառակ...

— Ռուստամ, գժվել ես, ինչե՞ր ես դուրս տալիս, — ասացին ամենքը միաձայն, — անմեղ կնոջդ մասին ինչ բաներ ես մտածում, խելքի եկ, նա արդար է:

— Ինչով իմանամ, որ արդար է: Յոթ սարերի հետևում ի՞նչ գիտեմ, նա ինչեր է անում: Կրծքի խալը, օօ՛օ, այդ լավ նշան չէ, սև... խալը, խալը...

— Լավ նշան չէ, ճշմարիտ է, — կրկնեց անմիրուքը:

Ռուստամը նայեց նրա երեսին և ավելի սփրթնեց:

— Ինչ եմ անում, — ասաց նա ինքն իրան: — Տղամարդ ես, խելքի եկ, Ռուստամ, ուշքդ հավաքիր, նամուսդ տափը չի մտել: Տղերք, եթե ինձ սիրում եք, եթե իմ ընկերությունը ձեզ համար գին ունի, աղաչում եմ, հենց այս րոպեին ինձ ամար մի ձի վարձեցեք:

— Հերիք է, Ռուստամ, ինչ երեխայություններ ես անում, — հակառակեց Սավադը:

— Ճիշտ ես ասում, հերիք է, այսուհետև ամեն բան վերջացած է, բայց ձի վարձիր, գիտես, ձի վարձիր:

— Թող լուսանա, հետո կվարձենք, քիչ հանգստացիր, կապույտ կապտել ես բարկությունից:

— Անիծվեն ձեզ պես ջահիլները, — կատաղեց կրկին Ռուստամը և դեպի դուրս վազեց:

— Բռնեցեք, բռնեցեք, տղերք, — գոչեց Սավադը, վազ տալով Ռուստամի հետևից:

Ամենքը, բացի խանութի գործակատար Համբարձումից, հետևեցին նրան, անհապաղ միասին դուրս թափվելով:

Այունը շարունակում էր բրդել երկնքից, քամին սաստկացել էր:

Ռուստամն անհետացավ ձյունի ալիքների մեջ:

XIII

Առավոտ էր. քամին դադարել էր, ձյուն չէր գալիս: Ձմեռային թույլ արեգակն յուր ճառագայթները սփռել էր ձյունի սպիտակ սավանով ծածկված Շուրայի շրջակա դաշտերի, սարերի և անտառների վրա:

Սեյրանն յափունջուս մեջ փաթաթված և օթևանի մի անկյունում կուչ եկած՝ ծխում էր: Նրա անքնությունից և հարբեցողությունից ուռած ու կարմրած աչքերը հառված էին օթևանի հատակի մի կետին: Խղճալի էր այդ րոպեին նրա կերպարանքը: Խիտ և կեղտոտ մազերը խճճվել էին ու սփռվել նրա նիհար ճակատի վրա: Նրա գունազուրկ դեմքը, սղմված շրթունքները արտահայտում էին ներքին հոգեկան ալեկոծություն: «Ինչ արի ես, տեր աստված, ինչ արի», — կրկնում էր անդադար ինքն իրան, բոլոր շնչով ներս քաշելով և կրկին բաց թողնելով ծխախոտի թանձր ծուխը: «Ինչպես ծնվեց իմ գլխում այդ չար միտքը», — ասում էր նա, երբեմն յուր ձախ ձեռը ևս հանելով յափունջու տակից և նայելով մատների ծայրերին:

Ստեպ-ստեպ նա գլուխը և ուսերը ցնցողաբար շարժում էր, ինչպես մի մարդ, որ մտաբերում է մի քստմնելի և զզվելի տեսարան:

Բահ, նա դողում է, նրա մազերը ցցվում են, երբ միտն է ընկնում այն գիշերվա յուր վարմունքը: Այդ ինչ մի չար ուժ էր, որ ստիպեց նրան դիմել այդ սարսափելի միջոցին: Տեր աստված, տեր աստված, ի՞նչ հետևանք կունենան Սեյրանի խոսքերը, ի՞նչպես կտանի Ռուստամը այդ խայտառակությունը: Օօ՛օ, Սեյրանը գիտե, գիտե, նա լսել է Ռուստամն ինչ բնավորության տեր մարդ է: Ասում են, թե նա հենց այս գիշեր ճանապարհ է ընկել դեպի Շամախի: Ինչո՞ւ: Հըմ, ինչո՛ւ: Ով լիներ Ռուստամի տեղը, որ մի րոպե մնար: Նա կատաղի, ինքնասեր, կիսավայրենի լեզգիների մեջ ապրած մարդ է, նա համբերել չէր կարող մանավանդ ուրիշների մոտ, մանավանդ յուր ընկերների մոտ, որոնց հարգանքը նա միշտ վայելել է իբրև մի պատվասեր, մի նամուսով մարդ:

Սեյրանը ծխախոտը ձգեց մի կողմ, յափունջին քաշեց ուսերին, բարձրացավ տեղից և սկսեց օթևանում շրջել հետ ու առաջ:

— Հապա, այ ինչ ասել է նամուս, — շարունակեց ինքն իրան խոսել Սեյրանը, — Ռուստամն անպատճառ գնաց տեղեկանալու, ստուգելու իմ հայտնած գաղտնիքը:

Գաղտնիքը ստուգելու է, նա տեսնելու է Սուսանի կրծքի խալը: Օհ, եթե հնար լիներ այդ խալը հենց այս րոպեին ջնջելու: Այն ժամանակ ինչո՞վ կվերջանար բանը: Այն ժամանակ Սեյրանն ինքը կկորչեր: Բայց, արդյոք, ավելի լավ չէ՞, որ Սեյրանն ինքը կորչի, քան թե, քան թե, այո՛, մի անմեղ, մի անարատ արյուն թափվի: Չէ, արդեն ուշ է, բանը բանից անցել է: Ռուստամը տեսնելու է խալը, իսկ տեսնելուց հետո ինչ կանի նա — այդ Սեյրանի համար շատ պարզ է:

«Ո՜ւֆ», — խորը հառաչեց Սեյրանը, աջ ձեռքով մի ուժգին հարված տվավ ճակատին և մնաց օթևանի մեջտեղում անշարժ: Սուսան, այդ ի՞նչ չարություն էր, որ նա արավ քեզ, չէ՞ որ դու արդար ես ինչպես մի անմեղ երեխա, մաքուր ես, ինչպես այսօրվա արեգակի լույսը: Ի՞նչ տեղ հասցրեց քեզ քո հավատարմությունը:

Չէ՞ որ նա Սուսանին սիրում էր, չէ՞ որ հենց այս սերն էր, որ տանջում էր նրան: Բայց ինչպես պատահեց, որ մի ամսվա ընթացքում այդ սուր սերը սուր ատելության փոխվեց: Ո՞վ էր մեղավոր, ո՞վ էր Սեյրանին փոխողը: Մի՞թե այն ներքին փտած, զզվելի որդը, այն թունավոր օձը, որ «նամուս» է կոչվում: Տեր աստված, տեր աստված, մի՞թե կարելի է այդպես ցույց տալ «նամուս»: Ոչ, ոչ, այդպես շներն էլ չեն անում: Այդ վրեժխնդրություն չէր, այդ վախկոտություն էր, կեղտոտ վախկոտություն: Սեյրանը լսել էր և ինքը դեռ մի շաբաթ առաջ աչքով տեսել էր, թե լեզգին ինչպես է վրեժխնդիր լինում յուր հակառակորդից: Լեզգին յուր թշնամուն սպանում է երես առ երես կանգնելով նրա առաջ, և սպանում է յուր վրեժը հանելու համար, ճշմարիտ վրեժը: Լեզգին տղամարդ է, տղամարդու հետ է կռվում և ինչպես է կռվում յափունջու վրա1: Լեզգին երբեք կնոջից վրեժ չի հանում, թեկուզ այդ կինն իրան մինչև հոգու խորքը վիրավորած լիներ: Իսկ Սեյրանը, նա ումի՞ց է հանում յուր վրեժը: — Մի թույլ արարածից, Սուսանից: Ինչո՞ւ, ինչո՞վ է մեղավոր Սուսանը, ի՞նչ է արել Սեյրանին: — Ոչինչ, ոչինչ, տեր աստված, նա մի խեղճ աղջիկ էր, ծնողները տվին իրանց ցանկացած մարդուն, և ինքն էլ գնաց: Ի՞նչ կարող էր անել: «Չէ, Սեյրանը վատ բան արավ, շատ վատ բան, այնքան վատ, որ ոչ ոք, ոչ ոք չէր անի: Ախ աստված, մի՞թե այնքան ատելի էր քո աչքում, այնքան դու նրան մոռացել էիր, որ գոնե մի վայրկյան այդ երեկո նրան չմտաբերեցիր: Ի՞նչ անե հիմա, ի՞նչպես արածը հետ դարձնի, թքածն ի՞նչպես լիզե: Կլիզե, կլիզե, եթե միայն այդ կարելի լինի: Ծանր մեղք է, շատ ծանր, Կայենի սպանությունից էլ ծանր, Հուդայի մատնությունից էլ աններելի և զզվելի: Ոչնչացրու նրան, տեր աստված, վեր առ այս աշխարհի երեսից, հոգին ուղարկիր դժոխք, բաժանիր սատանաներին: Հա, բաժանիր և հրամայիր, որ ասեղների ծայրերին ցցած խորովեն գեհենի կրակի մեջ: Սեյրանը գարշելի արարած է, արժանի է այդ պատժին: Բայց ոչ, սպասի՛ր, մի՞թե արժանի է, մի՞թե միակ մեղավորը նա է...»

Սեյրանը մոտեցավ օթևանի պատուհանին և սկսեց նայել դեպի քարվանսարայի բակը: Նրա անորոշ հայացքն անցնում էր բակում գտնվող մի առարկայից դեպի մյուսը: Նա մերթ մտիկ էր անում դատարկ, փեյինաթաթախ սայլերին, որոնց մոտ կապած ձիերը, գլուխները մի մսուրի մեջ մտցրած, դարման էին ուտում, երբեմն խրխնջալով, մերթ մտիկ էր անում տախտակյա ծածկոցի կտուրին, որի տակ մի խումբ սայլապաններ, խարույկի շուրջը տաքանալով, խոսում էին ու ծիծաղում: Մոտ քառորդ ժամ նա մնաց այդ դրության մեջ: Հանկարծ երեսը շուռ տվավ, ձեռները խաչաձև դարսեց կրծքին, գլուխը թեքեց դեպի աջ ուսը և սկսեց ինքն իրան խոսել: — Ծնվեցի թե չէ, — այս աշխարհում մի բախտավոր, մի հՀանգիստ օր չտեսա և սպասում եմ, այսուհետև տեսնեմ: Այսուհետև, երբ բանը բանից անցել է, երբ հույսերս մեռել են: Չէ, որքան որ մտածում եմ, ուրիշ ելք չկա, բացի մեկից:

Արտասուքի կաթիլները դուրս գլորվելով նրա աչքերից և սահելով նիհար երեսով, թրջեցին նորաբույս միրուքը: Նա հանեց արխալուղի գրպանից մի մեծ թաշկինակ և նրանով ցամաքեցրեց աչքերը:

— Մնացեք բարով, ծնողներ, մնաս բարով, մայր: Նա ձեզ այնքան չարչարել է, որ լեզուն անգամ չի պատում ներողություն խնդրելու: Քսան տարով դուք շուտ ծերացաք նրա պատճառով: Ներեցեք և դուք, Բարխուդար, Գյուլնազ և Սմբատ, հա, նա ձեզ էլ շատ տանջեց: Հա, Բարխուդար, նա քեզանից ներողություն է խնդրում, նա քո անունը իզուր տեղը Շամախում կոտրեց: Ով որ լիներ քո տեղը, ուրիշ կերպ չէր կարող անել: Հիմա Սեյրանը գիտե, որ այդ բոլորի մեղավորը ինքն է: Սուսան, Սուսան, քեզ ի՞նչ ասի, քեզանից ի՞նչ երեսով ներողություն խնդրե: Մեղքն այնքան ծանր է, որ ներողություն խնդրելն անգամ մի ուրիշ հանցանք կլիներ: Բայց ի՞նչ անե: Դու անպատճառ զոհվելու ես նրա չար ստախոսությանը, հըմ, ի՞նչ անե:

Հանկարծ գլուխը բարձրացրեց: — Է՛հ, վճռված է, էլ երկար մտածել հարկավոր չէ, փշրված ամանը չի կարելի սաղացնել, իսկ կոծկել նա չի ուզում: Մնում է միայն մի միջոց, և այդ միջոցը նրա ձեռին է: Ահա:

Նա յափունջին ուսերից ցած գցեց, կանգնեց օթևանի մեջտեղում և դաշույնը մերկացրեց:

Այդ ժամանակ նրա աչքերը փայլեցին կատաղի հրով, շրթունքները սեղմվեցին, քթի պնչերը փքվեցին: Նա մտիկ արավ դաշույնի այս երեսին, այն երեսին և կոթը ավելի ու ավելի աջ ձեռում սեղմելով, փոքր առ փոքր բարձրացրեց: Նա դաշույնի ծայրը պահեց կրծքից մի փոքր ներքև, ձախ ձեռը հենեց կողքին և յուր հայացքը դարձնելով աջ ձեռին, որով սեղմած ուներ դաշույնի կոթը, ասաց.

— Առանց հաղորդվելու, տեր աստված, տալիս եմ իմ հոգին սաթայելի ձեռը: Խանչա՛լ, անցյալ օրը քո ծախողը գովում էր քեզ, ես քեզ մինչև այժմ չեմ փորձել, տեսնենք ինչպես ցույց կտաս հունարդ:

Սեյրանի ձախ ձեռը թուլացավ, ընկավ կողքին, աջ ձեռը դողաց, և հանկարծ դաշույնն ընկավ օթևանի հատակի վրա սուր ծայրով և խրվեց գետնի մեջ:

— Չէ, չեմ կարող, աստված չի թողնում:

Նա վերցրեց դաշույնը և շպրտեց օթևանի մի անկյունը:

— Դու չես կարող Սուսանին մահից ազատել, — ասաց նա, նայելով դաշույնին:

Դեռ ժամանակ կա, ժամանակ կա սխալը ուղղելու: Այս րոպեին, հենց այս րոպեին վարձել մի ձի և շտապել Ռուստամի հետևից: Նա կարող է հասնել նրան: Կհասնի, ճշմարտությունը կպատմե, կասե, որ սուտ է ասել, որ հարբած էր: Այդ լավ պատճառ է — հարբած լինելը: Տեր աստված, գոնե այս անգամ նրան միտդ բեր, այս անգամ օգնիր, իսկ հետո ինչ ուզում ես — կանես: Արարիչ աստված, քո ձեռին է ամեն բան, կարող ես Ռուստամի ձիու մի ոտը ճանապարհի կիսում կոտրել կամ Սեյրանի ձիուն թևեր տալ:

Նա յափունջին կրկին ձգեց ուսերի վրա, վեր առավ դաշույնը, դրեց պատյանի մեջ, երեսը երեք անգամ խաչակնքեց և դուրս գնաց:

Դրսում քամի չկար, արեգակ էր, բայց եղանակը սաստիկ սառն: Մեյրանն ուշադրություն չդարձնելով յուր հագուստին, դիմեց դեպի հրապարակի ծայրը և անհետացավ նեղ փողոցներից մեկում:

XIV

Այդ օրից ուղիղ մի շաբաթ էր անցել:

Իրիկնադեմ էր. փետրվարի թույլ արեգակն արդեն հորիզոնից ցած իջնելով, մայր էր մտնում: Շամախու կիսախուլ շինությունները, հողի և քարի կույտերով ծածկված կեղտոտ ու ցեխոտ փողոցները ներկայացնում էին հոգեմաշ տեսարան: Ցերեկվա աշխատանքից հոգնած և թուլացած բնակիչները դանդաղությամբ դիմում էին իրանց տները:

Օրը շաբաթ էր: Վերջին երկրաշարժի հարվածից ջախջախված վաղեմի եկեղեցու զանգերը ժամհար Մովսեսը զարկելով հնչեցնում էր բավական ներդաշնակ: Սպիտակահեր ծերունիները, հենվելով իրանց ձեռնափայտերի վրա, պառավ կանայք չարշովների մեջ փաթաթված, կուզկզալով դիմում էին դեպի աստուծո տաճարը, իրանց սովորական աղոթքը կատարելու:

Տերտերները, առժամանակ փողոցում հավաքված, եկեղեցու դռների առաջ մի քանի բարեպաշտների հետ խոսում էին ու գանգատվում ժողովրդի վրա, որ եկեղեցի չի հաճախում: Նայեցեք այս կողմ, ահա մեջտեղում կանգնած է տեր Աբրահամը, երկու ձեռները գավազանի ծայրին հենած և երկայն ու չալ միրուքն առաջ ցցած: Նա թե՛ խոսում է, թե՛ մտքում համրում է եկեղեցի մտնողների թիվը: Ահա տերողորմյան ձեռում պտտեցնելով, մոտեցավ «մոլթանի Գասպարը»: Օրհնյա տեր, — ասաց նա թեքելով գլուխը, ցույց տվավ տերտերին յուր մաշված փափախի ծայրը: — «Աստված օրհնի», — պատասխանեց տերտերն և իսկույն քթի տակ ավելացրեց աչք-ունքը ծռելով. «դենըժկան եկավ»: Մոլթանի Գասպարը միշտ զանձանակ էր զգում քառորդ կոպեկից ոչ ավելի. այս պատճառով տեր Աբրահամը ասում էր և «դենըժկա» անվանում նրան:

Վերջապես, փոքր առ փոքր բարեպաշտների թիվը շատացավ, տերտերները քաշվեցին ներս, որ ժամերգությունն սկսեն:

Սանամը, որ Շամախու ամենաեկեղեցասեր պառավներից մեկն էր, զանգակների ձայնը լսելով, իսկույն չարշովը գցեց գլխին:

— Սուսան, մինչև հետ գալս, չայը պատրաստիր, որ ցրտից գամ, մի երկու բաժակ տաք-տաք խմեմ, — հրամայեց նա, դռներից դուրս գնալիս:

— Աչքիս վրա, — պատասխանեց Սուսանը և շտապեց կատարելու յուր սկեսրոջ հրամանը:

Անցավ մի քառորդ ժամ Սանամի դուրս գնալուց, Սուսանը գնաց խոհանոց, ինքնաեռը կրակ գցեց և կրկին վերադարձավ սենյակը:

Պսակվելուց հետո առաջին վեց շաբաթվա ընթացքում Սուսանի առողջությունը բավական կազդուրվել էր: Նրա նիհարած և վաղաթառամ երեսի վրա կրկին սկսեցին երևալ նախկին կայտառության նշանները: Բայց ավա՜ղ, այդ բարեփոխությունը երկար չտևեց: Անցան առաջին շաբաթները, նա կրկին սկսեց թառամիլ, և այս անգամ ավելի արագ: Սանամն այդ նկատում էր:

— Ախչի, ի՞նչդ է պակաս, որ օրեցօր էդպես հալվում մաշվում ես, — հարցնում էր նա ստեպ-ստեպ:

— Չեմ իմանում, — պատասխանում էր Սուսանը ամեն անգամ ծանր հառաչելով:

— Ախար էլի:

— Ով է իմանում, կարելի է, նրանից է:

— Ինչի՞ց:

— Պատճառավոր...

— Դրո՞ւստ, երկուհոգիս ես:

Եվ այսպես, վերջապես, Սանամը գտավ յուր հարսի մաշվելու պատճառը և դադարեց անհանգստացնելու նրան յուր միատեսակ և ձանձրացուցիչ հարցերով:

Երբ Սուսանն առանձնացավ սենյակում, նստեց թախտի վրա և սկսեց նիհարած ձեռներին նայել:

— Դրուստ է, շատ եմ լղարել, մատներս չոփեր են դարձել,

ոսկորներս համրել կարելի է, — ասում էր նա ինքն իրան, ձեռները սեղմելով և բանալով:

Մի րոպեի չափ նա պարապեց յուր ձեռներով, հե՛տո դրեց կռնատակին և ընկավ մտածմունքի մեջ:

Դեռ երեկ գիշեր Սուսանը Սեյրանին երազում տեսավ: Ինչպե՜ս փոխվել էր Սեյրանը, ո՛րքան ուրախ և զվարթ էր: Սուսանն երբ նրան տեսավ ուրախ, ինքն էլ ուրախացավ: Նա մոտեցավ յուր սիրեցյալին, բռնեց նրա ձեռից, ուզեց որ խոսի, բայց սիրեցյալը մի ծուռ հայացք ձգեց Սուսանի վրա, ձեռը խլեց, երեսը շուռ տվավ և, առանց մի խոսք ասելու, հեռացավ: Արտասուքն աչքերին Սուսանը նայում էր Սեյրանի հետևից, բայց նա ուշադրություն չէր դարձնում, գնում էր ու գնում: Նա, կարծես, փախչում էր Սուսանից, ինչպես մի զարհուրելի գազանից: Սուսանը բարձր ձայնով գոչեց նրա հետևից. «Սեյրան, մի փախչիր, ես եմ, ես եմ, Սուսանդ եմ»: Սեյրանը մի քանի վայրկենաչափ երեսը դարձրեց Սուսանին: Ով տեր աստված, որքան զարհուրելի էր նրա դեմքը: Նրա աչքերն այրվում էին, բերանից կրակ էր դուրս գալիս, ինչպես թոնրից: Նա աջ ձեռը բարձրացրեց դեպի երկինք, մի բառ արտասանեց, բայց ի՞նչ էր այդ բառը — Սուսանը չլսեց: Հետո Սեյրանը կրկին երեսը շուռ տվավ Սուսանից և սկսեց փախչել: Սուսանը վազ տվավ, որ հասնի, բայց ինչպես կարող էր հասնել նրան: Սեյրանը վազ է տալիս ինչպես ձի: Սուսանին մինչև անգամ այնպես թվաց, որ Սեյրանը մեջքից ներքև ձի էր, իսկ վերևը մարդ: Տեր աստված, տեր աստված, այդ ի՞նչ է նշանակում, ի՞նչպես բացատրել այդ երազը: Երեկ առավոտյան գոռալով ու սարսափած Սուսանը զարթնեց քնից և իսկույն բաց արավ «Եֆիմերդեն» ու մտիկ տվավ: — «Օրը բարի է, երազը քառասուն օրն կատարի»:

Քառասուն օր, ախ ինչ ուշ, ի՞նչպես պիտի կատարվի: Տեր աստված, դու չարը խափանես, բարին առաջացնես: Սուսանը երեք անգամ երեսը խաչակնքեց: Սեյրանը նրանից խռովել է — այս նա գիտե: Բայց մի՞թե այժմ ատում է: Անկարելի բան է: Չէ, Սուսանը չի հավատում, որ Սեյրանը նրան ատելիս լինի: Սեյրանն ատել չի կարող, չի կարող. նա սիրում է, նա սիրում է խելագարի պես: Այդ է վատը, այդ է Սուսանի անտանելի ցավը: Մայրն ասում է, որ Հայրապետն այժմ ուզում է հաշտվել Սուսանի հոր հետ, որ նրանք էլի առաջվա պես շարունակեն իրանց բարեկամությունը:

Իսկ Մարիամ բաջին չի ներում Սուսանին, նա չի ուզում հաշտվել: Քանի-քանի անգամ Սուսանն յուր մորն ուղարկել է, որ նրան յուր մոտ բերի, բայց չի եկել: Խեղճ կնիկ, եթե դու ամեն բան հասկանայիր, եթե դու Սուսանի ցավերն իմանայիր, կարելի է, որ քո որդին այսօր «օլքա-օլքա չընկներ»: Ասում են, որ նա Շուրայումն է: Ինչո՞ւ է գնացել, ի՞նչ գործ ունի այնտեղ: Մազերը փշաքաղվում են, մարմինը զարզանդում է, երբ միտն է ընկնում, որ Սեյրանն այնտեղ կարող է Ռուստամին պատահել: Հա, երկուսն էլ, երկուսն էլ կկործանվեն, տաքարյուն տղերք են: Հազար անգամ երանելի կլիներ Սուսանը, եթե նրանց տեղը ինքը կործանվի: Սեյրանը, երևի, ուզում է Ռուստամից հանել յուր վրեժը: Բայց ինչո՞վ է մեղավոր Ռուստամը: Տեր աստված, տեր աստված, հերիք է ինչքան Սուսանին պահեցիր, ա՛ռ այժմ նրա հոգին, ազատիր նրան վերջապես:

Սուսանը կռները հենեց ծնկներին և գլուխը դրավ ձեռների ափերի մեջ: Եվ այդ ժամանակ նրա առաջ սկսեց պատկերանալ յուր անցյալը: Նա մտաբերեց յուր մանկությունը, երբ Սեյրանի հետ ամառ օրերը գլխաբաց արեգակի տակ «տիկին-տիկին» էր խաղում: Նա հիշեց երկրաշարժի օրը, երն ինքը Սեյրանի հետ մնաց հողի տակ: Երանի, հազար երանի, եթե հենց այն օրը մեռներ, ինչո՞ւ նրան ազատեցիր, աստված: Ինչո՞ւ: Որ նա ինքն էլ չարչարվի, ուրիշներին էլ չարչարե՞, հա՞:

Հետո Սուսանը մտաբերեց ուսումնարանական կյանքը, հիշեց դեղնած ու պշկած Հերիքնազին, որ օրական հինգ անգամ ստիպում էր յուր աշակերտուհիներին «Հայր մերը» կրկնել և ամեն անգամ ինքը, երեսը դեպի աղոթարան չոքած, ձեռները կրծքին ծալած, աղոթում էր, կապտած շրթունքները շարժելով: «Մեռավ խեղճ կնիկը, գնաց այն աշխարհ, նրա հոգին հիմա արքայությունումն է: Հա, երանի քեզ, կույս, որ դու այս ցավերը չես քաշել, աշխարհից հեռացած և աստծուն նվիրված»:

Այնուհետև Սուսանը մտաբերեց յուր ընկերուհիներին: Սուսամբարն ասում է, որ ինքնասպանի հոգին առանց դատաստանի դժոխքն է ուղարկում: Վայ Սուսանին, վա՜յ Սուսանին, սատանան քանի-քանի անգամ է ուզեցել նրան խաբթել: Սպանի իրան և բացի իրանից մի ուրիշ անմեղ անարատ հոգի՞, օօօ, այդ դժվար է, շատ դժվար է:

Ինքնասպանության միտքը սարսափեցրեց Սուսանին: Նա

այդ բանից վախեցած, բարձրացրեց գլուխը և սկսեց անգիտակցաբար նայել սենյակի առաստաղին: «Ի՞նչ մեղք ունի այն փոքրիկ արարածը, որ դեռ նոր պիտի աշխարհ ընկնի»:

Մի քանի վայրկյան այս մտքով զբաղված, Սուսանը նայում էր առաստաղին: Հետո նա գլուխը թեքեց կրծքին և կրկին սկսեց մտիկ անել յուր նիհարած ձեռներին:

— Չէ, շատ եմ մաշվել, — ասաց նա ինքն իրան, — շատ եմ մաշվել, սրտիս թրթռոցն էլ սաստկացել է: Օրերով հաց չեմ ուտում: Տեր աստված, տեր աստված, չէ՞ որ այդ էլ ինքնասպանություն է: Դեհ հերիք է, հերիք է, ինչքան տանջեցիր, երեսդ ինձ դարձրու, մի՛ խռովիր գլխիս, աղաչում եմ...

Սուսանը չոքեց, դողդոջուն ձեռները պարզեց դեպի երկինք և սկսեց աղոթել: Նա մահ էր խնդրում աստծուց: Նրա կապտած, արյունաքամ շրթունքները ցնցողաբար դողդողում էին, նրա աչքերի մեջ փայլում էր խորին մռայլություն: Երբ նա գլուխը վեր բարձրացրեց, երկար գիսակները թափվեցին նրա ոսկորացած ուսերի վրա:

Այդ դրության մեջ Սուսանը նմանում էր այն վանական անարատ կույսին, որ նյութական աշխարհից հրաժարված, ձգտում է հոգիանալ և համբարձվիլ երկինք, հոգիների սֆերան...

XV

Դարձյալ եկեղեցու զանգերը հնչեցին: Քաղաքի հյուսիսային կողմում, դեպի Ղուբա քաղաքը տանող ճանապարհի վրա երևեցավ մի ձիավոր լեզգու շուլլահին գլխին սեղմած և սև յափունջու մեջ փաթաթված:

Ռուստամի ձին հոգնած էր և հազիվ կարողանում էր փոխել յուր ոտները: Յոթներորդ օրն էր, որ նա Շուրայից դուրս էր եկել: Յոթն օր շարունակ, առանց որևէ տեղ հանգստանալու, նա ճանապարհ էր գալիս:

— Լավ կորավ, լավ փչացավ քաննյոթ տարում աշխատած անունս, — կրկնում էր նա անդադար, մտրակելով ձիուն և անցնելով Դաղստանի սարերն ու դաշտերը:

Եվ այդ մտքով հափշտակված, ինքն յուր մեջ խորասուզված,

Ռուստամը ուշադրություն չէր դարձնում ոչ քամուն, ոչ ձյունին ու բուքին և ոչ էլ որևէ վտանգին:

Վերջապես, ահա նա հասել է Շամախի, կես ժամ ևս, և ահա նա կանգնած կլինի Սուսանի դեմ ու դեմ: Սակայն, զարմանալի բան: Յոթն օր նա անհամբերությամբ շտապում է Շամախի հասնելու, յոթն օր է, որ նրա միտքը կաշկանդված է միայն և միայն շուտ տեղ հասնելու ցանկությամբ: Իսկ այժմ, երբ նա գրեթե Շամախումն է, այժմ, կարծես, այլևս չի շտապում: Մի միտք, որ մի րոպե, գեթ մի վայրկյան նրա գլխով չի անցել այն ժամից սկսած, երբ նա կատաղած դուրս թռավ խանութից, — այժմ հանկարծ ծնվեց նրա ուղեղում, այժմ, երբ ընդամենը միայն կես ժամ է մնում, որ պիտի ամեն ինչ պարզվի:

— Ի՞նչ պիտի անեմ, եթե Սեյրանի ասածը հաստատվի, — ասաց նա հանկարծ ինքն իրան և, ձիու սանձը քաշելով, կանգնեց ճանապարհի մեջտեղում:

Նա բարձրացրեց գլուխը, նայեց դեպի քաղաքը:

Բահ, հրես, եկեղեցին էլ երևում է, նա հասել է: Ինչո՞ւ է եկել, հը՞մ: Բահ, ի՞նչպես թե ինչու է եկել, մի՞թե այդ հայտնի չէ: Եկել է.. հա, եկել է իմանալու, այն, ինչ որ ուզում էր իմանալ: Բայց եթե իմացավ, եթե ստուգեց նրա ասածը, հետո՞: Հըմ, նահլաթ, նահլաթ քեզ, չար սատանա...

Նա մի քանի անգամ շարունակ կրկնեց «նահլաթ քեզ չար սատանա», նայելով մերթ եկեղեցու գմբեթին, մերթ յուր ձիու բաշին: Վերջին անգամ «նահլաթ քեզ չար սատանա» արտասանելուց հետո, նա ձեռի ափով շոյեց ձիու բաշը, ասելով. «խեղճ հեյվան, խեղճ հեյվան, շատ ես հոգնել»: Մի րոպե այդ դրության մեջ մնաց, հետո հանկարծ մտրակեց ձիուն, և ձին խրխնջալով սկսեց առաջ գնալ: Բայց մի քանի քայլ չանցած, նա կրկին քաշեց սանձը և կանգնեց: Այս անգամ նա աջ ձեռը հենեց թամքի գնդի վրա, մեջքը քիչ թեքեց և ընկավ մտածողության մեջ: Անցավ մի քանի րոպե ևս, և նա, իրանը ուղղելով, կրկին նայեց դեպի քաղաք: Այդ ժամանակ թույլ կերպով նրա ականջներին հասավ եկեղեցու զանգերի ձայնը: Դողոցի նման մի բան անցավ նրա մարմնով, երբ լսեց այդ ձայնը:

— Մայրս հիմա չարշովի մեջ փաթաթված, եկեղեցու սևացած սյունի տակ կանգնած, աղոթք է անում ինձ համար, որ «դարիբ օլքաներում նրա միակ բալին աստված չար փորձանքներից հեռու պահի»:

Մտաբերեց մորն աղերսող դեմքով եկեղեցու պատկերներից մեկի առաջ մոմ վառելիս, ձեռը դրավ աչքերի վրա, մի քանի անգամ կրկնելով. «Խեղճ մայր, խեղճ մայր»: Հետո ձեռը հեռացրեց ճակատից, ոտներով բոթեց ձիու փորին և առաջ գնաց: Անցավ մի հիսուն քայլ և դարձյալ ձիուն պահեց:

— Պետք է ճշմարիտն իմանալ, այդպես չի կարելի: Պետք է իմանալ, թե ով է այս բանում գլխավոր մեղավորը: Ասենք թե խալը... ուֆ, խալը...

Ռուստամը մի ապտակ տվավ յուր ճակատին:

Ասենք թե խալը երևեցավ Սուսանի կրծքի վրա, ասենք թե Մեյրանի խոսքն ուղիղ դուրս եկավ: Հետո՞: Ո՞վ է մեղավոր: Սուսանը՞, Մեյրանը՞, թե՞ մի ուրիշը: Սուսանին Ռուստամի համար յուր մայրն է ուզել. ուրեմն նրա մատն էլ խառն է, ուրեմն նա էլ է մեղավոր: Զարանգիզի Շըպպանիկը միջնորդ է եղել, ուրեմն Շըպպանիկն էլ է մեղավոր: Քանի՞սը, քանի՞սը, տեր աստված: Մայր, մայր, ինչո՞ւ դու կենդանի թաղեցիր քո Ռուստամին: Դրանո՞վ ես պարծենում, որ նրան սիրում ես, ա՞յդ է քո մայրական խնամքը: Շըպպանիկ, հըմ, դու սատանաների աղբից գոյացած արարած, դու խորամանկ կնիկ, նոր շա՞լ էր հարկավոր քեզ, հա՞: Լավ, շատ լա՛վ, սպասիր, սպասիր, կստանաս: Ինչի՞ցն է վախենում, ումի՞ց: Լե՛զգիների մեջ ապրած մարդու սրտում «վախ» ասած բանը ի՞նչ է անում: Չէ, նա չի վախենում, նա կնիկ չէ, տղամարդ է: Գնա, գնա, հեյվան, տար տիրոջդ: Ռուստամը մտրակեց ձիուն և հասավ քաղաքի ծայրին: Օրը դեռ չէր մթնել, երբ նա մտավ փողոցները: Նրան սկսեցին հանդիպել ծանոթ դեմքերը, բայց, խորասուզված յուր մտքերի մեջ, ոչ ոքի վրա ուշադրություն չէր դարձնում: Այս ու այն կողմից ծանոթները, նրան տեսնելով, զանազան նշաններով սկսեցին ողջունել գալուստը: Նկատում էր թե ոչ այդ բարևները, բայց անտարբերությամբ մի հայացք ձգելով բարևողների վրա, առանց պատասխանելու անցնում էր: Երբ հասավ իրանց փողոցի ծայրին, այստեղ կրկին պահեց ձիուն:

Հասել է, տեր աստված, ջնջիր Սուսանի կրծքից այդ նշանը, ոչնչացրու խալը, եթե միայն կա, ապա թե չէ — նրա աչքերը կտեսնեն: Մի՛ կորցնիր Ռուստամի հոգին, տեր, մի՛ թողնիր, որ նա դժոխքի կերակուր դառնա, նա չի ուզում, չի ուզում արյուն թափել: Օհ, եթե կարելի լիներ ծակել նրա սիրտը, միջի արյունով ջնջել Սուսանի կրծքի այդ խալը, որ նա չտեսնե:

«Միրտս վկայում է, որ կա այդ խալը Սուսանի կրծքի վրա», — ավարտեց Ռուստամը և, ձիուն մտրակելով, հասավ իրանց դռներին: Նա արագությամբ ցած իջավ ձիուց և, մի ուժգին հարված տալով դռներին, բաց արավ և ձիու սանձը ձեռին ներս մտավ:

Ռուստամը գլուխը վեր բարձրացրեց, և նրա հայացքը ընկավ պատշգամբի վրա կանգնած մի կանացի կերպարանքի վրա: Այդ ժամանակ, կարծես, մեկը սաստիկ հարված տվավ նրա հետնից: Ձիու սանձը ընկավ նրա ձեռից, և ինքը մի քանի քայլ առաջ գնաց ու կանգնեց: Կանացի կերպարանքն անշարժ կանգնած նայում էր: Ռուստամը առաջ գնաց, բայց, ձիուն մտրակելով, նորից հետ դարձավ, սանձը վերցրեց և ձեռով նշան արավ կանացի կերպարանքին:

Սուսանը չհավատաց աչքերին, նա չհավատաց, որ յուր առջև կանգնած է ամուսինը: Սակայն երկար չտևեց երկմտությունը, նա ուշքի եկավ, մի ինչ-որ բառ արտասանեց բարձր ձայնով և պատշգամբից գլխակոր ցած իջավ: Ամուսնական պարտավորություն էր, թե մի ուրիշ զգացմունք, Սուսանը մի ուրախ ժպիտ երեսին դիմավորեց Ռուստամին: Բայց որ այդ ժպիտը կեղծ էր և ակամա — այդ երևում էր Սուսանի աչքերից, որոնց արտահայտությունը չէր համապատասխանում նրա շարժումներին: Նա վազեց դեպի Ռուստամը: Բայց երբ հայացքն ընկավ վերջինի այլայլված դեմքի վրա, չկարողացավ առաջ շարժվել և կանգնեց մի քանի քայլ հեռու:

— Ո՞ւր է սկեսուրդ, — հարցրեց Ռուստամը յուր կոշտ և անհողդողդ ձայնով:

— Ժամումն է, — պատասխանեց Սուսանը, ձեռները կրծքին խաչելով և գլուխը քարշ ձգելով, ինչպես կախաղանի դատապարտված մի հանցավոր:

Ռուստամը ձիու սանձը բռնեց և տվավ Սուսանին:

— Ո՞վ կա տանը:

— Մենակ եմ, — պատասխանեց Սուսանը, սանձն առնելով:

— Մենա՞կ ես:

— Մենակ եմ:

— Հըմ: Լավ, տար ձիուն, կապիր ախոռում, գարի ու դարման ածիր առաջը, շատ ածիր, իմացա՞ր:

— Աչքիս վրա, — պատասխանեց Սուսանը և շտապեց ամուսնու հրամանը կատարելու:

— Հետո շուտով տուն եկ, — ավելացրեց Ռուստամը, յափունջիս ուսերից ձգելով թամբի վրա:

Երբ Սուսանը ձիու սանձը ձեռին քիչ հեռացավ, Ռուստամը նայեց նրա հետևից և ինքն իրան ասաց. «ինչ անմեղ է ձնացնում իրան»: Հետո՝ արագությամբ բարձրացավ պատշգամբ և առանց հանվելու, ցեխոտ կոշիկներով մտավ սենյակ: Նա մոտեցավ և նստեց պատի տակ շինած թախտի վրա, երեսը դեպի բակը: Մի րոպե չանցած, դրսից լսվեց Սանամի ձայնը:

— Դրուստ ես ասո՞ւմ, ախչի, որտե՞ղ է, որտե՞ղ է, դե, ասա, ախչի, սիրտս ճաքեց, տրաքեց քիհ:

Ռուստամը, լսելով այդ ձայնը, քթի տակ ասաց ինքն իրան. «ուրախացել է»:

Սանամը գլխակոր ներս վազեց:

— Ռուստամ, բալաս, դո՞ւ ես… ըհ ես քո ոտների տակին թարթափիլ անեմ, վույ ես բոյիդ մեռնեմ, բարով, հազար բարով ես եկել: Մոտեցիր, մոտեցիր, որ մի պաչեմ էդ սիրուն աչքերդ:

Այս ասելով, կարոտյալ մայրը հարձակվեց զավակի վրա, որ համբույրներով ծածկե նրա երեսը: Բայց սիրեցյալ զավակը հրեց մոր կրծքին և երեսը մի կողմ շուռ տվավ:

— Ախչի, մազս կտրվի, տղաս չի թողնոռմ, որ իրան մոտենամ, այ տղա, չես ամաչո՞ւմ: Թող պաչեմ, ախար քանի՞ վախտ է պռոշներս կարոտել են: Ախ, քոռանամ ես, խելքս աստված առել է գլխիցս, ախար դու ցրտից ես գալիս: Ախչի, Սուսան, շուտ արա, սմավարը տուն բեր, չայ շինի, որ բալաս տաք-տաք մի քանի բաժակ խմի: Ռուստամ, բալաս, ասա, խոսիր, քե՞ֆդ, հա՞լդ: Հըմ, մի տեսնեմ, լղարել ես, թե չաղացել, հըմ, ինչո՞ւ չես խոսում, հա, քար կտրվեմ, ցրտից ես եկել…

Եվ այսպես, միամիտ Սանամը գուրգուրում էր յուր զավակին, ուրախությունից զանազան պտույտներ անելով նրա շուրջը: Նա իրարու հետևից հարցեր էր առաջարկում և, Ռուստամից պատասխան չստանալով, ինքն իրան պատասխանում էր:

Սուսանը ինքնաեռը ներս բերեց և սկսեց շտապով թեյ պատրաստել: Սանամը չարշովը շպրտեց մի կողմը, ճրագը վառեց և դրավ սեղանի վրա: Ճրագի լույսը տարածվեց Ռուստամի տխուր ու գունատ դեմքի վրա: Նա լուռ էր և շփոթված պտտում էր ցեխոտ կոշիկներով անկյունից-անկյուն:

Մինչև այդ րոպեն միամիտ Սանամը չէր նկատել յուր որդու

տխրությունը, իսկ երբ նրա հայացքը ընկավ Ռուստամի երեսին, խեղճ կինը ապշեց:

— Հըմ, չէ, ախար, հըմ, այ տղա, թող տեսնեմ, այ տղա, ի՞նչ է, ինչո՞ւ աչք-ունքդ թթվեցրել ես, — հարցրեց նա շփոթված, ձեռներն առաջ տարածելով:

— Հոգնած եմ, — պատասխանեց, վերջապես, Ռուստամը:

— Հանգստացիր, հանգստացիր, զավակս, Սանամը քար կտրվի. նա տաք տեղ նստի, դու ձյուն ու ձմեռ չոլեր ընկնես: Քար կտրվի Սանամը, քար: Հանգստացիր, տեղերդ պատրաստեմ, հա՛:

— Պատրաստիր:

— Առաջ շորերդ փոխիր, քրտնած ես, կմրսես: Չայ խմիր, հաց կեր ու հետո: Ախչի, Սուսան, ո՞ւր կորար, չա՛յ բեր, փլավ եփիր:

Սուսանը երկու բաժակ չայ բերեց: Ռուստամը իրարու հետևից դատարկեց և կրկին հրամայեց, որ անկողին պատրաստեն:

— Դու հեռացիր մյուս սենյակը, — ասաց նա Սանամին:

— Ի՞նչ, ի՞նչ ասացիր, հեռանա՞մ, — հարցրեց Սանամը զարմացած, որպես թե նրան մի անկարելի բան էին առաջարկում:

— Գնա, թող քիչ հանգստանամ, էգուց կխոսենք:

— Չէ, գլուխդ ցավո՞ւմ է, ցո՞ւրտ է կպել, բեր տեսնեմ, դու ինձանի՛ց թաքցնո՞ւմ ես:

Սանամը մոտեցավ Ռուստամին և ձեռը դրավ նրա ճակատին:

— Ձեռ քաշիր, ասում եմ, — բացականչեց Ռուստամը, հրելով մոր կրծքին:

— Տաքացած ես, բեր, խալղար կապենք վզիդ, — շարունակեց Սանամը, ինքն էլ չհասկանալով, թե ինչ է խոսում: — Տեսա՞ր, տեսա՞ր, Սուսան, էս առավոտ ասացի՞, որ երազ եմ տեսել, ասացի՞, որ կամ երեխաս գալու է, կամ գիր ենք ստանալու: Ռուստամ, քեզ էս գիշեր երազումս մի ճերմակ ձիու վրա նստած տեսա, ճերմակ ձին դովլաթ է: Հա՛, դու չափացնում էիր, ես էլ հետևիցդ...

— Լավ է, լավ, էգուց, էգուց կպատմես, ձեռ քաշիր, — ընդհատեց Ռուստամը մոր շատախոսությունը:

— Ինչ անեմ, ուրախությունից ինքս էլ չեմ իմանում ինչեր եմ դուրս տալիս: Մուրաբա կուզե՞ս:

— Չէ, եթե ինձ սիրում ես, այս գիշեր մի խոսեցնի:

— Հա, հոգնած ես, բալաս, հա, թող տեղերդ պատրաստեմ, —

ասաց Սանամը և մոտեցավ անկողնին, որ Ռուստամի համար անկողին պատրաստի:

Ամբողջ այդ խոսակցության ժամանակ Սուսանը ինքնաեռի քով կանգնած, ձեռները ծոցում ծալած, մտիկ էր անում մերթ Ռուստամին, մերթ Սանամին: Երբ Ռուստամը նայում էր, Սուսանը իսկույն աչքերը ցած էր գցում:

Սանամը պատրաստեց անկողինը և երկու բաժակ թեյ խմեց, անդադար նայելով յուր որդու երեսին և չհամարձակվելով որևէ հարց առաջարկել նրան: Սուսանը թեյ չէր խմում. շարունակ նայում էր ամուսնուն, կարծես, ձգտելով նրա դեմքի վրա կարդալ այն, ինչ մտածում էր Ռուստամը:

Սանամը մի անգամ ևս փորձեց որդուն մոտենալ և խոսեցնել, բայց այս անգամ Ռուստամը նրան վճռողաբար հրամայեց, որ իրան հանգիստ թողնի ու հեռանա մյուս սենյակ:

Դառն էր Սանամի համար այդպես շուտով բաժանվել յուր որդուց, բայց տեսնելով, որ հնար չկա հակառակվելու, վախենալով, որ միգուցե ավելի բարկացնի Ռուստամին, հնազանդվեց և տխրությամբ հեռացավ յուր սենյակը: Սանամի և Ռուստամի սենյակները իրարուց բաժանվում էին մի բավական ընդարձակ նախագավթով:

XVI

Առանձնանալով Սուսանի հետ, Ռուստամը դուռը կողպեց և հրամայեց Սուսանին ինքնաեռը մի կողմ դնել: Սուսանը կատարեց նրա հրամանը և, քաշվելով սենյակի մի անկյունը, ձեռները խաչաձև ծալեց կրծքին և դարձյալ սկսեց նայել յուր ամուսնուն: Մի ժամի չափ Ռուստամը լուռ ու մունջ շրջեց սենյակում: Սուսանը կամենում էր խոսել, հարցնել Ռուստամին նրա տխրության պատճառը, բայց ամեն անգամ, երբ հայացքը ձգում էր նրա երեսին, լեզուն կապվում էր: Վերջապես, Ռուստամը դադարեց հետ ու առաջ շրջելուց և հանկարծ շորերով և դաշույնը մեջքին պառկեց անկողնի վրա:

— Մոտեցի՛ր ինձ, — հրամայեց նա Սուսանին:

Սուսանը գողալով մոտեցավ անկողնին և կանգնեց նրա առջև, գլուխը խոնարհած:

— Ձիուն գարի ու դարման տվի՞ր:

— Տվի:

— Շա՞տ:

Շատ:

— Հը՛մ, — ասաց Ռուստամը և լռեց:

— Ինչ փափուկ անկողին է, Սուսան: Այդ ո՞ւմ համար է: Սուսանին այնքան զարմացրեց այդ տարօրինակ հարցը, որ չիմացավ ինչ պատասխանե:

— Չես լսո՞ւմ:

— Հը՞մ, — հարցրեց Սուսանը, ավելի ու ավելի զարմանալով:

— Ո՞ւմ համար է, ասում եմ, այս անկողինը:

— Քեզ համար:

— Ինձ համա՞ր: Շատ շնորհակալ եմ... հապա... անեծք քեզ չար սատանա:

Սուսանը դողալով մի քայլ հետ քաշվեց:

— Ինձ համա՞ր է:

— Քեզ համար:

— Հապա մյո՞ւսը:

— Ի՞նչ մյուսը:

— Մյուս անկողինը՞:

Սուսանը այս ու այն կողմ նայեց, աշխատելով խույս տալ Ռուստամի զննող հայացքից:

— Չե՞ս իմանում:

— Ի՞նչ:

— Ես քեզ հարցնում եմ, թե... ըմ... անեծք քեզ չար սատանա... հարցնում եմ, ո՞րտեղ է երկրորդ անկողինդ:

Սուսանը լուռ էր:

— Չե՞ս լսում:

— Ի՛նչ ես ասում, — հարցրեց Սուսանը դողդոջուն ձայնով, միևնույն Ժամանակ ապշած նայելով Ռուստամի ուսերին:

— Ես հարցնում եմ, ո՞ւր է երկրորդ անկողինդ, — կրկնեց Ռուստամը:

— Չեմ հասկանում:

— Չե՞ս հասկանում ինչ եմ ասում... այն մյուսը, որ, որ...

Ռուստամը չկարողացավ ավարտել յուր խոսքը: Բարկությունից նրա շունչը սպառվում էր: Նա նորից սկսեց շրջել հետ ու առաջ: Նա մտածում էր. «սատանա, ինչպես կարողանում է անմեղ ձևանալ իմ առաջ, իբրև թե ոչինչ չի հասկանում»:

Մի քանի րոպե Ռուստամը շրջեց, հետո մոտեցավ անկողնին և պառկեց, առանց հանվելու, այնպես ինչպես ներս էր մտել: «Անեծք քեզ չար սատանա, անեծք» — կրկնում էր նա մտքում — եթե խալը տեսնեմ... հետո՞, տեր աստված, հետո՞: Կարելի է նա տեսել է երեխայության ժամանակ, կարելի է նա երկրաշարժի օրն է տեսել, երբ նրանք միասին հողի տակ են մնացել: Կարելի է ինքը չի տեսել, այլ լսել է յուր մորից, որ նկատած կլինի բաղնիքում կամ մի ուրիշ տեղ, մերկ ժամանակ: Չէ, չէ, հապա հարսանիքի գիշերվա անցքը, հապա այն երկու ջահիլների խոսակցությո՞ւնը: Օրիորդ ժամանակ, հըմ... Այս մեկը սուտ է, ես իմացա: Ինչ որ պատահել է, պսակվելուց հետո է եղել: Ես ի՞նչ գիտեմ, յոթը սարի հետևում, թե նա այստեղ ինչեր է արել: Իսկ մայրս, մայրս հիմար պառավ է, տանը չի նստել: Ուֆ...

Եվ Ռուստամը արձակեց կրծքից մի դառն հառաչանք: Քառորդ ժամ նա այդ դրության մեջ մնաց, անդադար հառաչելով:

Սուսանը նրա երեսը չէր տեսնում, միայն պատի տակ կանգնած, ձեռները ծոցում ծալած, լուռ ու մունջ, անորոշ հայացքով նայում էր սենյակի պատերին, առաստաղին, հատակին:

Հանկարծ Ռուստամը բարձրացավ տեղից:

— Նստի՛ր, — հրամայեց նա Սուսանին:

Սուսանը անշարժ էր:

— Նստի՛ր, քեզ ասում եմ:

Սուսանը նստեց:

«Հարկավոր է քիչ էլ համբերել», — ասաց ինքն իրան Ռուստամը և սկսեց կրկին հետ ու առաջ շրջել:

Մի ժամի չափ ևս նա շրջեց, հետո մոտեցավ սենյակի դռներին, բաց արավ և, աջ ու ձախ նայելով, կրկին փակեց դռները և հետ դարձավ: Նա մոտեցավ թախտին և նստեց, ոտները քարշ ձգելով:

— Չե՞ս պատասխանում, — դարձավ նա Սուսանին, որ դեռ նստած էր թախտի վրա մի քիչ հեռու յուր ամուսնուց:

— Ի՞նչ:

— Ասա, ո՞րտեղ է մյուս անկողինդ:

— Ի՞նչ անկողին:

— Որի վրա, անառակ կնիկ, դու քնում ես Սեյրանի հետ:

Սուսանը վեր թռավ տեղից և ապշած նայեց նրա երեսին:

— Սեյրանը, — կարողացավ միայն արտասանել նա և մնաց տեղն ու տեղը կանգնած:

— Հա, Սեյրանը: Դու նրան չե՞ս ճանաչում, չե՞ս ճանաչում կուժ ծախող Հայրապետի տղա Սեյրանին:

Սուսանը լուռ էր:

— Պատասխանիր, լիրբ, շան զավակ, պատասխանի՛ր, ճանաչո՞ւմ ես, — կրկնեց Ռուստամը, աշխատելով ձայնը շատ էլ չբարձրացնել:

Նա վեր թռավ տեղից և, բռնելով Սուսանի թևից, կրկնեց մի քանի անգամ. «չե՞ս ճանաչում, չե՞ս ճանաչում»:

— Սեյրանին ճանաչում եմ, — վերջապես շշնջաց Սուսանը թույլ կերպով:

— Ո՞վ է նա:

— Մեր հարևանի տղան:

— Հարևանիդ տղան և քո, և քո, և քո երկրորդ մարդը, չէ՞...

Ռուստամի շնչառությունը քանի գնում, այնքան սաստկանում էր, իսկ ձայնը խեղդվում:

— Ի՞նչ ես խոսում, — մրմնջաց Սուսանը, ապշած նայելով Ռուստամին, որ նրա թևը բռնել էր ձախ ձեռով:

— Ես ո՞վ եմ, — հարցրեց Ռուստամը, ուղիղ Սուսանի աչքերին նայելով:

— Դու Ռուստամն ես: Քո ի՞նչն եմ:

— Իմ մարդը:

— Սուտ ես ասում, անիծված կնիկ, քո մարդը Սեյրանն է, Սեյրանը, Սեյրանը: Խոստովանիր, ասում եմ, թե չէ...

Այս ասելով նա բաց թողավ Սուսանի թևը, դաշույնը մերկացրեց, մի երկու քայլ հեռացավ և կանգնելով նրա դեմ ու դեմ, ասաց. — տեսնո՞ւմ ես:

Կանթեղի լուսավորության տակ դաշույնը փայլեց ինչպես կայծակ:

Սուսանի մարմնով մի սարսուռ անցավ, բայց հանկարծ նա, կարծես, մի բան մտաբերելով, ուշքի եկավ և ասաց.

— Հիմա հասկացա: Ռուստամ, քեզ չար լեզուները խաբել են: Սեյրանին ես ճանաչում եմ, նա իմ առաջվա փեսացուն էր, ծնողներս քեզանից առաջ նրա հետ էին ուզում պսակել:

— Դու նրան սիրել ես, անիծված, խոստովանիր, ողջ քաղաքն է ասում:

— Սիրել եմ և այժմ էլ սիրում եմ: Բայց, Ռուստամ, ես անմեղ եմ, անմեղ եմ անկողնիդ առաջ, ինչպես այս ճրագի լույսը:

— Սիրում ես, բայց անմեղ ես, լռիր, լիրբ, դու նրա հետ գործ ես ունեցել, խոստովանվիր, թե չէ — ես կհաստատեմ:

— Թող իմ հոգին դժոխքի կերակուր դառնա, եթե ես սուտ եմ ասում: Ես Մեյրանին սիրում եմ, բայց նրա հետ գործ չեմ ունեցել, — պատասխանեց Սուսանն ավելի և ավելի անհողդողդ ձայնով:

— Ինքը Մեյրանն է ասում:

— Անկարելի է:

— Սուտ չեմ ասում, անիծված, ինքը Մեյրանն է ասում:

— Մեյրա՛նը, ախ տեր աստված, նա սուտ է ասել:

— Սուտ չի ասում: Բա՛ց արա կուրծքդ:

Սուսանը չհասկացավ Ռուստամի միտքը:

— Հետ քաշիր շապիկդ, բաց արա կուրծքդ, ասում եմ, թե չէ՝ արյունս գլխովս է տալիս:

Սուսանը անզգայաբար, դողդոջուն ձեռներով հեռացրեց իրարուց շապկի եզրերը: Կանթեղի լույսը ընկավ Սուսանի կրծքին և լուսավորեց նրա բամբակի պես սպիտակ ստինքը:

Ռուստամը դաշույնը ձեռում, կողքին քարշ զցած, մոտեցավ Սուսանին և գլուխը թեքելով նրա կրծքին, նայեց:

— Խալը, խալը, նա ճշմարիտ է ասում, ահա խալը...

Բացականչելով այս խոսքերը, ատամները կրճտելով, նա հարձակվեց Սուսանի վրա, սեղմեց նրա իրանը յուր ամուր բազկով, բերանը կպցրավ կրծքին և տզրուկի պես բոլոր շնչով սկսեց ծծել նրա մարմինը:

Սուսանը զգաց սաստիկ կսկիծ: Նա ձեռները բարձրացրեց, որ պաշտպանվի, բայց աջ ձեռը ամուր դիպավ դաշույնի սուր բերանին և վիրավորվեց: Լսվեց մի թեթև ճիչ, և Սուսանի անշնչացած դիակը դուրս պրծնելով Ռուստամի գրկից, գլորվեց հատակի վրա: Մի ձեռում արյունոտ դաշույնը բռնած, իսկ մյուս ձեռը օդի մեջ տարածած, Ռուստամը նայում էր Սուսանի անշնչացած դիակին: Զարհուրելի էր նրա դեմքը, արյունալի աչքերը վառվում էին այրվող ածուխի կտորների պես: Նրա հաստ շրթունքներից կաթում էին Սուսանի կրծքից ծծած արյունի կաթիլները:

Այդ դրության մեջ Ռուստամը նմանվում էր սովածությունից կատաղած մի գայլի, որ առաջին հարվածով անշնչացնելով գառնուկին, պատրաստվում է նորից հարձակվելու, որ յուր սուր ժանիքներով հոշոտե ողորմելի զոհը: Անցան մի քանի վայրկյաններ: Ռուստամը դաշույնը մի կողմ շպրտելով, չոքեց Սուսանի դիակի մոտ և գլուխը թեքելով, սկսեց զննել նրա կուրծքը: Կարմիր արյունը դուրս բխելով նրա կծած տեղից, ողողում էր Սուսանի մարմարիոնի պես ճերմակ կուրծքը: Ռուստամը գրպանից հանեց թաշկինակը և արյունը սրբեց:

— Խա՛լը, խալը, կրծքի խա՛լը, ահա՛: Ես սխալվեցի, խալը այստեղ է, ես մյուս կողմն եմ կրծոտել:

Այդ ժամանակ Սուսանը թեթև կերպով շարժվեց: Նրա աչքերի ծանրացած կոպերը հետ քաշվեցին և բիբերը բացվեցան:

— Անմեղ եմ, անմեղ եմ, աստված, քեզ հայտնի է, ներիր իմ մեղքերը և հետո ա՛ռ հոգիս:

Սուսանի աչքերը փակվեցին, և նա մնաց անշարժ:

Ռուստամը նայում էր նրա դեմքին: Հանկարծ նա արագությամբ վեր թռավ տեղից և, դաշույնը հատակից վերցնելով, որոտաց.

— Ճանաչի՛ր, անիրավ, լեզգի Ռուստամն եմ ես, տես ումն ես խաբում, չար Հուլիանոս: Ես Ռուստամն եմ, Ռուստամը, բենամուս չեմ, նամուս ունիմ:

Դուրս թռավ ողորմելի զոհի կրծքից մի ահարկու ձայն, և այնուհետև տիրեց լռություն:

Մենյակի դռները դղրդացին և գոռալով ներս թռավ Սանամը:

XVII

Առավոտ էր: Շամախու ամբողջ հայ բնակչությունը խուռն բազմությամբ դիմում էր դեպի արևմտյան կողմը: Քաղաքի այն փողոցը, ուր գտնվում էր Սանամի տունը, արդեն բոլորովին լիքն էր խառնիճաղանջ ամբոխով: Մեծ թե փոքր, կին թե տղամարդ, ամենքը դիմում էին դեպի Սանամի տունը, որ այդ ժամանակ ներկայացնում էր սիրտ մորմոքող տեսարան:

Ոստիկանները աշխատում էին հետ մղել ամբոխը, բայց ամենքը ձգտում էին մի կերպ առաջ շարժվել:

— Հայիֆ, հայիֆ էն գյոզալը, — լսվում էր այս ու այն կողմերից:

— Ասում են, որ ինչքան՝ գյոզալ էր, էնքան էլ լավ հոգի ուներ:

— Խեղճ ողորմելին անմեղ տեղը փչացավ գազանի ձեռքին:

— Ռուստամը իսկի մեղավոր չէ, — մեջ մտավ մոտ քսան ու երկու տարեկան մի երիտասարդ եվրոպական ձևով հագնված:

— Հապա՞:

— Մեղավորը մեր քաղաքի վատ սովորությունն է: Երեսը կապած աղջկան տալիս են մի անծանոթ տղայի: Տղան ուրիշների խոսքին հավատալով, ուրիշների խոսքերով էլ կարծիք է կազմում յուր կնոջ մասին: Եթե մեկը մի ծուռ բան է ասում, թեև սուտ, նրա աչքերը արյունով լցվում են, խելքը կորցնում է և ահա այդպես է անում:

— Էհ, աստված ինչ որ գրել է մեր ճակատին, պիտի կատարվի, մնացյալը դատարկ բան է, — ընդհատեց երիտասարդին մի քառասուն տարեկան մարդ:

— Հայհի՜ֆ, հայի՜ֆ:

Այսպիսի և ուրիշ նման ցավակցական դարձվածներ էին լսվում անդադար ամբոխի միջից:

Սենյակներից մեկում հատակի վրա ձգված էր Սուսանի արյունաշաղախ և արյունաքամ դիակը: Պատուհանի վերին ապակիներից առավոտյան լուսո ճառագայթները խուռն ամբոխի վրայով հազիվ ներս սահելով, լուսավորում էին դիակի բաց երեսը: Խաղաղության հրեշտակը յուր թևերը տարածելով այդ պայծառ երեսի վրա, հովանավորում էր նրան մի տեսակ մռայլ ստվերով: Պարսկական շքեղանկար գորգը, որ սփռված էր դիակի տակ, ծածկվել էր Սուսանի արյունով: Դիակի շուրջը հավաքվել էին Սուսանի ծնողները, ազգականները, բարեկամները և մոտակա հարևանները: Գյուլնազը, անսպասելի տարաբախտության հարվածով փշրված մայրը, չոքել էր յուր զավակի անշունչ դիակի գլխի կողմում և ողբում էր: Նա փետտում էր յուր ալեխառն մազերը և կեղեքում կուրծքը եղունգներով: Երբեմն դուրս էր թռչում կրծքից մի կատաղի վայրենի գոռոց, և ամբոխը սարսռում էր այդ ձայնից: Դիակի աջ կողմում կանգնած էր Ծերունի Բարխուդարը ձեռները ծոցում խաչաձև ծալած: Նրա լունասպառ դեմքի վրա կենդանության եթե մի նշան կար, այդ նրա խոցոտված սրտի կսկիծը արտահայտող աչքերն էին, որոնք բևեռված էին Սուսանի խաղաղ և հանգիստ դեմքի վրա:

Դիակի ձախ կողմում նստած էր Սուսամբարը: Ի՞նչ էր անում Սուսամբարը, — այդ ոչ ոք չէր կարող հասկանալ: Նա մերթ կատաղաբար համբուրում էր յուր դժբախտ ընկերուհու երեսը, մերթ անհագությամբ լիզում էր նրա փակ աչքերը, երեսը, ձեռները, գլուխը և մերթ հեռու քաշվելով, փետտում էր յուր մազերը և սուր եղունգներով կեղեքում մերկացած կուրծքը:

Սուսամբարի հետնից երկու երիտասարդներ աշխատում էին հետ մղել Սուսանի դիակից Սմբատին: Սմբատի դեմքը ահռելի էր: Նրա կուրծքը բաց էր և մազերը խճճված ու ճակատին թափված: Նրա վառված աչքերը փայլում էին կատաղի հրով, և նա անդադար գոռում էր.

— Բա՛ց թողեք, անիծվածներ, բա՛ց թողեք, ես պիտի խեղդեմ, պիտի շանսատակ անեմ, Ռուստա՛մ... Ռուստա՛մ...

Բայց երիտասարդները Սմբատին իրանց գրկում սեղմած, աշխատում էին մի կողմ քաշել նրան:

Սուսանի դիակի ոտների կողմում չոքած էր Մարիամ բաջին: Արտասուքի բուռն կաթիլները դուրս թափվելով աչքերից, ողողում էին նրա նիհար ու պշկած երեսը: Նա անդադար ոսկրացած ձեռները բարձրացնելով, մերթ ծնկներին էր խփում, մերթ մերկացած կրծքին:

Մարիամ բաջու հետնից պտույտ էր գալիս Հայրապետը: Միամիտ ծերունին, կարծես, չէր կարողանում հասկանալ, թե ինչ է կատարվում և ինչ է պատահել: Նա զանազան տարօրինակ շարժումներ էր անում: Նա շարժում էր յուր ալեխառն գլուխը, ձեռները տարածում օդի մեջ, շրջում էր այս ու այն կողմ, սրան ու նրան զանազան անհասկանալի հարցեր առաջարկելով: Նա գոռում էր, գոչում, և ոչ ոք նրա վրա ուշադրություն չէր դարձնում:

Մինչ դիակի շուրջը կատարվում էր այդ տեսարանը, Սանամի ննջարանում տեղի ուներ մի ուրիշը: Երկու ոստիկանները սենյակի դռներում կանգնած, հետ էին մղում Սանամին, որ գոռալով, մազերը փետտելով, կուրծքը ճանկռտելով, գլխամոլոր ձգտում էր ներս: Նրա հետնից խռնվում էր ամբոխը մեծ բազմությամբ:

— Անիծվեք, գյուլլախորով իլիք, բաց թողեք, բալիս երեսը տեսնեմ, նրան տանում են...

Իսկ ի՞նչ էր անում ողբերգության գլխավոր դերակատարը, Ռուստամը: Նրա ճակատագիրը պարզ էր: Ռուստամի աջ կողմում կանգնած էր ոստիկանապետը, ձախ կողմում մի փոքրիկ սեղանի շուրջը նստած էր քննիչը: Ստեպ-ստեպ ակնոցները ուղղելով, քննիչը խոժոռ դեմքով նայում էր հանցավորին և զանազան հարցեր առաջարկում:

Ռուստամը լուռ էր և գլուխը քարշ ձգած: Նա, կարծես, քննիչի հարցերը չէր լսում: Քննիչը տեսնելով, որ Ռուստամը համառությամբ լռում է և բացի «ես եմ սպանել»-ից, ոչինչ չի ուզում պատասխանել, գրիչը դրավ սեղանի վրա և ասաց ոստիկանապետին.

— Տարեք բանտը, պահեցեք մի առանձին տեղ մինչև իմ գալը:

Ռուստամին դուրս տարան: Բայց նա հենց նոր էր ոտը դրել պատշգամբի վրա, ամբոխի միջից հանկարծ լսվեց մի աղաղակ, և նույն վայրկյանին ճանապարհի հագուստով մի երիտասարդ առաջ վազեց:

— Սեյրանը, ախ, դու Հուլիանոս, թողեք շանսատակ անեմ, — գոռաց Ռուստամը, կամենալով վազել դեպի երիտասարդը:

Ոստիկանները նրան պահեցին: Սեյրանը բացականչում էր.

— Բռնեցեք Ռուստամին, մի թողեք մոտենալ Սուսանին: Ես սուտ եմ ասել, սուտ, խաբել եմ: Սուսանը անմեղ է, անմեղ է հրեշտակի պես. խալը մայրս է տեսել բաղնիքում, ես չեմ տեսել:

— Նա անմեղ էր, հոգիս էլ կորավ, — բացականչեց Ռուստամը և թուլացած ընկավ ոստիկանների գիրկը:

Ամբոխը Սեյրանին ճանապարհ տվավ, Սեյրանը վազեց ներս, ուր ձգած էր նրա անմեղ սիրեկանի արյունաքամ դիակը:

Անցավ մի րոպե, և դրսում եղողները լսեցին մի թնդյուն:

Այդ ատրճանակի ձայնն էր:

— Բալաս վա՛յ, բալաս վա՛յ:

Այդ Մարիամ բաջու ձայնն էր: